EEN GEZONDE SAMENLEVING

Marieke van den Brink,
Olivier Hekster &
Gert Jan van der Wilt (red.)

EEN GEZONDE SAMENLEVING

Wetenschappelijke perspectieven in tijden van crisis

2021 Prometheus Amsterdam

Omslagontwerp Jan van Zomeren
Omslagbeeld Stocksy
Zetwerk Mat-Zet bv, Huizen
www.uitgeverijprometheus.nl
ISBN 978 90 446 4909 3

Inhoud

Inleiding

KUNNEN WE ELKAAR LEREN LIEFHEBBEN? Een inleiding tot een gezonde samenleving – *Jan Bransen* 9

I Gezonder leven en werken

1 DE GEZONDE SAMENLEVING IS EEN ACTIEVE SAMENLEVING. Maar hoe krijg je mensen in beweging? – *Bert Steenbergen, Hidde Bekhuis, Femke van Abswoude, Gwennyth Spruijtenburg & Anouk Kerkhof* 33

2 SCHEIDSLIJNEN IN ONGEZONDE GEWOONTEN. Hoe opleiding gezondheidsgedrag bepaalt – *Gerbert Kraaykamp, Ronald Batenburg, Roza Meuleman & Stéfanie André* 49

3 LAAT IK MIJN MOND MAAR HOUDEN. De gevolgen van flexibilisering van werk – *Agnes Akkerman, Katerina Manevska & Roderick Sluiter* 63

4 (ON)GEZOND OP HET WERK. Een inclusieve aanpak van gezondheid in organisaties – *Dide van Eck & Marieke van den Brink* 78

5 VAN MONDKAPJE TOT DUURZAME MODE. Naar een gezondere kledingindustrie met slow fashion – *Anneke Smelik* 91

6 APPS TEGEN CORONA. Wat doen de apps en wat doe jij? – *Bart Jacobs* 107

II Andere zorg

7 ZORG VOOR EEN WERELD VAN VERSCHIL. Omgaan met een andere beleving van ziekte – *Saïda Aoulad Baktit, Maria van den Muijsenbergh & Paul van Laere* 127

8 ANDERS ZIJN IS GEEN STOORNIS. De grote invloed van de omgeving op psychische ziekten – *Wouter Staal* 143
9 MET E-HEALTH VAN WIJ-ZORG NAAR IK-ZORG. Hoe technologie de betekenis van gezondheid verandert – *Tamar Sharon* 159
10 DIERPROEVEN VOOR EEN GEZONDE MAATSCHAPPIJ? Rigide regels remmen toepassing van alternatieve testen – *Doortje Swaters, Merel Ritskes-Hoitinga & Wim van Meurs* 176
III De kracht van verhalen
11 LEVENS VERHALEN. De U-bochten van ons bestaan – *Ellen van Wolde* 193
12 MAAKT DE LITERATUUR ONS GEZONDER? En hoe dan (niet)? – *Alicia C. Montoya* 201
13 VERHALEN IN TIJDEN VAN CORONA. Strategic storytelling in de gezondheidscommunicatie – *José Sanders & Kobie van Krieken* 218
14 DE SCHERPE KANTEN VAN EEN GEZONDE SAMENLEVING. Academische ervaringen vanuit een grenspositie – *Cesar E. Merlín Escorza, Dawit Tesfay Haile, Kolar Aparna, Naomi Wijnen & Saba Hamzah* 236
IV Pleidooi voor dialoog
15 PRATEN HELPT. Wat retorica kan bijdragen aan een gezonde samenleving – *Bé Breij & Yvette Linders* 255
16 TECHNOLOGIE DE BAAS. In gesprek over de waarde(n) van medische techniek – *Gert Jan van der Wilt* 271
17 DE NATUUR MAAKT GEEN SELFIES. De gezonde samenleving vanuit socio-ecologisch perspectief – *Noelle Aarts* 285
V Kennis maken en delen
18 DE VEERKRACHTIGE UNIVERSITEIT. Ingrediënten van een succesformule – *Han van Krieken* 307

De auteurs 327
Woord van dank 333

Inleiding

Kunnen we elkaar leren liefhebben?

Een inleiding tot een gezonde samenleving

Jan Bransen

Toen ik studeerde, eind jaren zeventig van de vorige eeuw, stond een boekje van Trudy van Asperen op het programma, getiteld *De goede maatschappij*. Van Asperen had als filosoof de heroïsche moed om in haar eentje te schrijven over dé maatschappij en gebruikte zonder scrupules die zware, morele kwalificatie 'goede'. De tijden zijn veranderd. Wij zijn met veel meer auteurs, maar realiseren ons dat we niet meer over dé samenleving kunnen schrijven. We spreken slechts over eentje, een van de vele samenlevingen die er kunnen zijn. En we zijn geen gezaghebbende denkers meer, maar wetenschappers en schrikken daarom terug voor zo'n normatieve kwalificatie. Over 'goed' hoor je ons alleen in afgeleide zin, zoals in 'goed functionerend'. 'Gezond' is voor wetenschappers meer dan normatief genoeg. Wij zijn namelijk opgegroeid met een tamelijk naïef positivistisch wetenschapsbeeld en een dogmatisch onderscheid tussen feiten, waarden en meningen. Alleen het zuiver empirisch vaststelbare durven wij als wetenschappers zonder voorbehoud voor onze rekening te nemen.

Maar de tijden veranderen. De *wicked problems* van nu zitten ons op de huid. Vluchten kan niet meer. Wij zullen als wetenschappers iets moeten doen aan het opwarmen van de aarde, het uitputten van de landbouwgrond, de eindige beschikbaarheid van fossiele energie, de teruglopende biodiversiteit, het afvalprobleem, de toenemende ongelijkheid, de verzwakking van onze democratieën, het aandeelhouderskapitalisme, en ga zo maar door. Er is, om het in de woorden van Nicholas Maxwell te zeggen, aan onze universiteiten een veel te grote kloof ontstaan tussen onze focus op kennis en onze behoefte aan wijsheid.[1] In het licht van dat besef, zie ik dit boek als een positief teken, een teken van een ontluikend academisch engagement. Wij willen als academici iets goeds doen voor de samenleving en we doen dat door een oprechte verkenning van gezondheid als een kwaliteit van menselijke interactie en van de maatschappelijke arrangementen die zo'n gezonde interactie faciliteren.

Dat begint voor mij met een nieuw, breed, positief begrip van gezondheid, ontwikkeld door Machteld Huber: 'Health is the ability to adapt and to self manage, in the face of social, physical and emotional challenges.'[2] Met dit begrip wordt afstand gedaan van de medicaliserende, statische en idealistische definitie uit 1948 van de World Health Organisation: 'A state of complete physical, mental and social well-being and not merely the absence of disease or infirmity.' Gezondheid, aldus Huber, is geen toestand van compleet welzijn. Gezondheid is een relationeel en dynamisch gegeven, een kenmerk van interactie, een vermogen dat hoort bij het leven. Al wat leeft moet een mate van adaptieve zelforganisatie weten waar te maken. Het voorstel van Huber is om gezondheid te zien als het vermogen om hierin succesvol te zijn in het licht van sociale, fysieke en emotionele uitdagingen. Die uitdagingen horen dus bij de scenario's waarin gezondheid een betekenisvol begrip kan zijn. Dat geldt wat mij betreft ook voor de gezondheid van de samenleving. Ons samenleven brengt uitdagingen met zich mee en de mate waarin we met die uitdagingen overweg kunnen, is een maat voor de gezondheid van onze samenleving. Gezondheid is, om het zo te zeggen, een nastrevenswaardig goed, gegeven de realiteit van gebreken.

Die gebreken worden breed uitgemeten in de bijdragen die in deze bundel opgenomen zijn. Bert Steenbergen constateert met zijn collega's dat wij niet actief genoeg zijn, waardoor wij last hebben van een enorme groei van leefstijlgerelateerde ziekten die niet alleen ons sociaal-emotionele welbevinden schaadt, maar ook onze sociale cohesie. Gerbert Kraaykamp analyseert met zijn collega's de opleidingsongelijkheid die in Nederland toeneemt, wat voor de lageropgeleiden slecht uitpakt, omdat opleidingsniveau samenhangt met gezondheidsgedrag en we bij de lageropgeleiden een cumulatie van ongezonde gewoonten zien. Agnes Akkerman en collega's hebben gekeken naar de flexibilisering van arbeidscontracten en de negatieve consequenties die dat heeft voor de mogelijkheid om op te komen voor de eigen belangen, met als gevolg dat onrechtvaardige en soms gevaarlijke situaties op het werk blijven bestaan. Dide van Eck en Marieke van den Brink bespreken de negatieve effecten van een neoliberale kijk op gezondheid. Die leidt de aandacht af van het verbeteren van de structurele materiële en sociale werkomstandigheden. Anneke Smelik werpt een kritische blik op de mode-industrie die ondanks glitter en glamour bol staat van uitbuiting, uitputting, vervuiling en verspilling. En Bart Jacobs analyseert de aard, motivatie en houding van beoogde gebruikers van informatietechnologie, die, zoals ook in het geval van de CoronaMelder-app, soms stevige obstakels blijken te vormen, waardoor gewenste en geplande innovaties maar moeizaam van de grond komen.

Ook in deel II komt een bonte stoet gebreken aan de orde. Saïda Aoulad Baktit en Maria van den Muijsenbergh wijzen op de afstand die in de zorg overbrugd moet worden doordat er in een pluriforme samenleving zo veel verschillende vooroordelen werkzaam zijn. Wouter Staal wijst op de nadelen van een statische visie op mentale kwetsbaarheden waardoor we als vanzelf denken dat er een duidelijke scheiding is tussen mensen met en zonder een stoornis. Tamar Sharon wijst op de schaduwzijde van e-health en dataficering. We zijn gezonde maar bezorgde mensen geworden: we lijken te gaan geloven dat we in feite allemaal permanent presymptomatisch ziek zijn. Doortje Swaters wijst met haar collega's op de nare consequenties voor proefdieren die vanwege wettelijke verplichtingen voor onze gezondheid in groten getale opgeofferd worden.

De bijdragen in deel III, IV en zelfs V nopen mij om deze lange lijst maatschappelijke gebreken nog verder uit te breiden. Dus houdt u vast. Ellen van Wolde confronteert ons met het verhaal van Job, met het toeval dat ons treft, zoals ook gezondheid ons treft. Of juist ziekte. Alicia Montoya laat ons naast de opbouwende ook de destructieve potentie van literatuur zien. Schrijvers, zo citeert zij een Russische balling, zijn niet zozeer de geneesheren, maar zijn de pijn zelf. José Sanders en Kobie van Krieken laten de behoefte aan strijd- en heldenverhalen zien om opgewassen te zijn tegen het effect van de coronacrisis die onze eigen regie volledig onderuit heeft gehaald. Cesar Merlin Escorza, Dawit Tesfay Haile, Kolar Aparna, Naomi Wijnen en Saba Hamzah confronteren ons met de onmogelijke keuze tussen integreren of buitengesloten worden. Bé Breij en Yvette Linders waarschuwen ons voor ontsporende gesprekken die vastlopen in geschreeuw en bokkig of bedremmeld zwijgen. Gert Jan van der Wilt wijst op de eigen dynamiek van technologieontwikkeling, die niet bij te sturen lijkt, ons tot keuzes dwingt en ons daardoor berooft van onze onschuld. Noelle Aarts betoogt dat we het vermogen zijn kwijtgeraakt om ons te verbinden met de natuur, met andersdenkenden en daardoor misschien zelfs met onszelf. En dan is daar ten slotte Han van Krieken, onze rector magnificus, die ons optimistisch de ingrediënten voorschotelt van een succesvolle en veerkrachtige universiteit, maar die dat met zo veel geestdrift doet dat je er als lezer argwanend van wordt en tussen de regels de pijn en de misère leest: de strijd om het bestuur, de afhankelijkheid van voldoende financiën, de oppositie tussen onderwijs en onderzoek, de bedreiging van academische vrijheid en integriteit, de competitieve wereld, de afstand tot de arbeidsmarkt, en de bedreigde toegankelijkheid van hoger onderwijs en onderzoeksbevindingen.

Een paar bladzijden gebreken die evenzovele uitdagingen zijn en die het streven naar gezondheid maar al te begrijpelijk maken. Het is deze lange lijst die ons als schrijvers heeft gemotiveerd en die u als lezers hopelijk intrigeert – zoals de onopgeloste moord de lezers van een whodunit aan hun boek gekluisterd houdt of het onfortuinlijke misverstand de lezers van een liefdesverhaal.

Als de basis maar op orde is

Het klassieke idee van gezondheid is gebaseerd op een simpele dichotomie. Je bent ziek of gezond. Gezond is dan de normaaltoestand en ziek de uitzondering, de afwijking die hersteld en genezen moet worden. Gezondheid vraagt normaal gesproken geen inspanning, geen care, omdat gezond de standaard is, de toestand waarin we van nature zijn. Genezen is een reactieve inspanning; cure is een kwestie van remediëren, pas nodig als het kalf weliswaar nog niet verdronken is, maar wel in de put gevallen.

Hoewel er doorslaggevende redenen zijn om te werken met een dynamisch en relationeel begrip van positieve gezondheid, is de gezondheidszorg nog georganiseerd op basis van het klassieke idee. De aandacht gaat uit naar ziekte. Je gaat pas naar de huisarts, de fysiotherapeut, het ziekenhuis of de psycholoog als er iets aan de hand is. Alleen de tandarts is erin geslaagd standaard preventie in te voeren; we onderhouden ons gebit met ragers, flosdraad en tandenborstel, en laten ons twee keer per jaar uit voorzorg controleren. Maar dat is een uitzondering, die verder alleen geëvenaard wordt door de jaarlijkse apk-keuring van onze auto.

Armoede, schulden, werkloosheid, onveiligheid, discriminatie, huiselijk geweld, opvoedingsverlegenheid – vanuit het perspectief van de participatiemaatschappij beschouwen we deze problemen als afwijkingen, als uitzonderingen. Als ziekten van de maatschappij. Hun tegendelen zijn normaal en behoeven geen aandacht. Onze bureaucratische instituties zijn er voor de uitzonderingen.

Verschillende hoofdstukken in deze bundel wijzen op die incongruentie tussen ons hedendaagse inzicht in gezondheid als een relationeel en dynamisch gegeven en de verouderde infrastructuur van onze zorg. In die zin is onze huidige samenleving minder gezond dan we ons zouden wensen. Dat leidt tot een roep om meer preventie, zoals in verschillende bijdragen is te lezen. Die roep hoeft niet al te specialistisch en professioneel opgevat te worden. Het gaat eerder om het op orde krijgen van de basis, om allerlei alledaagse zaken die, zoals Wouter Staal schrijft, onze veerkracht versterken, zoals voldoende slaap, een groente- en fruitrijk dieet, dagelijks wandelen en regelmatig leven.

Het is belangrijk dat we ons hierbij realiseren dat het op orde krijgen van de basis niet hetzelfde betekent als het krachtiger buitensluiten van ziekte. Eerder gaat het om het doorbreken van de oude dichotomie. Gezondheid is een proces dat een permanent engagement impliceert met alledaagse weerstand, nood en dreigend onheil. Het op orde hebben van de basis is een kwestie van het beoefenen van de veerkracht om opgewassen te zijn tegen de sociale, fysieke en emotionele uitdagingen van het leven. Simpele veranderingen kunnen daaraan bijdragen, zoals meer bewegen, ook al kan het een flinke puzzel zijn, zoals Steenbergen en collega's laten zien, om hier op grote schaal een nieuw normaal van te maken. Want weliswaar is jong geleerd oud gedaan, maar zoals Kraaykamp en collega's laten zien, is in het huidige onderwijsbestel juist ook dat jong geleerd niet eenvoudig te realiseren.

In dat licht geniet ik – als filosoof heb ik zo mijn voorkeuren – van de geesteswetenschappelijke bijdragen van Van Wolde en Sanders & Van Krieken. Zij wijzen ons op de kracht van verhalen die ons enerzijds helpen oog te hebben voor onzekerheid, voor geluk en pech, en ons anderzijds een perspectief bieden op een betere gezondheidscommunicatie. In ditzelfde licht lees ik ook de hoop van Aarts dat een nieuw socio-ecologisch bewustzijn ons een andere basis kan geven.

Daar moeten we niet naïef over doen. Als het op orde hebben van de basis een kwestie van mentaliteit is, dan moeten we ons realiseren dat een nieuwe mentaliteit niet zomaar verworven kan worden. Onbewuste vooroordelen kunnen net als impliciete verwachtingen, authentieke principes, ongebruikelijke perspectieven en partijdige voorkeuren weerbarstig zijn en weerstand oproepen. Smelik, Baktit & Van den Muijsenbergh en Aparna en collega's analyseren deze weerstand in hun bijdragen. Om de basis op orde te hebben volstaan formele, rechtvaardige structuren niet. Er is meer nodig: in een gezonde samenleving voelen mensen zich aangemoedigd hun maatschappelijke deugden te oefenen. Dat is overigens geen strikt individuele aangelegenheid, zoals onder andere Akkerman en collega's duidelijk maken aan de hand van een kritische analyse van de gevolgen van flexibilisering van de arbeidsmarkt. Er is een herordening van in de weg zittende structuren voor nodig, zoals Aarts dat noemt.

Maatschappelijke deugden

Een gezonde samenleving is meer dan een verzameling coöperatief ingestelde mensen. Maar het is ook meer dan een rechtvaardige infrastructuur, meer dan een bureaucratisch vangnet voor hen die uit de boot dreigen te vallen. Een gezonde samenleving bouwt op mensen én op ondersteunende structuren, en op beide in hun onderlinge verwevenheid. Aan de kant van de mensen kunnen we dan het best over deugden spreken, goede neigingen of karaktertrekken. Aan de kant van de structuren doelen we op al die aspecten die positief resoneren met deugden, op omgevingsfactoren die de voortgaande beoefening van die deugden faciliteren.

Ik neem veerkracht als voorbeeld, een prachtige, hedendaagse deugd. Gezonde mensen hebben veerkracht. Ze kunnen omgaan met veranderingen, en weten de hulpbronnen te vinden en te benutten die ze nodig hebben om adequaat te reageren op de uitdagingen die die veranderingen voor hen betekenen – op sociaal, mentaal, fysiek en emotioneel gebied. Die tijdelijke hulpbronnen zijn in een gezonde samenleving voorhanden, ze staan als 'steigers' – *scaffolds* – om mensen heen. Deze beeldspraak, geassocieerd met het werk van Vygotsky[3], verbind ik graag en onmiddellijk met Gibsons term *affordance*, om naast het tijdelijke ook het relationele karakter van die steigers te benadrukken.[4] Affordance was voor Gibson een verzelfstandiging van het werkwoord *to afford* – een verlening zou je kunnen zeggen, een beschikking, kans, optie, handelingsmogelijkheid. Hier is een standaardvoorbeeld: een stoel verleent mensen de mogelijkheid om te zitten. Die affordance is de stoel voor een konijn niet, maar als het om een fauteuil gaat met korte pootjes dan verleent die stoel dat konijn de mogelijkheid zich te verstoppen.

Langs deze lijn denk ik aan een gezonde samenleving als een maatschappelijke context die voor mensen een affordance is om hun veerkracht te beoefenen. Want een deugd is alleen een deugd als hij beoefend kan worden, als de omstandigheden zo zijn dat je de vaardigheid onderhoudt, als je voldoende uitdaging en voldoende steun ervaart om – zoals Aristoteles dat beschrijft – het juiste midden te houden. Dit geldt voor iedere deugd, ook voor veerkracht. Als je veerkracht nooit op de proef wordt gesteld, als je van geboorte tot dood op de achterbank mag blijven zitten en gekoesterd en gepamperd door de verzorgingsstaat rondgereden wordt, dan is het niet alleen zo dat je je veerkracht nooit kunt laten zien – het is veel waarschijnlijker dat je helemaal geen veerkracht hebt. En als je onophoudelijk onder druk staat, maar geen toegang tot hulpbronnen hebt, geen scaffolds om je heen hebt die affordances zijn om veerkracht te tonen, dan put dat je krachten totaal uit zodat er niets van veerkracht overblijft. Een gezonde samenleving zal op een dynamische manier stabiel moeten zijn, een complex netwerk van mensen die samenredzaam zijn, die met en dankzij elkaar hun veerkracht kunnen beoefenen. Zo'n samenleving moet een *learning community* zijn van mensen die met elkaar waarmaken dat voor iedereen geldt dat vallen het begin van opstaan is. Maatschappelijke deugden zijn ook gemeenschappelijke deugden, de deugden van maatjes, compagnons.

Dit beeld zie ik terug in meerdere bijdragen aan deze bundel, soms vooral als gedroomde stip aan de horizon, maar soms ook als tastbare realiteit. En meestal iets daartussenin, zoals in de bijdrage van Han van Krieken, over de universiteit als een voorbeeld van een bij uitstek veerkrachtige institutie. Van Krieken maakt duidelijk dat zo'n institutie vooral een gemeenschap van mensen is, nieuwsgierige en emancipatoir ingestelde mensen die elkaar vinden in hun passie voor kennisontwikkeling en kennisdeling. In zijn briljante eenvoud, aldus Van Krieken, is slechts dát nodig om de universiteit de veerkracht te geven die maakt dat zij al eeuwenlang een voorbeeld is van een gezonde institutie. Maar Van Krieken laat ook zien dat de veerkracht van onze universiteit de laatste decennia flink op de proef wordt gesteld. Academische vrijheid is een lastig goed als er kennis vermarkt moet worden. Disciplines worstelen met hun grenzen nu vrijwel alle grote kwesties transdisciplinair zijn, en het streven naar excellentie wordt soms bedreigd, aldus Van Krieken, door een verkeerd begrepen gelijkheidsideaal. Het boeiende aan al deze uitdagingen is dat ze laten zien dat ondersteunende structuren affordances zijn, en daarmee de onmiddellijke keerzijde van menselijke deugden. Zien wij kans om onze academische vrijheid te behouden in een kenniseconomie? Zien wij excellentie en carrièreperspectieven in een cultuur die draait om kennisontwikkeling en kennisdeling waarbij deze beide daadwerkelijk als teamprestaties begrepen worden? Zien wij onderwijs en onderzoek als gelijkwaardige ingrediënten van onze universitaire gemeenschap?

Ook in de bijdragen van Breij & Linders en Van der Wilt wordt die relationele dynamiek gethematiseerd die een gezonde samenleving een oefenruimte laat zijn voor veerkracht als maatschappelijke deugd. De retorica waarover Breij en Linders schrijven heeft dezelfde aristotelische wortels als de deugdethiek, dus verwonderlijk is dat niet. Retorica biedt het gereedschap om het gesprek gaande te houden, schrijven ze, en ze geven daar mooie voorbeelden van. Opmerkelijk is vooral het gesprek dat ze beschrijven tussen intensivist Diederik Gommers en vlogger Famke Louise. Dat gesprek maakt goed zichtbaar hoe de drie onderdelen van de retorica (logos, pathos en ethos) uitstekende scaffolds zijn die bij goede beoefening de gesprekspartners de gelegenheid bieden veerkracht te tonen en ruimte te scheppen voor vertrouwen en solidariteit. Van der Wilt zet op een vergelijkbare manier het constructieve, ethische pragmatisme van Richardson in als een scaffold die ons de affordance kan bieden een goed maatschappelijk gesprek te voeren over morele dilemma's. Zijn voorbeelden gaan over de ingewikkelde vragen en tegenstrijdige gevoelens die opgeroepen worden door onweerstaanbare medisch-technologische innovaties. Hoe kunnen we met elkaar een kritisch, constructief gesprek voeren over botsende waarden, echt naar elkaar luisteren en samen een 'wij' construeren dat niet vanzelfsprekend is? Dat is de uitdaging voor een gezonde samenleving, een uitdaging die de aandacht op onze toekomst richt.

Het gaat om de toekomst

De strekking van mijn verkenning tot nu toe is vooral dat gezondheid een eigenschap van een dynamiek is, van een in beweging zijnde samenleving. Voor een filosoof geeft het begrip *beweging* te denken. Beweging heeft richting, van hier naar daar. Beweging gaat over vooruitgang, groei, ontwikkeling en verbetering; het gaat over een transitie, een metamorfose, een transformatie van oud naar nieuw. Het modernisme maakt het ons echter niet gemakkelijk helder en coherent te denken over onze in beweging zijnde samenleving, omdat het ons enerzijds aanmoedigt te denken in termen van een oneindige groei en anderzijds in termen van het realiseren van de hemel op aarde. In beide gevallen denken we op een lineaire manier over bewegen en dat doen Steenbergen en collega's als typisch moderne wetenschappers ook. Bewegen is volgens hen in instrumentele zin positief. Activiteit is niet iets goeds op zich, maar omdat het gezondheidswinst oplevert en ook nog eens positief bijdraagt aan sociale cohesie. Beweging brengt ons gewenste doelen. Dat we inactiever worden is daarom te betreuren, aldus Steenbergen en collega's. Een actieve leefstijl, zo constateren zij, is blijkbaar geen rationele keuze. We zijn liever lui dan moe en spijtig genoeg kunnen we ons dat dankzij de toegenomen welvaart permitteren. Vandaar dat ingrijpen nodig is en dat doen Steenbergen en collega's ook op een moderne manier. Ze bevelen interdisciplinair opererende beweegprofessionals aan die onze kinderen wellicht al op jonge leeftijd kunnen leren hoe leuk bewegen is. Wie weet...

Of deze aanpak kans van slagen heeft, weet ik niet, maar ik zou liever bouwen op een ander, niet-lineair begrip van bewegen. Dat begrip is frappant genoeg eenvoudig voorhanden: het *ommetje*, de beweging die nergens heen gaat, die geen ander doel heeft dan het bewegen zelf. Gezondheidswinst en sociale cohesie zijn mooi meegenomen, maar een ommetje maak je gewoon omdat je een ommetje maakt.

Veel bijdragen aan deze bundel benadrukken dat een gezonde samenleving toekomst heeft. Dat is mooi gezegd want daar gaat het ook om, om toekomst te hebben, een min of meer onbestemde ruimte die voor je ligt, waarin van alles mogelijk is. Ik noem dat een niet-lineair idee van toekomst, omdat het om de onbestemdheid gaat, om de ruimte, om het openstaan voor veel verschillende mogelijkheden en niet om een rechte lijn die als een strak uitgestippeld pad van A naar B gaat. Die openheid heeft een gezonde samenleving nodig. Montoya laat in haar bijdrage zien hoe literatuur daarin een belangrijke rol speelt. Door verhalen te lezen kunnen we toetreden tot fictieve gemeenschappen, ontwikkelen we het vermogen om op onszelf te reflecteren, ons meerdere perspectieven eigen te maken, ons in te leven in anderen. Ook Van Wolde benadrukt het vermogen van verhalen om vastlopende levens open te breken, om mogelijkheden zichtbaar te maken, om veranderkracht op te doen, toekomst te hebben. Het is de strekking van veel bijdragen aan deze bundel. Gezondheid associëren we met het ervaren van levensruimte, het hebben van toekomst. En in die toekomst – niet als een vaste stip op de horizon maar als een veelvormige voldoening – is er in alle bijdragen sprake van medemenselijkheid, van wederzijdse betrokkenheid, oprechte gemeenschappelijkheid, van – in een enkel woord – liefde.

Van kennis naar liefde

Juist als wetenschappers in een kenniseconomie zijn wij vertegenwoordigers van een ietwat hooghartig verlichtingsdenken. Met kennis komen we er wel. De Verlichting was een emancipatoire beweging met op het eerste gezicht een terechte bevrijdingsideologie. Ieder van ons is immers in het bezit van de rede en daardoor hoeft niemand geknecht te worden door de willekeur van de politieke macht of de bijgelovigheid van de religieuze macht. De aanmoediging om zelf te durven denken is aan wetenschappers wel besteed en dat heeft ons het zelfbeeld opgeleverd van de redelijke, verlichte, autonome en onafhankelijke persoon die alleen op zijn eigen oordeelskracht vertrouwt en bouwt. Maar al in de vroege Romantiek werd gewezen op de keerzijde van een te ver doorgevoerd individualisme. Competitie en concurrentie maken het eenzaam aan de top en ze hinderen ook de samenwerking op de maatschappelijke ladder, tenzij we ons in slaap laten sussen door de droom dat ook topsport een teamprestatie kan zijn.

Het kan. Wellicht. Maar voor zover het aan de universiteit gewerkt heeft, en ook nu geregeld nog werkt, kwam dat altijd door een ander menselijk vermogen, een vermogen dat goed werk doet wanneer het om kennis*ontwikkeling* en kennis*deling* gaat. Dat vermogen kennen we allemaal en ik heb er geen beter woord voor dan *liefde*, ook al is dat een term die we sinds de Verlichting vakkundig naar de achtergrond hebben gedrukt in professionele contexten. Onterecht, wat mij betreft, want in de universitaire wereld gaat het niet primair om kennis, maar om de ontwikkeling en het delen.

Ik zet kennis en liefde expres tegenover elkaar omdat we daarmee de impliciete frictie zichtbaar maken die onze kenniseconomie van binnenuit aanvreet. Kennis is geen distributief goed. Als je mij jouw kennis geeft, raak je niets kwijt, maar verdubbelt de kennis zich. Ogenschijnlijk moeiteloos. En ogenblikkelijk. Daar is geen verdienmodel voor te verzinnen, en dat hadden we dan ook niet moeten doen. Economie, of *huishouding* zoals het in de zeventiende eeuw nog heette, is iets anders dan financiële economie. De moderne metafoor van de emotionele bankrekening gebruik ik graag in omgekeerde richting. Het is niet zozeer dat we in onze romantische relaties iets kunnen leren van calculerende economen, maar dat we in ons calculerende gedrag iets kunnen leren van ons vermogen lief te hebben. De Romantiek geeft Kants oproep om zelf te durven denken een intrigerende en belangrijke echo mee: durf lief te hebben. Durf kennis te delen. Gratis en voor niets. Werk samen.

Dat klinkt door in vrijwel alle bijdragen aan deze bundel. Een gezonde samenleving is een samenleving waarin we er voor elkaar zijn en ons realiseren dat we elkaar nodig hebben. Ik beperk me hier tot een paar verwijzingen. Zo laten Akkerman en collega's overtuigend zien wat de potentiële maatschappelijke schade is van de flexibilisering van werk. Als we moeten samenwerken in een situatie waarin baanzekerheid geen gezamenlijk gedragen goed is maar een individueel risico, wordt het moeilijker om mondig te zijn. Het is de emotionele verbondenheid, de veiligheid in elkaars bijzijn, die ons in een gezonde samenleving een stem geeft. We lezen het ook in de bijdrage van Baktit & Van den Muijsenbergh, waarin ik vooral de verzuchting zo mooi vond van vluchtelingen of migranten, dat ze eigenlijk een arts willen die als een vader of moeder voor ze is. Ook Staal gaat uitgebreid in op het belang van verbinding. Hij citeert Erikson die beweert dat Freud gesteld zou hebben dat *lieben und arbeiten* cruciaal zijn voor een gezond, volwassen bestaan. In de bijdrage van Aparna en collega's brengt het vierde portret de liefde letterlijk ter sprake als het cruciale kenmerk van een gezonde relatie tussen de staat en de staatsburger. Waarom is er voor de liefde slechts plaats in poëzie, kunst, literatuur en muziek, als het een helend, misschien zelfs goddelijk vermogen is, zo vraagt de auteur zich af. Juist in maatschappelijke instituties zou de liefde daarom een rol moeten spelen.

Wat maakt liefde dan zo bijzonder en zo anders dan kennis? En waarom stel ik prijs op het uitvergroten van de tegenstelling? Dat heeft alles te maken met de relaties tussen mensen en hun onderlinge afhankelijkheid, die cruciaal is voor liefde maar fundamenteel op gespannen voet staat met het ideaal van objectieve kennis. Als het om liefde gaat, is altijd sprake van een pluriformiteit aan perspectieven en een relationele afhankelijkheid. Liefde opent een nieuwe wereld, een wereld met eigenschappen die er alleen maar zijn of zichtbaar worden omdat wij samen van elkaar houden. Ik kijk bijvoorbeeld met nieuwe ogen naar de grafieken van Kraaykamp en collega's, het mondkapje van Smelik, de CoronaMelder-app van Jacobs en de heldenverhalen van Sanders & Van Krieken, omdat ik van jou hou en jij zo enthousiast over deze hoofdstukken bent. Daardoor leer ik aspecten zien die mij anders waren ontgaan. Ik heb jouw perspectief nodig, dat zo *verrukkeluk anders* is dan het mijne, om die onvermoede charme van deze hoofdstukken te kunnen zien. Onze liefde maakt wat dat betreft niet blind, maar eerder helderziend. Jouw andere perspectief vraagt mij om jou uit te leggen wat ik in hemelsnaam in bijvoorbeeld die dierproeven van Ritskes en collega's zie. Dan zet ik mijn beste beentje voor, omdat ik van je hou. Ik doe mijn best je te laten zien hoe interessant het bijvoorbeeld is dat de medische oorlogsmisdaden van de nazi's geleid hebben tot de *verplichting* om proefdieren te gebruiken.

Liefde doet meer dan alleen het aanmoedigen van een verhelderende dialoog. Liefde maakt het gemakkelijk onszelf te verliezen in onze passie, in de ander. Liefde maakt een feest van onze wederzijdse afhankelijkheid. Het idee van de redelijke, verlichte, autonome en onafhankelijke persoon is een farce. Aarts constateert het terecht in haar verwijzing naar Erich Fromms *The Sane Society*. Zelfgenoegzaamheid leidt tot zelfoverschatting en eigenwaan en dat is ongezond. We zijn geen Robinson Crusoe en we zouden het niet eens *willen* zijn. Onze afhankelijkheid is geen beperking, maar een verrijking, een gezonde omarming van wat ons omringt.

Maar er is wel werk aan de winkel. Want we bouwen onze samenleving al sinds de Verlichting op kennis en op professionaliteit – en daarmee impliciet op onafhankelijkheid, op meritocratisch individualisme en op bureaucratische, onpersoonlijke vergelijkbaarheid. Het verhaal is niet nieuw. We hebben, als het over de idealen van de Franse Revolutie gaat, het minst weten te maken van solidariteit. Daar ligt de sterke onafhankelijkheid aan ten grondslag die hoort bij wat we sinds de Verlichting zijn gaan denken dat volwassen mensen zijn: individualisten, zelfstandige personen die op basis van objectieve kennis goed voor hun welbegrepen eigenbelang zorgen. Amartya Sen noemde ze in een beroemd geworden artikel *rational fools*.[5]

Die kritiek is aangekomen. We weten inmiddels dat onze rationaliteit gesitueerd is en begrensd. De sociale psychologie heeft veel werk gemaakt van het ontmaskeren van onze eigenwaan. Maar als je het mij vraagt, is daarbij lange tijd niet getornd aan de principiële onafhankelijkheid die het objectief-wetenschappelijke perspectief zou moeten kenmerken. Hoe kan het ook anders? Ik kan wel beweren dat in weerwil van de tegeltjeswijsheid liefde niet blind maar helderziend maakt, maar waar baseer ik dat op? Interessante vraag. Heb ik dat onderzocht? Hoe dan? Wat is mijn bewijsmateriaal? En wat moet ik doen – wat *kan* ik als deskundige doen – als de publieke opinie niet van zins is om mijn bewijsmateriaal te accepteren, of als ik denk dat zij mijn *evidence* helemaal niet op waarde kunnen schatten?

Goede vragen. Geen gemakkelijke vragen. Een gezonde samenleving heeft meer nodig dan bekwame heelmeesters. Een gezonde samenleving heeft de moed nodig om dit soort vragen open tegemoet te treden. Een gezonde samenleving heeft de sensitiviteit nodig om te luisteren naar wie niet het hardste roept, om een stem te geven aan wie niet vanzelf hoorbaar is. Een gezonde samenleving – en daarin vinden alle auteurs van deze bundel zich weer in elkaars gezelschap – is een learning community, een lerende gemeenschap.

En zij leerden nog lang en gelukkig

Dat we een lerende gemeenschap zijn, hebben we op een overweldigende manier gemerkt in maart 2020 toen de wereld overvallen werd door het coronavirus. In luttele dagen schakelde heel de samenleving over op online werken, leren en studeren. De openbare ruimte was plotsklaps leeg, files verdwenen als sneeuw voor de zon, vliegtuigen bleven aan de grond. De horeca en detailhandel sloten hun deuren en de regering kwam met onvoorstelbare, economische reddingspakketten. We gaven elkaar geen hand meer, hielden anderhalve meter afstand en bleven binnen. Vanaf balkons klapten we voor het zorgpersoneel en zongen samen liederen om uiting te geven aan onze ontroerende saamhorigheid. De snelheid waarmee herzien werd wat sinds decennia volstrekt vanzelfsprekend was geweest, was sensationeel.

Wanneer ik dit schrijf zijn we een jaar verder en gaan we morrend gebukt onder een avondklok die langer duurt dan we wilden en accepteren we gedwee een vaccinatieprogramma dat langzamer gaat dan we verwachtten. En hoewel we het zat zijn en het gevoel hebben dat de maatschappij stilstaat en we de impasse nauwelijks meer kunnen verdragen, broeit overal het besef dat we niet meer terug kunnen, ook niet terug willen, maar klaar zijn voor een serieuze transitie. We hebben geleerd, al hebben we 'onze les' nog niet voldoende geleerd. We hebben namelijk echt geen zin in de volgende crisis, de klimaatcrisis, ook al weten we dat die ons stevig zal raken, maar dan sluipenderwijs, zoals bij een kikker die je kookt in langzaam heter wordend water. Maar ook al stemmen we behoudend en hebben we nog veel te leren, het besef is er dat we kunnen veranderen en dat we van onze ervaringen en onze fouten kunnen leren. We beseffen dondersgoed dat het nodig en lonend zal zijn, om te investeren in een sterke leercultuur.

Dat vraagt om meer dan een veerkrachtige universiteit en een bevolking waarvan 40 procent hogeropgeleid is. Een gezonde samenleving zal over de hele breedte én over de hele lengte een lerende gemeenschap moeten zijn. Het leren moet de school uit, en de maatschappij moet de campus in. Een samenleving heeft alleen een sterke leercultuur als je die overal aantreft, tot in de kleinste haarvaten. Dat vraagt wat van ons onderwijsbestel, maar meer nog van onze kijk op leren en leven, van onze houding tegenover diploma's en van onze omgang met elkaar en met de vele op opleiding gebaseerde breuklijnen die we in allerlei beroepssectoren aantreffen.

Als je het mij vraagt zijn leren en leven vrijwel synonieme werkwoorden. Als al wat leeft zich moet bekwamen in adaptieve zelforganisatie, dan is lerend leven de enige modus vivendi. Leren is dan net zo alledaags en elementair als ademhalen, waarmee het een vermogen wordt dat we niet moeten isoleren in een schoolse setting. Natuurlijk, een samenleving heeft baat bij instituties. Maar een gezonde samenleving is een samenleving die zich kritisch kan afvragen of haar instituties nog wel doen wat de bedoeling was, en die zich met aandacht en zorg – liefdevol en veerkrachtig – kan herpakken. Of we dát zelfreinigende vermogen moeten verankeren in een institutie, is wat mij betreft een van de grote uitdagingen van deze tijd.

Wat maakt een samenleving gezond? Wat geeft een samenleving de dynamische veerkracht om zich aan te passen en zichzelf te organiseren in het licht van sociale, fysieke en emotionele uitdagingen? De bijdragen aan deze bundel bieden een veelheid aan suggesties die ik in dit inleidende hoofdstuk op een rijtje heb proberen te zetten. Daarbij heb ik de volgende aanbevelingen gehanteerd:

1 Heb aandacht voor de gebreken. Zie ze als uitdagingen, als onderdeel van de dynamiek. Een gezonde samenleving is geen perfecte samenleving, maar een levende samenleving, inclusief de pijn en het verdriet die onontkoombaar gegeven zijn met ons bestaan.
2 Zorg dat de basis op orde is, maar besef dat die basis een kwestie van mentaliteit is. Het gaat niet zozeer om het in stand houden van een stabiele infrastructuur, van regelgeving, protocollen en bureaucratie. De basis is een door iedereen gevoeld engagement met mensen die door tegenspoed en onheil getroffen worden, een bereidheid elkaars hulpbron te zijn.
3 Voorzie in de beoefening van maatschappelijke deugden, goede karaktertrekken die onze tweede natuur worden en zo de dragers zijn van een gezonde infrastructuur. Maar zo'n tweede natuur moeten we wel beoefenen. Veerkracht bijvoorbeeld heeft geregeld spanning nodig. We moeten daarom met elkaar zorgen dat onze maatschappelijke deug-

den het midden houden. Zo kunnen wij op een dynamische manier stabiel samenredzaam zijn.

4 Heb toekomst. We kunnen ons op verschillende manieren tot de toekomst verhouden. We kunnen ons er idealen in voorstellen waar we versneld naartoe willen gaan door efficiënte en effectieve interventies te plegen. Of we kunnen eindeloos willen verbeteren of groeien, zoals de moderne geneeskunde ons lang voorgehouden heeft of de kapitalistische economie. Maar een gezonde samenleving verhoudt zich niet op zo'n lineaire manier tot de toekomst, althans dat bepleit ik. De zin van de toekomst is niet dat we daarnaartoe bewegen, maar dat we haar hebben. En dat we haar houden. Zeker in het licht van de wicked problems, geldt dat we ook voor onze kinderen een samenleving willen waarin ze toekomst hebben. Dat vraagt iets van ons. We moeten een samenleving willen zijn die voor duurzame levensruimte zorgt, die ons de wereld laat ervaren als een plek die zich voor ons opent. Permanent.

5 Durf lief te hebben. Sinds de Verlichting zijn we vertrouwd geraakt met het zelfbeeld van de volwassen mens als een redelijk, autonoom, maar vooral *onafhankelijk* persoon. Iemand die eigenlijk niemand echt nodig heeft. Dat meritocratische individualisme tast onze samenleving aan. Een gezonde samenleving draait niet om onafhankelijke, hoogopgeleide professionals, maar om veiligheid in elkaars bijzijn, om waardering voor elkaars perspectieven, en om de 'helderziendheid' die mogelijk wordt als je met de ogen van jouw geliefde leert kijken naar dat wat jijzelf nog niet op waarde hebt kunnen schatten. Dat is geen garantie voor een succesvol samenleven. Garanties zijn er niet. Maar een liefdevolle relatie is wel een relatie waarin de moed gedijt om elkaars blinde vlekken kritisch maar constructief tegen het

licht te houden. Want liefde kan natuurlijk wel degelijk blind maken.

6 Stimuleer een sterke leercultuur. Motiveer iedereen tot een leven lang leren, tot een onderzoekende houding, tot de openheid die hoort bij mensen die willen leren – van fouten, van successen en vooral van de affordances die iedere ander als scaffolds om ons heen zet. We moeten het leren bevrijden uit de schoolse kaders van een onderwijsbestel dat hamert op disciplinering en dat zichzelf begrijpt als een effectieve en efficiënte voorbereiding op een arbeidsmarkt die focust op economische groei. Omdat leren te maken heeft met ons vermogen onze omgang te verbeteren met elkaar en met onze leefwereld, heeft een gezonde samenleving geen eng gedefinieerde onderwijsinstituties nodig, maar maatschappelijke arrangementen die de geïntegreerde persoonlijke en professionele ontwikkeling van al haar leden levenslang ondersteunt.

Ik wens u veel plezier en veel inspiratie bij het lezen van deze bundel. Dat zij nu verschijnt, betekent voor mij dat academici op de drempel staan van een transitie die zich zal voltrekken en die zich ook wel zal *moeten* voltrekken. Wij tonen in deze bundel ons academisch engagement. Wij werken aan een gezonde samenleving. Wij hebben een les geleerd.

Literatuur & noten

1. Maxwell, N. (2014). *How Universities Can Help Create a Wiser World: The Urgent Need for an Academic Revolution*. Exeter: Imprint Academic.
2. Huber, M., Knottnerus, J.A., Green, L., Horst, H. van der, Jadad, A.J., Kromhout, D., Leonard, B., Lorig, K., Loureiro, M.I., Meer, J.W.M. van der, Schnabel, P., Smith, R., Weel, C. van, & Smid, H. (2011). 'How Should We Define Health?' *British Medical Journal, 343*(4163), 235-237.

3. Shvarts, A., & Bakker, A. (2019). 'The Early History of the Scaffolding Metaphor: Bernstein, Luria, Vygotsky, and before'. *Mind, Culture, and Activity,* 26(1), 4-23.
4. Gibson, J.J. (1977). 'The Theory of Affordances'. In: R. Shaw en J. Bransford (reds.), *Perceiving, Acting, and Knowing. Toward an Ecological Psychology.* Hillsdale, NJ: Lawrence Erlbaum Associates, 67-82.
5. Sen, A. (1977). 'Rational Fools: A Critique of the Behavioral Foundations of Economic Theory'. *Philosophy & Public Affairs,* 6(4), 317-344.

I Gezonder leven en werken

1 De gezonde samenleving is een actieve samenleving

Maar hoe krijg je mensen in beweging?

Bert Steenbergen, Hidde Bekhuis, Femke van Abswoude, Gwennyth Spruijtenburg & Anouk Kerkhof

De Wereldgezondheidsorganisatie (WHO) luidde een aantal jaren geleden de noodklok over de schrikbarende toename van inactief gedrag. Deze wereldwijde trend heeft inmiddels geleid tot een enorme groei van leefstijlgerelateerde ziekten als hart- en vaatziekten, diabetes en kanker. De coronacrisis bevestigt de noodkreet van de WHO, want fitte mensen hebben minder ernstige klachten van het virus en herstellen sneller.
Een inactieve leefstijl tast niet alleen de lichamelijke gezondheid aan, maar is ook schadelijk voor het sociaal-emotioneel welbevinden, de sociale cohesie en de arbeidsparticipatie.
Pleidooi voor een interdisciplinaire aanpak om mensen actief te krijgen en te houden en zo een gezonde samenleving te bevorderen.

De Nederlandse samenleving is de laatste zeventig jaar drastisch veranderd, wat ertoe geleid heeft dat we minder fysiek actief zijn. Allereerst is er de verschuiving van een maaksamenleving, die allerlei producten vervaardigt, naar een maatschappij die gericht is op kennis en diensten. Hierdoor vergt werk minder lichamelijke inspanning. Daarnaast is met de komst van de televisie en (spel)computer ook onze vrijetijdsbesteding passiever. Online shoppen zorgt ervoor dat fysiek boodschappen doen en winkelen niet meer nodig is. En vanzelfsprekend hebben de auto en een goed ov-netwerk ertoe geleid dat verplaatsingen veel minder lichamelijke activiteit vragen.

Hiertegenover staat de trend dat door de extreem hoge filedruk en de komst van de e-bike, de fiets vaak sneller is dan de auto, zeker op korte afstanden. Een andere ontwikkeling is dat door het veranderende karakter van ons werk het mantra 'zweten doe je alleen tijdens je werk' niet meer breed gedragen wordt. Mensen sporten nu juist om te zweten.

Wanneer we naar Europese cijfers uit 2009, 2012 en 2017 kijken (Figuur 1), zien we dat het aantal mensen dat minstens één keer per week sport, in zowel Nederland als de EU stabiel is. Het aandeel sporters ligt in Nederland ruim 15 procent hoger dan het EU-gemiddelde. Het aantal mensen dat aangeeft helemaal nooit te sporten, stijgt zowel in Nederland als EU-breed.

Richten we ons op fysieke activiteiten, zoals wandelen, tuinieren, dansen of fietsen naar het werk, dan zien we dat het percentage mensen dat dit minstens één keer per week zegt te doen, zowel in Nederland als de EU afneemt. Alarmerend is ook de stijging tussen 2009 en 2017 van het aandeel mensen dat zegt nooit te bewegen. Maar net als bij het formele sporten, is het aandeel mensen dat beweegt in Nederland toch nog veel hoger dan het EU-gemiddelde. Dit is deels te verklaren doordat we in Nederland veel vaker de fiets nemen.

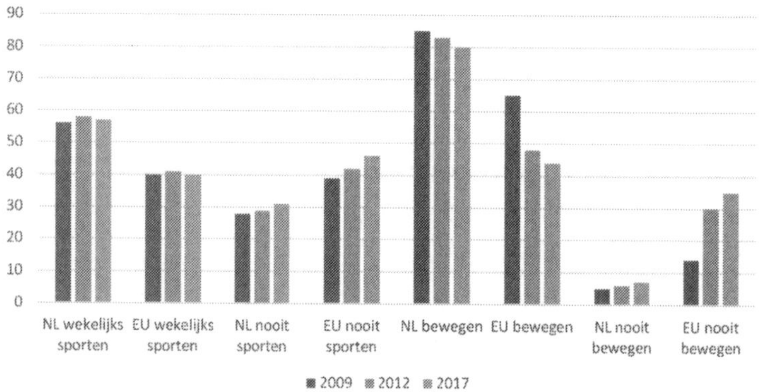

Figuur 1 Percentage wekelijkse sporters en nooit-sporters en percentage wekelijkse bewegers en nooit-bewegers in Nederland en de gehele EU in 2009, 2012 en 2017. Bron: Eurobarometer 2015 & 2018[1, 2]

De Europese cijfers staan ook een uitsplitsing naar achtergrondkenmerken toe. Hieruit komt naar voren dat vrouwen, lageropgeleiden, ouderen en mensen met een minder hoog inkomen of migratieachtergrond, minder sporten en ook vaker zeggen nooit te sporten. Eenzelfde patroon zien we voor bewegen. Weliswaar bewegen mannen, hogeropgeleiden, mensen met een hoger inkomen, mensen zonder migratieachtergrond en jongeren vaker, maar in de tijd neemt ook dit percentage af. We kunnen dan ook concluderen dat onze Nederlandse samenleving en die van de gehele EU, lichamelijk minder actief wordt.

Meer dan alleen gezondheidswinst

De coronacrisis heeft laten zien dat een actieve leefstijl je beter beschermt tegen dit virus.[3] Zo'n leefstijl zorgt dus voor gezondheidswinst. Dit is niet alleen gunstig voor een individu, maar ook voor de economie. Hoe minder mensen immers ziek worden, des te minder verlies van arbeidsproductiviteit en hoe lager de zorgkosten. Daarnaast heeft een actieve leefstijl ook een positieve invloed op zowel het sociaal welbevinden van het individu als op de sociale cohesie en het sociale vertrouwen in de samenleving. Een actieve leefstijl draagt dus bij aan een sociale gezondheid.

Een actieve leefstijl zorgt ervoor dat mensen een grotere kans hebben anderen te ontmoeten. Dit kan op uiteenlopende manieren; van buurtgenoten tegenkomen tijdens een blokje om, tot samen voetballen in een elftal. Een actieve leefstijl vergroot dus de mogelijkheid dat iemand sociale contacten opdoet en verkleint de kans op sociaal isolement.[4]

Het hebben van sociale contacten wordt gezien als een van de belangrijkste aspecten van iemands welbevinden.[5] In Nederland worstelen niet alleen veel ouderen met eenzaamheid, ook mensen met een lichamelijke of geestelijke beperking hebben vaak weinig sociale contacten.[6] Voor deze groepen kan een actieve(re) leefstijl uitkomst bieden. Dit kan bijdragen aan zowel de fysieke gezondheid – die bij deze groepen veelal broos is – als aan het mentale welbevinden, door het vergroten van het aantal sociale contacten.

Activiteit draagt bij aan de cohesie

Niet alleen voor het individu zijn de sociale contacten tijdens fysieke activiteit van meerwaarde. Ook voor de maatschappij als geheel is het nuttig. Sport en bewegen dragen namelijk bij aan de cohesie in de samenleving. Onder cohesie verstaan we de mate waarin burgers in een maatschappij verbondenheid hebben én ervaren. Hierdoor kunnen ze zich medeverantwoordelijk voelen voor het algemeen welzijn van de maatschappij. Het tegenovergestelde van cohesie is een ieder-voor-zichmentaliteit. Maatschappijen met meer sociale cohesie scoren beter op uiteenlopende zaken, van economische productiviteit tot sociale ongelijkheid en van criminaliteitscijfers tot schoolprestaties.[7, 8, 9, 10, 11]

De eerdergenoemde contacten die tijdens het sporten en bewegen worden opgedaan, dragen dus bij aan de cohesie binnen de maatschappij. De mate waarin mensen zich onderling verbonden voelen, hangt echter af van het soort contact dat zij met elkaar hebben. Het idee is dat samen sporten in formeel teamverband, bijvoorbeeld in een voetbalelftal, tot de meest hechte banden leidt, gevolgd door samen sporten bij een formele vereniging zonder team, zoals sporten bij een atletiekvereniging. Daarna volgt gezamenlijk sporten zonder vereniging, bijvoorbeeld wielrennen met buurtgenoten. De minst hechte banden zouden ontstaan tijdens individuele activiteiten waarbij men elkaar toevallig ontmoet, zoals tijdens het wandelen of hardlopen in de buurt. De 'virtuele verbondenheid' die mensen kunnen voelen en creëren rondom hun activiteiten, laten we nu even buiten beschouwing. Denk hierbij aan hardloopervaringen delen in een Facebook-groep, of over en weer complimenten geven op sportprestatieapp Strava.

Oranje verbindt… als het wint

De sterkte van de banden verschilt dus, en ook met wie men contact heeft is variabel. Het kan zijn dat iemand via sport en bewegen contacten opdoet met mensen die veel op hem of haar lijken – denk aan een vergelijkbaar opleidingsniveau, inkomen, of het al dan niet hebben van een migratieachtergrond. Wanneer sport en bewegen leidt tot banden met 'gelijkgestemden' spreken we van verbindend contact. Dit contact leidt tot meer cohesie binnen de specifieke groep gelijkgestemden. Wanneer sport en bewegen leidt tot banden met 'andersgestemden' – dus contacten tussen bijvoorbeeld lager- en hogeropgeleiden, tussen mensen met lage en hoge inkomens, of tussen mensen van verschillende etnische komaf, dan spreken we van overbruggend contact.[12] Met dit overbruggend contact wordt de cohesie en tolerantie in de maatschappij vergroot. Mensen zijn dan namelijk in contact met mensen die anders zijn dan henzelf.

Vaak gaan beleidsmakers ervan uit dat sport en bewegen bijdragen aan cohesie voor de gehele maatschappij. Dit zien we inderdaad terug wanneer het Nederlands elftal voetbalt en succesvol is. Dan is nagenoeg iedereen voor Oranje en hebben we een gemeenschappelijke deler. Wat het effect is van voetballen tegen een team met mensen van een andere afkomst, is nog onbekend. Mogelijk geeft dit een positief contact met mensen van de eigen afkomst, en daardoor meer cohesie binnen deze groep. Maar het kan ook leiden tot een minder positieve houding ten aanzien van mensen met de andere afkomst en dus tot minder cohesie in de maatschappij als algeheel. Er moet nog veel meer onderzoek gedaan worden naar de positieve en negatieve effecten van contact in de sport. Maar het is zonder meer duidelijk dat een actieve leefstijl op individueel niveau leidt tot minder sociaal isolement en een rijker sociaal leven.

Maakt een actieve leefstijl clubs overbodig?

De invloed van sportverenigingen op de cohesie in de maatschappij valt niet te onderschatten. Zo is een belangrijk aspect van cohesie het vrijwilligerswerk, dus jezelf belangeloos inzetten voor de medemens. Mensen die bij een vereniging sporten blijken meer aan vrijwilligerswerk te doen dan niet-sporters of dan mensen die wel sporten maar niet bij een vereniging.[13] Uit Tabel 1 blijkt dat sporters niet alleen vrijwilligerswerk doen voor hun eigen vereniging, ze zetten zich ook vrijwillig in voor activiteiten buiten hun eigen sport. De causale relatie is echter nog niet geheel duidelijk. We weten niet zeker of je als lid van een sportvereniging meer vrijwilligerswerk gaat doen, of dat mensen die meer vrijwilligerswerk doen, vaker lid zijn van een sportvereniging. Het lijkt echter niet logisch dat vooral altruïstische personen, die dus eerder geneigd zijn vrijwilligerswerk te doen, lid worden van een sportvereniging. Aannemelijker is dat sportverenigingen ervoor zorgen dat mensen zich verbonden voelen met de verenigingen, die noodgedwongen een beroep doen op hun leden om vrijwilligerswerk te doen. Deze combinatie kan ertoe leiden dat leden van een sportvereniging vaker vrijwilligerswerk doen, ook buiten de vereniging.

Tabel 1 Percentage mensen dat vrijwilligerswerk doet, uitgesplitst naar niet-sporters, niet-vereniging-sporters, en vereniging-sporters

	Niet-sporters	Niet-vereniging-sporters	Vereniging-sporters
Vrijwilligerswerk setting			
Vrijwilligerswerk voor sport	1,0	1,8	12,2
Vrijwilligerswerk niet sportgerelateerd	2,7	3,3	6,1
Vrijwilligerswerk voor sport én niet sport	27,0	29,5	21,5
Totaal vrijwilligerswerk	30,7	34,6	39,8
Bron: Breedveld & Tiessen-Raaphorst, 2006[14]			

Niet alleen tussen verenigingslidmaatschap en vrijwilligerswerk ligt een verband, ook sport en sociaal vertrouwen hangen samen. Het blijkt namelijk dat sporters meer sociaal vertrouwen hebben dan niet-sporters. Sociaal vertrouwen is de mate waarin iemand zijn of haar medemens vertrouwt; het wordt meestal gemeten met behulp van vier stellingen over het vertrouwen in de medemens, zoals 'de meeste mensen zijn te vertrouwen' of 'als je anderen helpt kom je vaak bedrogen uit'. Het al dan niet vertrouwen van de medemens is een belangrijk onderdeel van, en voorwaarde voor cohesie. Tabel 2 laat zien dat sporters een groter sociaal vertrouwen hebben dan niet-sporters en dat degenen die sporten bij een vereniging of kaderlid zijn bij een sportvereniging, nog meer sociaal vertrouwen hebben dan sporters die geen lid zijn van een sportvereniging. Ook toont Tabel 2, evenals recenter onderzoek van het CBS uit 2010[15], dat het niet alleen gaat om het lidmaatschap van een vereniging. Zo hebben mensen die lid zijn van bijvoorbeeld een muziek- of hobbyvereniging minder sociaal vertrouwen dan sporters en leden van een sportvereniging. De causaliteit van de relatie tussen sport en sociaal vertrouwen is onbekend. Het is aannemelijker dat sporten en het sporten bij een sportvereniging bijdraagt aan meer sociaal vertrouwen dan omgekeerd, dus dat mensen met meer sociaal vertrouwen eerder gaan sporten en lid worden van een sportvereniging.

Tabel 2 Percentage mensen met sociaal vertrouwen uitgesplitst naar sport en verenigingslidmaatschap

	% met sociaal vertrouwen
Doet aan sport	67
Lid sportvereniging	70
Lid muziekvereniging	62
Lid hobbyvereniging	59

Bron: Breedveld, 2003[16]

Actief zijn en worden: jong geleerd is oud gedaan

Door te sporten en te bewegen, en in het bijzonder te sporten bij een sportvereniging, neemt de individuele gezondheid toe, heeft men een rijker sociaal leven en ondervindt men minder sociaal isolement. Daarbij wordt de maatschappelijke cohesie sterker. Er zijn dus vele positieve aspecten met een actieve leefstijl verbonden. Toch wordt de samenleving alleen maar inactiever. Blijkbaar is een actieve leefstijl geen rationele keuze en gaat dit niet vanzelf. Wat is nodig om mensen actief te krijgen en te houden? En wat doet de Radboud Universiteit om dit maatschappelijk vraagstuk in onderzoek en onderwijs aan te pakken?

Zoals eerder gezegd zijn jongeren, mannen, hogeropgeleiden, mensen met een hoger inkomen, en mensen zonder niet-westerse migratieachtergrond, vaker actief. Kort door de bocht hebben deze groepen 1) minder lichamelijke beperkingen, 2) meer kennis van het belang van een actieve leefstijl, 3) meer financiële middelen en tijd om actief te zijn, 4) zijn ze opgegroeid in een cultuur waarbij de opvatting is dat inspanning niet alleen hoort tijdens werk en 5) is of was het de opvatting dat sporten vooral iets voor mannen is. In het hoofdstuk over 'scheidslijnen in ongezonde gewoonten', wordt hier dieper op ingegaan.

Ongeacht bovengenoemde achtergrondkenmerken is het al dan niet opgroeien met een actieve leefstijl een belangrijke voorwaarde om op latere leeftijd actief te zijn.[17, 18] Tijdens de jeugdjaren wordt niet alleen het plezier van bewegen aangeleerd, ook wordt het besef bijgebracht dat bewegen normaal is.[19] Gedurende iemands leven zijn er allerlei gebeurtenissen die maken dat iemand (tijdelijk) minder actief wordt. Denk aan de overgang van basis- naar middelbare school, de eerste baan starten of een kind krijgen. Bij al deze transities is een actieve leefstijl van minder belang vanwege de gebeurtenis. Het blijkt echter dat mensen die in hun jonge jaren gesport hebben, een actieve leefstijl weer oppakken wanneer ze in rustiger vaarwater zitten. Ook het omgekeerde geldt: mensen die in hun vroege jeugd nooit gesport hebben, zijn op latere leeftijd moeilijk in beweging te krijgen.[20]

Sporten in de jeugd leidt tot een actievere leefstijl op latere leeftijd. Een actieve jeugd creëren is dus een belangrijke oplossing voor een toekomstig actieve bevolking. Dit is echter gemakkelijker gezegd dan gedaan, aangezien in 2019 slechts de helft van de vier- tot twaalfjarigen, en 40 procent van de twaalf- tot zestienjarigen aan de beweegrichtlijn voldoen.[21] Nog zorgelijker is de negatieve trend. Ten opzichte van 2005 voldoen jongeren minder aan de beweegnorm, sporten ze minder en spelen ze minder buiten.[22] Niet geheel verrassend zijn het de kinderen met een hoge gezinswelvaart en geen migratieachtergrond, die vaker bewegen, sporten en buitenspelen.

Een interdisciplinaire oplossing

Maar hoe krijgen we kinderen en de samenleving als geheel weer actief? Waar beginnen we en wat hebben we er allemaal voor nodig? Een aantal voormalige topsporters onder leiding van oud-volleybalcoach Joop Alberda, riep medio 2020 op om de krachten te bundelen en aan een samenleving te werken waarin sport en bewegen het nieuwe normaal zijn. Zij publiceerden het pamflet 'Bewegen. Het nieuwe normaal'. Een belangrijke boodschap natuurlijk, maar helaas werd er niet bij vermeld hoe dit dan zou moeten. Niet verwonderlijk kwamen hier in de media reacties op. Een van de commentaren was van voormalig profwielrenster Marijn de Vries in haar column in *Trouw*: '...Maar zo makkelijk is fit zijn niet, anders was iedereen het wel.'[23] De oplossing moet breed gezocht worden en niet binnen één discipline.

Een van de meest geaccepteerde verklaringen over de invloed van de omgeving op het menselijk gedrag is het sociaalecologisch model van Bronfenbrenner.[24] Menselijk gedrag speelt zich namelijk niet af in een vacuüm, maar altijd in een betekenisvolle omgeving. Die heeft een grote invloed op vrijwel elk facet van je leven. Veranderingen in gedrag, zoals actief worden en blijven, worden voor een groot deel beïnvloed door de omgeving. Volgens Bronfenbrenner bestaat de omgeving uit onderling verbonden niveaus zoals in Figuur 2 te zien is. In het midden van het figuur zien we het individu en zijn of haar gedrag.

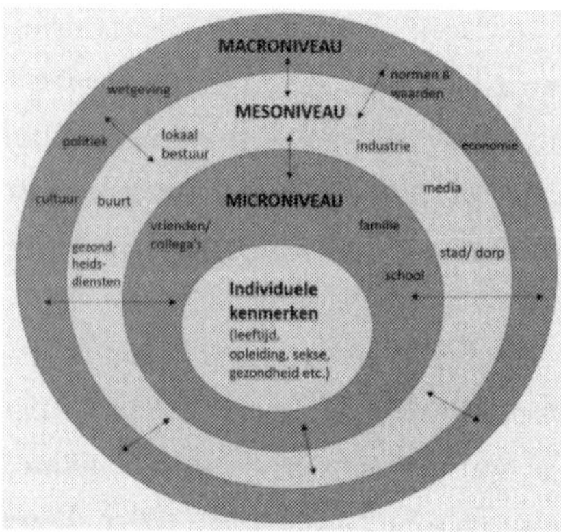

Figuur 2 Vereenvoudigde weergave van het sociaalecologisch model van Bronfenbrenner met de verschillende niveaus die van invloed zijn op het gedrag van het individu.

Laten we door het model heengaan, met in het achterhoofd het streven dat iemand actief *wordt* en *blijft*. Daarvoor beginnen we bij de kern van het model, dat gaat over individuele kenmerken zoals leeftijd, gezondheid, maar bijvoorbeeld ook motorische vaardigheid en motivatie. Wanneer iemand motorisch niet erg vaardig is, ondervindt hij of zij daardoor problemen tijdens activiteiten in het dagelijks leven. Dit leidt bijna automatisch tot minder actief gedrag. Het is daarom belangrijk te achterhalen hoe de motoriek bij deze persoon het beste kan worden verbeterd. En dan het liefste op zo'n manier dat het aansluit bij zijn of haar mogelijkheden, zodat de motivatie om te oefenen blijvend is. Daarvoor moeten we in het model een stap naar buiten.

Twee uur gym per week

We komen dan uit bij de eerste schil om de kern. Dit is het zogeheten microniveau. Hier gaat het vooral over de directe omgeving waarin iemand verkeert en die op haar beurt weer gedrag beïnvloedt. Nemen we jongeren als voorbeeld. Dagelijks komen jongeren in aanraking met verschillende microsystemen, zoals het gezin, vrienden, de school, de sportclub, buurtsportcoaches, of influencers op sociale media. Dit noemen we de sociale netwerken van de jongeren. Dit niveau heeft een zeer directe invloed op het gedrag en dus ook op positieve of negatieve gedragsveranderingen. Hoe kunnen we gedrag via dit microniveau beïnvloeden? Een voorbeeld is het bewegingsonderwijs op school. Dit is in de loop van de jaren weggesaneerd. Wettelijk is nu vastgesteld dat leerlingen in het primair onderwijs een minimum van twee uur gym per week moeten krijgen. Dit wordt dan bij voorkeur door een vakdocent bewegingsonderwijs gegeven. Twee uur per week! Je kunt je sterk afvragen of twee uur per week voldoende is om motorisch vaardig te worden. In een onlangs verschenen rapport werd namelijk duidelijk dat de motorische vaardigheden van de jeugd in de periode van 2006 tot 2016 slechter zijn geworden.[25] Natuurlijk zijn er meerdere factoren aan te wijzen voor deze afname, maar de school, als sportpedagogische context, kan en moet hier een belangrijke rol in vervullen.

Naast school zien we in deze schil ook een grote rol weggelegd voor vrienden en familie. Zij maken ook deel uit van het sociale netwerk rondom een jongere. Samen bewegen en sporten werkt motiverend, al is dit een nog zeer onderbelicht aspect binnen internationale studies naar bewegen en actief gedrag.

De tweede schil in het model betreft het zogeheten mesoniveau. Een individu kan niet direct invloed uitoefenen op dit niveau, maar omgekeerd hebben de factoren op dit niveau wel invloed op het gedrag van het individu. Dit mesoniveau bestaat onder andere uit de omgeving waarin iemand woont, zoals de buurt. Denk aan groen in de wijk, sportveldjes en de aanwezigheid van fietspaden. Nederland heeft maar liefst ruim 33.000 kilometer aan bewegwijzerde fietsroutes. Dichter bij huis: Nijmegen heeft een groot netwerk van fietsroutes, en al deze fietspaden nodigen uit tot fietsen en dragen dus bij aan een actieve leefstijl.

Ook voor de derde, en buitenste schil in het model, het macroniveau, zien we dat de directe invloed van het individu op deze schil beperkt is. Andersom is die invloed er wel. Op dit niveau bevinden zich bijvoorbeeld politiek, de organisatie van het onderwijsstelsel, maar ook de waarden en normen in een bepaalde cultuur. Een actieve leefstijl is bijvoorbeeld niet in alle culturen vanzelfsprekend. In Tonga, een land en eilandengroep in Polynesië, heeft 95 procent van de bevolking overgewicht. Het gebrek aan gezond voedsel is hier debet aan. Maar dik zijn is op Tonga een teken van welvaart, omdat het betekent dat je geld hebt en niet hard hoeft te werken. Culturele factoren, waarden en normen spelen dus een grote rol bij het bevorderen van een actieve leefstijl. Dit is in de multiculturele samenleving van Nederland belangrijk om in het oog te houden.

Een actieve leefstijl bevorderen is dus een complexe aangelegenheid, waarbij vele disciplines een rol spelen. Zoals het model van Bronfenbrenner laat zien, hangen de niveaus met elkaar samen en in deze gezamenlijkheid oefenen ze invloed uit op het gedrag van het individu. Een interdisciplinaire aanpak is dus onontbeerlijk om het probleem van de inactieve samenleving aan te pakken.

Onderzoek, onderwijs en implementatie

Sinds 2018 is het thema 'Active Living' een van de centrale thema's binnen de Faculteit der Sociale Wetenschappen (zie www.ru.nl/activeliving). Een inactieve leefstijl is een groot en groeiend probleem binnen de samenleving en om structurele oplossingen voor dit complexe probleem te bieden is het noodzakelijk dat meerdere disciplines de handen ineenslaan. Een dergelijke aanpak past bij de nieuwe strategie van de universiteit, getiteld 'A significant impact'. Samen met de Hogeschool Arnhem Nijmegen, Radboudumc, GGD Zuid-Gelderland, de gemeente Nijmegen en andere maatschappelijke partners hebben we de vraag gesteld: 'Wat is de typisch Nijmeegse signatuur in onderzoek en onderwijs op het gebied van sport en bewegen?' Vanuit deze vraag is de Nijmeegse Kennisagenda Sport & Bewegen ontwikkeld die richting geeft aan onderzoek, onderwijs en implementatie. De Kennisagenda rust op drie pijlers: 1) Iedereen in beweging, 2) Een leven lang gezond, en 3) Sociale innovaties in de sport.

Sinds de lancering van de Kennisagenda zijn er meerdere onderzoeksprojecten gestart op het gebied van actieve leefstijl. We noemen drie voorbeelden. Het eerste project is gestart met een subsidie vanuit de Nationale Wetenschapsagenda. In dit interdisciplinaire project TRIAL (Transitions Into Active Living) wordt het sociale netwerk van het individu aangegrepen om langdurige veranderingen in actief gedrag te bewerkstelligen tijdens belangrijke levensgebeurtenissen. In samenwerking met maatschappelijke partners worden instrumenten ontwikkeld waarmee professionals mensen kunnen stimuleren om actief te worden en te blijven.

In het tweede interdisciplinaire project van de Radboud Universiteit, met het acroniem REAL (Radboud Ecosystem for Active Living), wordt samengewerkt met de Faculteit der Managementwetenschappen (Planologie) en het Radboudumc (Fysiologie) en is een van de vraagstukken hoe de gebouwde omgeving kan bijdragen aan een actieve leefstijl en welke gezondheidseffecten dit oplevert.

Het derde project, mogelijk gemaakt met een subsidie van ZonMw, onderzoekt in welke mate de ongelijkheid in sport toe- of afneemt door COVID-19. Daarbij wordt ook de rol onderzocht van relevante partijen zoals gemeenten, sportbonden en lokale sportaanbieders. Deze drie projecten hebben interdisciplinariteit als belangrijk uitgangspunt. Monodisciplinaire oplossingen zijn in het verleden niet duurzaam effectief gebleken, en zoals we hebben laten zien, kunnen we het gedrag van een individu niet los zien van de context waarin deze zich bevindt.

Ook binnen het onderwijs wordt dit maatschappelijke thema vanuit een interdisciplinaire visie besproken, waarbij steeds maatschappelijke partners zijn betrokken. Voorbeeld hiervan is de Honourscursus 'Active Living in the Netherlands and beyond', waarin KennisCentrum Sport en Bewegen (KCSB) participeert. Studenten werken samen met KCSB aan bruikbare oplossingen om de inactiviteit te keren.

Kinderen leren hoe leuk bewegen is

Een actieve samenleving heeft grote voordelen voor zowel individuen – een betere lichamelijke gezondheid, meer sociale contacten en minder eenzaamheid – als voor de samenleving als geheel: minder zorgkosten en verlies van arbeidsproductiviteit, meer sociale cohesie en sociaal vertrouwen. Ondanks die voordelen moeten we vaststellen dat onze samenleving steeds inactiever wordt, afgezien van de grote verschillen tussen lager- en hogeropgeleiden en migranten en niet-migranten. Om deze trend te keren en tot een actievere en dus gezondere samenleving te komen, is een grote uitdaging. We hebben laten zien dat jong geleerd, oud gedaan is. Belangrijk is daarom dat kinderen al op jonge leeftijd leren hoe leuk bewegen is en wat de noodzaak ervan is. Hiervoor zien wij niet alleen een taak weggelegd voor ouders en verzorgers, maar ook voor beweegprofessionals in de kinderopvang en het primair en secundair onderwijs. Daarnaast lijkt ook de inzet van het gehele sociale netwerk, inclusief vrienden en professionals, veelbelovend te zijn om jong én oud in beweging te krijgen en te houden.

Literatuur & noten

1. Eurobarometer (2015). Special Eurobarometer 412: Sport and physical activity.
2. Eurobarometer (2018). Special Eurobarometer 472: Sport and physical activity.
3. Dietz, W., & Santos-Burgoa, C. (2020). 'Obesity and its Implications for COVID-19 Mortality'. *Obesity, 28*(6), 1005.
4. Lodise, T.P., & Rybak, M.J. (2020). 'COVID-19: Important Therapy Considerations and Approaches in this Hour of Need. Pharmacotherapy'. *The Journal of Human Pharmacology and Drug Therapy, 40*(5), 379-381.
5. Hawkley, L.C., Thisted, R.A., & Cacioppo, J.T. (2009). 'Loneliness Predicts Reduced Physical Activity'. *Health Psychology, 28*(3), 354-363. DOI:10.1037/a0014400
6. Ryff, C.D., & Singer, B. (1998). 'The Contours of Positive Human Health'. *Psychological inquiry, 9*(1), 1-28.
7. Steenbergen, B., Bekhuis, H., & Abswoude, F. van (2020). 'Promoting Participation in DCD: Physical Activity Levels and the Social Network'. *Current Developmental Disorders Reports*, 1-5.
8. Boonstra, N., & Hermens, N. (2011). 'Maatschappelijke waarde van sport. Een literatuur review naar de inverdieneffecten van sport'. Verweij Jonker Instituut.
9. Gradstein, M., & Justman, M. (2002). 'Education, Social Cohesion and Economic Growth'. *American Economic Review, 92*(4), 1192-1204.
10. Kawachi, I., & Kennedy, B.P. (1997). 'Socioeconomic Determinants of Health: Health and Social Cohesion: Why Care About Income Inequality?' *BMJ, 314*(7086), 1037-1040.
11. McCracken, M.C. (2003). 'Social Cohesion and Macroeconomic Performance'. *Economic Implications of Social Cohesion*, 213-230.
12. Stansfeld, S.A., Marmot, M., & Wilkinson, R. (2006). 'Social Support and Social Cohesion'. *Social Determinants of Health, 2*, 148-171.
13. Putnam, R.D. (2000). 'Bowling Alone: America's Declining Social Capital'. In: L. Crothers en C. Lockhart (reds.), *Culture and Politics*. New York: Palgrave Macmillan, 223-234.

14. Breedveld, K., & Tiessen-Raaphorst, A. (2006). 'Rapportage sport 2006'. Den Haag: Sociaal en Cultureel Planbureau (SCP).
15. CBS (2010). 'Sociale samenhang. Participatie, vertrouwen en integratie'. Den Haag: CBS.
16. Breedveld, K. (2003). 'Rapportage sport 2003'. Den Haag: SCP.
17. Dohmen, T., Falk, A., Huffman, D., & Sunde, U. (2006). 'The Intergenerational Transmission of Risk and Trust Attitudes', *IZA Discussion Papers, 2380*.
18. Vanreusel, B., Renson, R., Lefevre, J., Beunen, G., Simons, J., Claessens, A., ... & Maes, H. (1990). 'Sportdeelname, is jong geleerd ook oud gedaan?' *Sport (BLOSO), 32*, 68-71.
19. Whitehead, M. (2010). *Physical Literacy: Throughout the Lifecourse*. Londen/New York: Routledge.
20. Scheerder, J., & Seghers, J. (2011). *Jongeren in beweging. Over bewegingsbeleid, sportparticipatie en fysieke activiteit bij schoolgaande jongeren in Vlaanderen*. Leuven: Katholieke Universiteit Leuven.
21. CBS (2020). https://opendata.cbs.nl/#/CBS/nl/dataset/83021NED/table?dl=37E76
22. Stevens, G.W.J.M., Dorsselaer, S. van, Boer, M., Roos, S. de, Duinhof, E.L., Bogt, T.F.M. ter, Eijnden, R.J.J.M. van den, Kuyper, L., Visser, D., Vollebergh, W.A.M., & Looze, M. de (2018). 'HBSC 2017. Gezondheid en welzijn van jongeren in Nederland'. Utrecht University Repository.
23. Vries, M. de (2020). Column in *Trouw*: https://www.trouw.nl/nieuws/een-minister-van-sport-nee-een-van-bewegen~ba0c4598/?referer=https%3A%2F%2Fwww.google.nl%2F
24. Bronfenbrenner, U. (1994). 'Ecological Models of Human Development'. *Readings on the Development of Children, 2*(1), 37-43.
25. 'Peil. Bewegingsonderwijs: einde basis- en speciaal basisonderwijs 2016-2017 (2017)'. Inspectie van het Onderwijs. Ministerie van Onderwijs, Cultuur en Wetenschap.

2 Scheidslijnen in ongezonde gewoonten

Hoe opleiding gezondheidsgedrag bepaalt

Gerbert Kraaykamp, Ronald Batenburg, Roza Meuleman & Stéfanie André

Tussen opleidingsgroepen bestaat ongelijkheid in gezondheidsgedrag. Zo zijn lageropgeleiden oververtegenwoordigd in de groep met een minder gezonde leefstijl en hebben ze over het algemeen een slechtere gezondheid.
Met deze bijdrage brengen we de opleidingsongelijkheid in ongezonde gewoonten in kaart. Hoe verschilt deze voor mannen en vrouwen, voor mensen met of zonder partner, en voor personen van verschillende leeftijden?

Waarom verschillen lager- en hogeropgeleiden van elkaar in gezondheidsgedrag? Een eerste verklaring is het aanwezige kennis- en vaardighedenverschil op het gebied van gezondheid. Hogeropgeleiden weten relatief meer over gezond gedrag en kunnen er daardoor beter naar handelen. Bovendien is gezondheidsinformatie vaak zodanig ingewikkeld (vindbaar), dat de toegankelijkheid voor laagopgeleiden beperkter is.[1] Ten tweede maken de vaak ruimere financiële mogelijkheden van hogeropgeleiden gezonder gedrag makkelijker. Gezonde keuzes zijn namelijk meestal duurder dan ongezonde alternatieven. Lichamelijk actief zijn vergt bijvoorbeeld aanschaf van een sportuitrusting en een verenigingslidmaatschap. Gezonde (biologische) voeding is vaak prijziger. Ook bemoeilijkt het beperktere budget van lageropgeleiden hen in het gebruik van gezondheidszorgfaciliteiten.[2]

Een derde factor: het bereikte opleidingsniveau heeft veelal gevolgen voor het soort werk dat personen (gaan) verrichten. Hogeropgeleiden hebben vaker lichamelijk minder belastend werk en werken veelal onder gunstigere arbeidsomstandigheden wat betreft autonomie, geluid, vocht en giftige stoffen. Ook deze werkomstandigheden zijn gerelateerd aan gezondheidsuitkomsten.[3] Ten vierde is de rol van sociale netwerken relevant. Personen uit het directe sociale netwerk kunnen psychische en fysieke steun bieden, informatie delen en signaleren. Hogeropgeleiden hebben over het algemeen een ruimer sociaal netwerk waarin personen vaker over meer kennis, hulpbronnen en mogelijkheden beschikken.[4]

Ten vijfde gaan culturele leefstijlverschillen samen met opleidingsverschillen.[5] Culturele smaken en voorkeuren zijn sterk verbonden met sociale groepen, die vaak gebaseerd zijn op de verschillende opleidingscategorieën. Groepspecifieke culturele leefstijlgedragingen kunnen mensen een identiteit verschaffen en het gevoel versterken tot een groep te horen. Ook gezondheidgerelateerde gedragingen (en kennis) zijn te zien als cultuuruitingen van specifieke, vaak op opleiding gebaseerde, sociale groepen waardoor de associatie tussen deze gedragingen en opleiding tot stand komt. Denk hierbij bijvoorbeeld aan roken of bepaalde culinaire voorkeuren die in bepaalde kringen heel gebruikelijk zijn.

Als laatste speelt de sociale omgeving van mensen een rol, zoals vrienden, familie en de woonbuurt. Deze omgeving hangt samen met opleiding. Omdat hogeropgeleiden op veel gebieden op elkaar lijken, financieel, cultureel en qua voorkeuren, clusteren zij vaak samen in vriendengroepen en buurten met relatief gelijke kenmerken en omstandigheden. Ook dit kan gevolgen hebben voor scheidslijnen in gezondheidsgewoonten.[6]

De onderzoeksgroep

Om opleidingsongelijkheid in ongezonde gewoonten te beschrijven, gebruiken we informatie over Nederland uit de zevende ronde van de

European Social Survey (europeansocialsurvey.org).[7] De ESS is een representatieve survey, afgenomen in 2014-2015, waarin een toegesneden module over gezondheid en gezondheidsgedrag is opgenomen.[8] De interviews voor ESS-Nederland zijn face to face afgenomen door getrainde interviewers bij respondenten thuis. Voor deze bijdrage selecteren we respondenten tussen de twintig en 75 jaar oud. Personen ouder dan 75 jaar zijn uitgesloten omdat na deze leeftijd vaker gezondheidsproblemen voorkomen en men als gevolg daarvan wellicht gewoonten aanpast.[9] Voor onze beschrijving is uiteindelijk een groep van 1647 personen beschikbaar.

We bestuderen vijf ongezonde gewoonten (zie Figuur 1), te weten: (a) roken, (b) dagelijks alcohol drinken, (c) minder dan tweemaal per week sporten/bewegen, (d) niet elke dag groente eten, en (e) niet elke dag fruit eten. De opleiding is gemeten in vier categorieën, te weten laag-secundair (31,9 procent), hoog-secundair (36,1 procent), hbo (22,2 procent) en wo (9,7 procent).

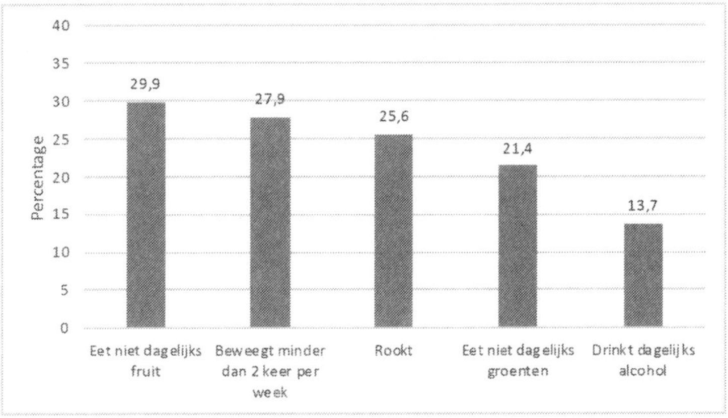

Figuur 1 Prevalentie van vijf ongezonde gewoonten

De opleidingskloof beschreven

Is er überhaupt een opleidingskloof bij de bovengenoemde vijf gedragingen? Figuur 2 geeft hierover meer informatie, waarbij we ons beperken tot het verschil tussen de hoogste en laagste opleidingscategorie. De opleidingskloof blijkt vooral groot bij het roken: 33,1 procent bij laag-secundairopgeleiden vs. 11,3 procent bij de wo-opgeleiden. Maar ook bij de andere vier activiteiten vinden we duidelijke verschillen die aangeven dat de prevalentie van ongezond gedrag onder de laagstopgeleide groep het grootst is. Opmerkelijk is dat bij het dagelijks alcohol drinken de opleidingskloof het kleinst is (18,3 procent vs. 16,3 procent).

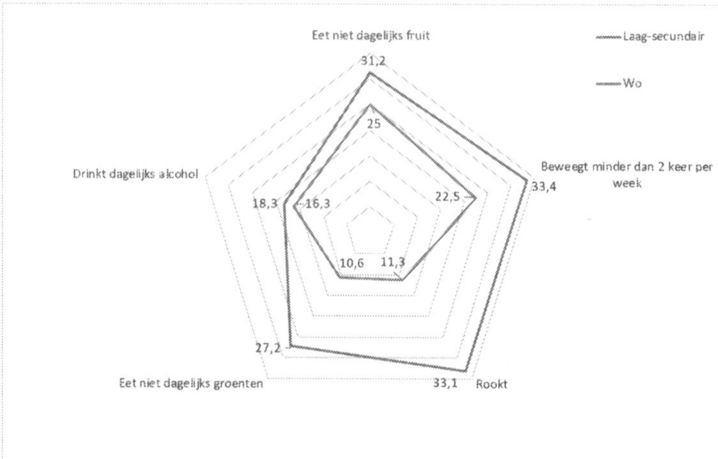

Figuur 2 De opleidingskloof voor vijf ongezonde gewoonten

Is deze opleidingskloof onder alle Nederlanders even groot? Of is het zo dat mannen en vrouwen, mensen met of zonder een partner, of ouderen en jongeren, hierin van elkaar verschillen? We presenteren in de figuren 3a t/m 3e de meest sprekende en tastbare verschillen. Per figuur geven de meest rechtse staafdiagrammen de opleidingskloof weer voor elk van de vijf ongezonde gewoonten in de gehele Nederlandse bevolking (totaal). Links daarvan wordt per figuur de opleidingskloof getoond, uitgesplitst naar partnerstatus, geslacht of leeftijd per ongezonde gewoonte.

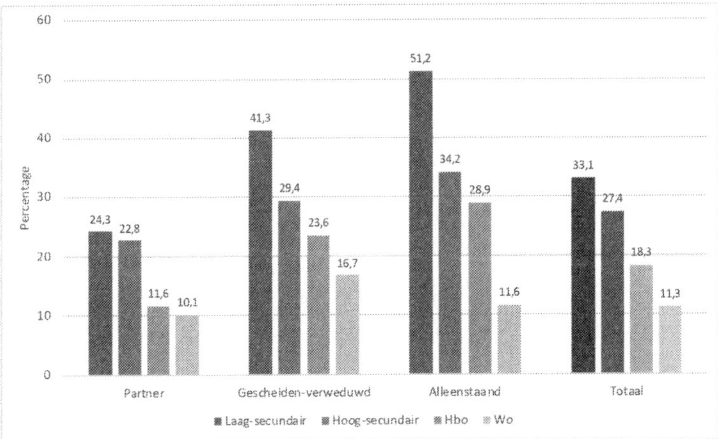

Figuur 3a De kloof in roken naar partnerstatus

Duidelijke opleidingskloof in roken, met name onder alleenstaanden

Figuur 3a laat allereerst zien dat roken in het algemeen sterk gedifferentieerd is naar opleiding. De opleidingskloof is echter het grootst onder alleenstaanden. Waar de wo-opgeleide alleenstaanden vrijwel niet verschillen in hun rookgedrag van personen met een partner, is vooral het roken onder laagopgeleide alleenstaanden opmerkelijk hoog (51,2 procent). Bij alleenstaanden treffen we tussen de hoogst- en laagstopgeleiden een kloof van bijna 40 procent, terwijl die bij mensen met een partner minder dan 15 procent is.

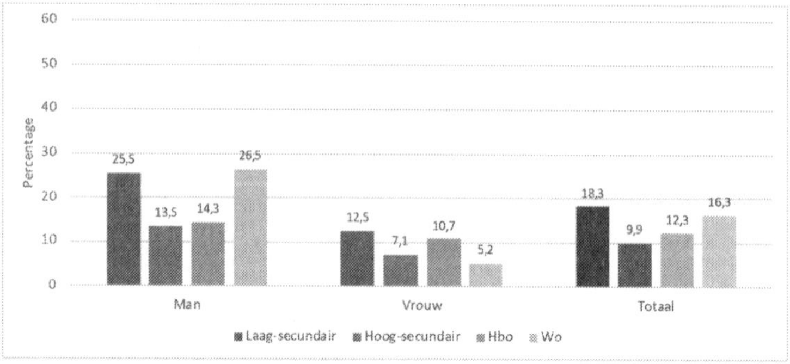

Figuur 3b De kloof in dagelijks drinken naar gender

Hoogst- en laagstopgeleide mannen drinken het vaakst

Figuur 3b schetst de opleidingsverschillen voor het dagelijks nuttigen van alcohol. Hier constateren we een opmerkelijk fenomeen, namelijk dat in de gehele Nederlandse bevolking sprake is van een niet-lineaire relatie; het zijn namelijk de hoogst- en de laagstopgeleiden die het vaakst dagelijks in het glaasje kijken, met respectievelijk 18 procent en 16 procent. Vooral de wo-opgeleide mannen zijn hiervoor verantwoordelijk. Maar liefst 26,5 procent van de hoogstopgeleide mannen geeft aan dagelijks te drinken, tegenover slechts 5,2 procent van de hoogstopgeleide vrouwen. Bij vrouwen treffen we in grote lijnen het verwachte verband aan; hoogopgeleiden zijn ondervertegenwoordigd bij de vrouwen met ongezonde gewoonten. Wat de redenen zijn dat met name hoogopgeleide mannen dagelijks drinken, is voer voor nieuw onderzoek. Wij denken aan verklaringen als de grotere financiële mogelijkheden, de sociale acceptatie van alcohol en werkgerelateerde factoren.

Dagelijks groenten en fruit?

Met de figuren 3c en 3d bestuderen we eetgewoonten, waarbij we aannemen dat dagelijks fruit en groenten eten gezonder is. Ook hier bestaat een duidelijke opleidingskloof, vooral bij het niet dagelijks groenten consumeren. Daar is het verschil tussen de laagst- en hoogstopgeleiden in de gehele bevolking 16,6 procent (Figuur 3c, totaal). De opleidingsverschillen zijn het grootst onder jongeren. Maar liefst 45,5 procent van de laagstopgeleide jongeren eet niet elke dag groenten, terwijl dit geldt voor slechts 11,1 procent van de wetenschappelijk opgeleide jongeren. In de andere leeftijdsgroepen is de kloof veel minder groot. Bij het niet eten van fruit (Figuur 3d) is de opleidingskloof minder pregnant en treffen we vooral opleidingsverschillen bij de alleenstaanden. De opleidingskloof in fruit consumeren is interessant genoeg vrijwel niet bestaand voor mensen met een partner, of bij hen die gescheiden of verweduwd zijn. Vooral laagopgeleide alleenstaanden lijken minder met fruit te hebben: 54,8 procent geeft aan dit niet dagelijks te eten.

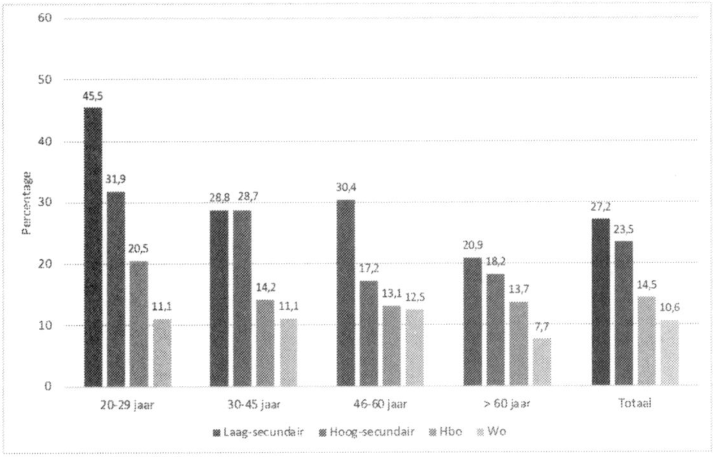

Figuur 3c De kloof in niet dagelijks groenten naar leeftijd

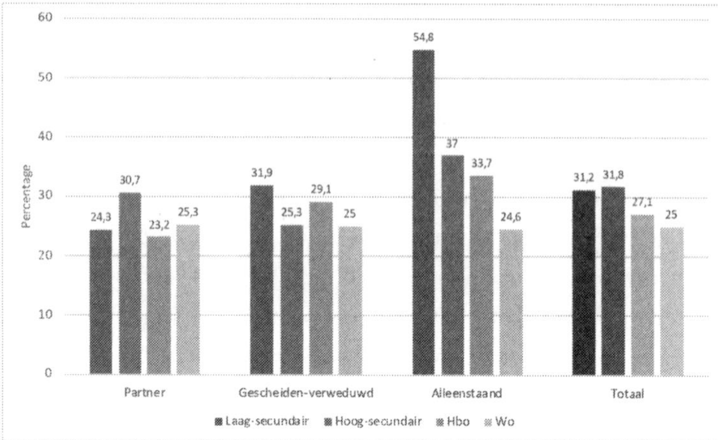

Figuur 3d De kloof in niet dagelijks fruit naar partnerstatus

Hoogstopgeleide vrouwen bewegen het meest

Ten slotte geven we in Figuur 3e de opleidingskloof in beweeggedrag weer. De verschillen zijn niet heel erg uitgesproken, maar wel aanwezig. De laagstopgeleiden blijken zo'n 10 procent minder vaak serieus aan sport en bewegen te doen. Uitgesplitst naar geslacht blijkt dat met name laagopgeleide mannen (35,9 procent niet-sporten), en wo-opgeleide vrouwen (18,2 procent niet-sporten) elkaars tegenpolen zijn.

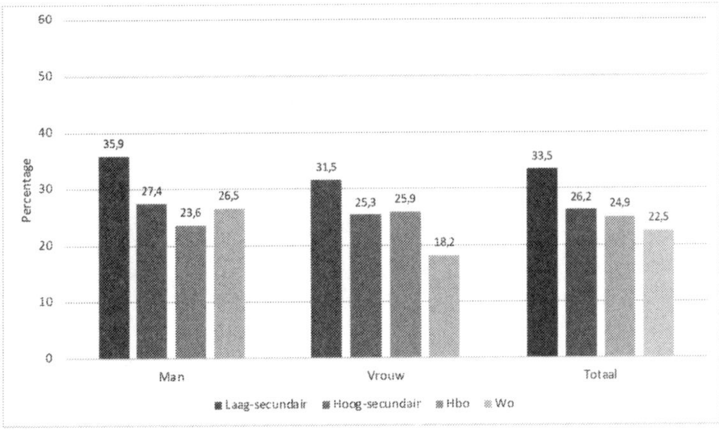

Figuur 3e De kloof in minder dan tweemaal per week sporten naar geslacht

Cumulatie van ongezonde gewoonten

Zien we een opstapeling van ongezond gedrag bij personen in bepaalde groepen? Figuur 4 laat zien hoe vaak binnen een opleidingscategorie de optelsom van alle vijf de ongezonde gewoonten voorkomt. Het is overduidelijk dat ongezonde gewoonten cumuleren bij dezelfde groepen. Binnen de wo-opgeleiden heeft ongeveer 80 procent maximaal één ongezonde gewoonte, bij de laagstopgeleiden is dit met 57,3 procent duidelijk minder. Misschien nog zorgelijker is dat 2,7 procent van de laagstopgeleiden maar liefst vijf ongezonde gewoonten combineert. Onder de andere opleidingsgroepen komt een dergelijke opeenhoping van ongezonde gedragingen niet of nauwelijks voor.

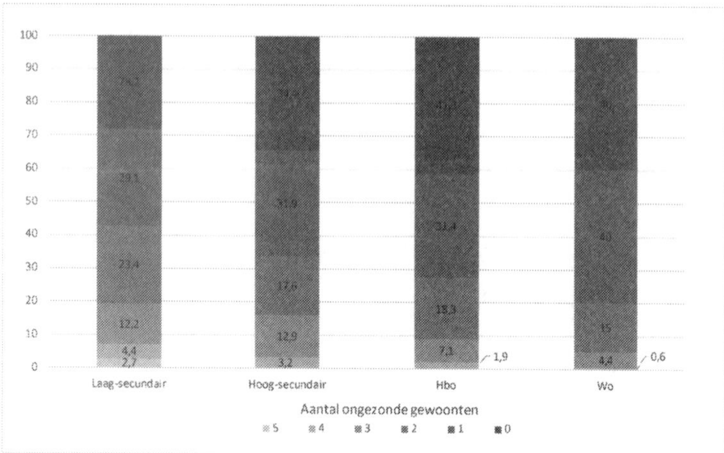

Figuur 4 Aantal ongezonde gewoonten binnen de vier opleidingsgroepen

Ten slotte presenteren we in Figuur 5 de opleidingskloof voor personen die vier of meer ongezonde gedragingen rapporteren. We doen dit uitgesplitst naar partnerstatus. Hier zijn de verschillen namelijk het meest uitgesproken. We zien overduidelijk dat er een opleidingskloof is in gecumuleerd ongezond gedrag. Het meest opmerkelijk is vervolgens dat vooral onder laagopgeleide *alleenstaanden* ongezond gedrag veel vaker voorkomt (15,5 procent). Eenzelfde differentiatie, maar minder uitgesproken, vinden we ook voor laag- en middelbaar opgeleide gescheiden en verweduwde personen (7,3 procent en 5,3 procent).

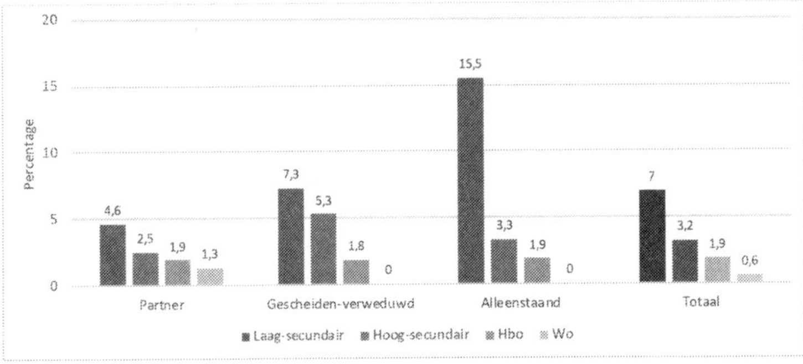

Figuur 5 De kloof in meer dan drie ongezonde gewoonten naar partnerstatus

Twee kwetsbare groepen

Een samenleving is gezond als er sprake is van weinig uitgesproken opleidingsverschillen in gezondheidsgedrag. Dit betekent dat onder alle lagen van de bevolking de noodzaak om gezond te leven, wordt gevoeld en (kan worden) nageleefd. Onze studie laat zien dat we nog niet zover zijn. Er zijn in 2014/2015 substantiële en pregnante verschillen in gezonde en ongezonde gewoonten tussen opleidingsgroepen in Nederland. Zo komt onder de laagstopgeleiden de meest risicovolle gedraging – roken – het vaakst voor, terwijl deze groep relatief juist minder intensief beweegt of gezond eet. In spiegelbeeld zien we, gemiddeld genomen, vooral onder wo-opgeleiden dat zij meer bewegen en een gezond voedingspatroon volgen. Een uitzondering is het consumeren van alcohol; dat doen met name de hoogstopgeleide mannen relatief vaak. Onze resultaten laten ook zien dat ongezonde gewoonten vooral cumuleren bij twee kwetsbare groepen: laagopgeleide alleenstaanden (mannen), en in iets mindere mate gescheiden of verweduwde personen. Personen uit deze groepen zijn oververtegenwoordigd bij de meeste van de hier getoonde ongezonde gewoonten. Onze resultaten ondersteunen hiermee het idee dat gezondheidgerelateerd gedrag cultureel bepaald is; het hoort bij de leefstijl en identiteit van een sociale groep of (opleidings)klasse. Omdat opleiding, leefstijl en cultuur ook nog eens zo sterk met elkaar samenhangen,[5] betekenen de hier gepresenteerde scheidslijnen in ongezonde gewoonten ook dat er sprake is van robuuste verschillen tussen sociale groepen in Nederland.

Preventie en voorlichting, een weerbarstige taak

Dat neemt niet weg dat verschillen overbrugd kunnen worden. Overheidsbeleid kan en moet daarin een rol spelen. Preventie en voorlichting vormen de bekendste taak, maar ook de meest weerbarstige. Meer dan ooit wordt nu ingezet op beleid dat zich richt op preventie boven genezing en op gezond gedrag in plaats van ziekte. Al in 2010 gaf de Raad voor Volksgezondheid en Samenleving (RVS) hiervoor een aanzet met de discussienota 'Van ziekte en zorg naar gedrag en gezondheid'.[10] Eind 2018 is het Nationaal Preventieakkoord gesloten en vorig jaar is het Kennisplatform Preventie opgericht om meer samenhang te bereiken tussen het onderzoek, beleid en praktijk. Dat moet leiden tot een 'duurzame beweging naar een gezonde manier van leven in een gezonde omgeving'.[11] Maar hoe bereikt voorlichting rondom voeding, roken, drinken, bewegen en fysieke activiteit, de groepen die dit het meest nodig hebben? En: zijn deze doelgroepen in staat de stap te maken naar gezonder gedrag en een andere leefstijl? Immers, verschillen tussen opleidingsgroepen in gezondheidsgedrag zijn gerelateerd aan beperktere (toegang tot) gezondheidsinformatie, meer financiële restricties, een kleiner sociaal netwerk en aspecten van culturele identiteit. Door deze factoren zou beleid wel eens minder kunnen aanslaan bij de meest kwetsbare groepen.

Lokaal maatwerk

Voor veel leefstijlgewoonten wordt aangenomen dat met voorlichting en kennisoverdracht een omslag kan worden bereikt. Zo is verstrekking van informatie en kennis de basis van het hiervoor genoemde Nationaal Preventieakkoord. Het idee is dat mensen om te beginnen meer bewust gemaakt moeten worden van hun gedrag en de mogelijk schadelijke gevolgen daarvan, en van daaruit aangezet kunnen worden tot zelfmanagement. Omdat het vooral de groep laagopgeleiden is waar ongezonde leefstijlfactoren clusteren, zou preventiebeleid zich dus specifiek kunnen richten op deze groep; zie hiervoor bijvoorbeeld 'loket gezond leven'. Dit betekent niet alleen individuen informeren over hun ongezonde leefstijl, maar dit in samenspraak met een eventuele partner en andere familieleden te doen. Sociale steun, informatievoorziening en financiële prikkels moeten dus in samenhang en integraal ingezet worden. Is het niet op nationaal dan wel op regionaal of buurtniveau. Steeds meer gemeenten ontwikkelen in samenwerking met zorgverleners en zorgverzekeraars campagnes en projecten vanuit het concept 'positieve gezondheid', ter bevordering van gezond gedrag onder slecht bereikbare bevolkingsgroepen.[12] Aanhaken bij de buurt en het sociale netwerk lijkt daarom de meest kansrijke route om 'positieve gezondheid', 'voorzorg' en 'gezondheidsvaardigheden' handen en voeten te geven. Niet te onderschatten is daarbij de rol van zorgverleners en begeleiders, in de eerste lijn en in sociale wijkteams. Specifiek beleid om gezondheidskennis, stoppen-met-rokencursussen, en beweegprogramma's te doen aanslaan en slagen, vergt dus lokaal maatwerk waarbij de sociale omgeving (partner, familie) van burgers moet worden betrokken.

Verantwoording

Deze bijdrage is, met toestemming, gebaseerd op het SCP-rapport 'Een (on)gezonde leefstijl. Opleiding als scheidslijn', dat digitaal raadpleegbaar is als interactieve website waarop opleidingsverschillen in Europese landen worden beschreven (digitaal.scp.nl/leefstijl). Delen van de tekst kunnen daarom gelijkenis vertonen. De analyses zijn speciaal voor deze bundel uitgevoerd. Alle tekstuele uitingen zijn volledig de verantwoordelijkheid van de auteurs.

Literatuur & noten

1. Rademakers, J., (2014). *Kennissynthese. Gezondheidsvaardigheden: niet voor iedereen vanzelfsprekend.* Utrecht, Nivel.
2. Kooiker, S., & Marangos, A.M. (2018). 'Gezondheid'. In: A. Wennekers, J. Boelhouwer, C. van Campen & R. Bijl (reds.), *De sociale staat van Nederland 2018.* Den Haag: SCP.
3. Hooftman, W.E., Mars, G.M.J., Knops, J.C.M., Dam, L.M.C., Vroome, E.M.M. van, Janssen, B.J.M. de, Pleijers, A.J.S.F., & Bossche, S.N.J. van den (2020). 'Nationale Enquête Arbeidsomstandigheden 2019. Methodologie en globale resultaten'. Leiden/Heerlen: TNO/CBS.
4. Volker, B., Andriessen, I., & Posthumus, H. (2014). 'Gesloten werelden? Sociale contacten tussen lager- en hogeropgeleiden'. In: M. Bovens, P. Dekker & W. Tiemeijer (reds.), *Gescheiden werelden? Een verkenning van sociaal-culturele tegenstellingen in Nederland.* Den Haag: Sociaal en Cultureel Planbureau en Wetenschappelijke Raad voor het Regeringsbeleid, 217-234.
5. Kraaykamp, G. (2002). 'Cumulative Advantages and Inequality in Lifestyle. A Dutch Description of Distinction in Taste.' *The Netherlands' Journal of Social Sciences, 38*, 121-143.
6. Dagevos, J., Mulder, R., Smeets, R., Haar, M. van der, Beyen, C., Blanken, M., Paenen, S., Verhoeven, L., Vermeulen, P., & Vinkx, K. (2018). 'Monitor Sociale Veerkracht 2018'. Tilburg: Het Pon.
7. European Social Survey (2015). 'ESS7 Data Documentation Report 2014' (europeansocialsurvey.org).
8. Eikemo, T.A., Bambra, C., Huijts, T., & Fitzgerald, R. (2017). 'The First Pan-European Sociological Health Inequalities Survey of the General Population: The European Social Survey Rotating Module on the Social Determinants of Health'. *European Sociological Review, 33*(1), 137-153.
9. RIVM (2020). 'Volksgezondheidenzorg.info'. Bilthoven: RIVM.
10. Raad voor de Volksgezondheid en Zorg (2010). *Van zz naar gg. Acht debatten, een sprekend verhaal.* Den Haag: RVZ.
11. ZonMw (2020). *Kennisplatform Preventie. Samen gezond leven.* Den Haag: ZonMw.
12. IPH (2020). Institute for Positive Health, www.iph.nl.

3 Laat ik mijn mond maar houden

De gevolgen van flexibilisering van werk

Agnes Akkerman, Katerina Manevska & Roderick Sluiter

Het debat rondom flexibilisering van werk spitst zich toe op de juridische positie en de consequenties voor het inkomen. Maar flexibilisering heeft meer gevolgen. Wat betekenen flexibele arbeidscontracten voor de positie van werknemers bij het aankaarten van problemen op het werk? Een actuele vraag omdat vertegenwoordigende organisaties zoals vakbonden de belangen van werknemers steeds minder goed waarborgen. Flexibele werknemers zijn bovendien slechter beschermd door wetgeving. Ze moeten dus voor zichzelf opkomen. Maar hoe mondig kun je zijn, als je baan onzeker is? Moeilijke, onrechtvaardige en soms gevaarlijke situaties op het werk blijven daardoor bestaan.

Ons land kent een groot aantal wetten en regelingen die tegenwicht bieden aan eenzijdige machtsverhoudingen op het werk, zoals het arbeidsrecht, de Arbowet en de cao. Maar hoe zichtbaar zijn problemen van werkenden voor de instellingen die moeten toezien op de bescherming van werknemers? Het vakbondslidmaatschap onder kwetsbare groepen op de arbeidsmarkt is laag. Werknemers in deeltijd, vrouwen, etnische minderheden en vooral werkenden zonder formele arbeidsrelatie worden slechts mondjesmaat vertegenwoordigd. Qua werknemersrechten kan deze laatste groep, waaronder zzp'ers, zich vaak helemaal niet beroepen op de bescherming door arbeids- en sociaal recht of een cao, simpelweg omdat zij geen werknemer zijn. Daarnaast kunnen werknemers te maken krijgen met problemen op het werk die niet (direct) een schending of overtreding inhouden, zoals een te hoge werkdruk.

Op de huidige Nederlandse arbeidsmarkt waarin steeds meer mensen werken in flexibele arbeidsrelaties[1] zal een toenemend aantal werkenden daarom steeds meer afhankelijk zijn van de eigen mondigheid. Onveilige, onrechtvaardige en onwettige situaties op het werk moeten ze zelf aankaarten. Terwijl dat juist voor mensen in flexibele banen moeilijker is, gezien de kenmerkende onzekerheid van deze banen. Hoe is het gesteld met de mondigheid van de Nederlandse werkenden? Hoe hangt die samen met baanonzekerheid?

We gaan in dit hoofdstuk in op de positie van werkenden in onzekere banen en rapporteren over de mondigheid van ruim 1600 werkenden en de reacties daarop van hun leidinggevenden. We onderzoeken hoe flexibele banen samenhangen met het aankaarten en oplossen van problemen op het werk en welk effect deze factoren hebben op baantevredenheid en geluk.

Unieke dataset

In ons onderzoek maken we gebruik van de Work & Politics dataset die ontwikkeld is aan de Radboud Universiteit.[2, 3, 4] In deze unieke dataset volgen we mensen – verdeeld over drie momenten in vier jaar – in hun werk, hun ervaringen met mondigheid op het werk, en hun persoonlijke en politieke houdingen en gedrag. Omdat we geïnteresseerd zijn in ervaringen van werkenden, zijn alleen mensen geselecteerd die deel uitmaken van de beroepsbevolking. Hierbij is gelet op representativiteit naar geslacht, opleidingsniveau en woonregio. Er zijn ongeveer vierduizend respondenten die driemaal de vragenlijst beantwoord hebben en waarvan we dus de ontwikkeling over drie jaar kunnen volgen. We selecteerden daaruit mensen die werkzaam zijn in een organisatie.

We kijken allereerst naar de relaties tussen flexibel werk en baanonzekerheid, baantevredenheid en geluk. Flexibel werk definiëren we aan de hand van het *contracttype*. We maken onderscheid tussen werknemers met een vast contract, een tijdelijk contract met uitzicht op een vast contract, werknemers met een tijdelijk contract zonder dat uitzicht, en zzp'ers.

Baanonzekerheid

Om *baanonzekerheid* te meten, kijken we naar de stelling 'Ik maak me veel zorgen over de kans dat ik mijn baan kan verliezen'. Respondenten konden op een schaal van 1 ('helemaal niet van toepassing') tot 5 ('helemaal van toepassing') aangeven in hoeverre deze stelling op hen van toepassing is. Figuur 1 toont de gemiddelde baanonzekerheid per contracttype. Ondanks de naderende coronacrisis in maart 2020 maken werkenden in Nederland zich niet heel erg veel zorgen over de kans hun baan te verliezen. We zien wel verschillen tussen mensen met een vaste baan en zzp'ers enerzijds en mensen met een tijdelijk contract anderzijds: de laatsten maken zich meer zorgen over de kans hun baan te verliezen.

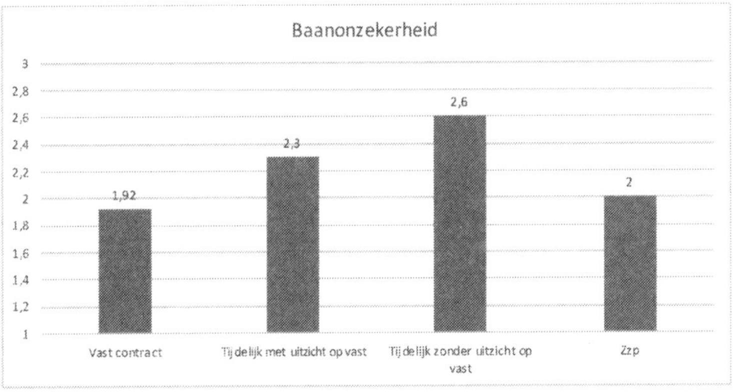

Figuur 1 Gemiddelde score op 'Ik maak me veel zorgen over de kans mijn baan te verliezen' per type contract

Baantevredenheid en gelukkig zijn

Voor de meting van *baantevredenheid* vroegen we respondenten op een schaal van 0 ('helemaal niet tevreden') tot 10 ('helemaal tevreden') aan te geven hoe tevreden ze zijn met hun huidige werk. Mensen met een tijdelijk contract zonder uitzicht op een vast contract, blijken significant minder tevreden over hun baan dan mensen met een vast contract. Dit verschil verdwijnt zodra we corrigeren voor baanonzekerheid, wat suggereert dat vooral de baanonzekerheid ervoor zorgt dat mensen zonder uitzicht op een vast contract minder tevreden zijn met hun baan. Voor mensen met uitzicht op een vaste baan is er geen verschil in baantevredenheid. Zzp'ers zijn, gemiddeld, juist weer significant meer tevreden over hun werk, ook wanneer we corrigeren voor baanonzekerheid.[*]

Mensen met een tijdelijk contract zonder uitzicht op een vast contract, zijn ook significant minder *gelukkig* dan mensen met een vaste baan.[**] Dit verschil verdwijnt zodra we corrigeren voor baanonzekerheid; vooral de baanonzekerheid lijkt dus te zorgen dat mensen zonder uitzicht op een vaste baan, zich minder gelukkig voelen.

Kwesties op het werk

In het onderzoek vroegen wij respondenten of, en zo ja welke kwesties zij tussen najaar 2018 en maart 2020 hebben gehad op het werk. De respondenten konden meerdere kwesties aanvinken op een vooraf door ons opgestelde lijst. Vervolgens vroegen we welke van de gekozen kwesties zij de belangrijkste vonden. Figuur 2 laat zien welke kwesties in onze survey werden genoemd, en hoe vaak. Van de respondenten in de steekproef noemde 70 procent één of meer kwesties.

---

* Voor 2020 en gecorrigeerd voor leeftijd, geslacht, opleidingsniveau en baanonzekerheid.

** Voor 2020 en gecorrigeerd voor leeftijd, geslacht en opleidingsniveau.

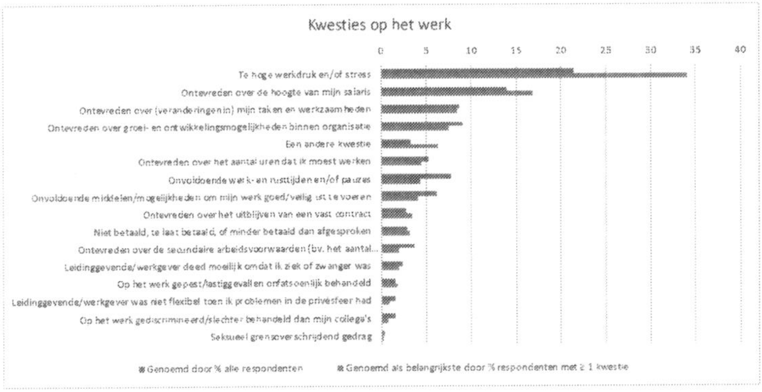

Figuur 2 (Belangrijkste) kwesties op het werk, voor de periode 2020

De onderste, donkergrijze staaf in Figuur 2 geeft het percentage van de respondenten dat de kwestie rapporteerde; de bovenste, lichtgrijze staaf geeft het percentage respondenten aan dat deze kwestie het belangrijkste vond. Een te hoge werkdruk en stress werd het meest genoemd als probleem (33 procent) en ook het vaakst als belangrijkste probleem (34 procent).

Werknemers met een tijdelijk contract en zzp'ers noemen het vaakst arbeidsvoorwaarden als belangrijkste kwestie. Voor tijdelijke werknemers zonder uitzicht op een vast contract gaat het vooral om het uitblijven van een vast contract. Voor bijna 20 procent van de zzp'ers gaat het om te laat, of minder dan volgens de afspraak betaald krijgen. Voor vaste werknemers is een te hoge werkdruk en stress het belangrijkste probleem op het werk. Overigens noemen ook mensen in een flexibele baan dit als de belangrijkste kwestie. Voor alle groepen geldt dat de ontevredenheid met de beloning ongeveer voor 15 procent van de gevallen de belangrijkste kwestie was.

Het oplossen van problemen en flexibele banen

De respondenten die aangaven een kwestie te hebben gehad op het werk, is gevraagd of zij het probleem hebben aangekaart, hoe de leidinggevende reageerde en of zij tevreden waren met de aanpak van de kwestie. Werknemers met tijdelijke contracten zijn significant minder tevreden met de oplossing van hun problemen dan vaste werknemers en zelfstandigen. Deze verschillen kunnen te maken hebben met het type kwestie, maar ook met een andere aanpak van de problemen, door de werkende zelf of door hun leidinggevende.

Een van de manieren waarop werkenden hun probleem op het werk kunnen proberen op te lossen of te verminderen, is door het aan te kaarten in de organisatie of hulp te mobiliseren buiten de organisaties. Wij vroegen de respondenten die een probleem hadden, of en zo ja, bij wie zij hun belangrijkste probleem hebben aangekaart. Van alle respondenten heeft ongeveer 70 procent het probleem bij de leidinggevende aangekaart.

De verschillen tussen mensen met een vaste baan en een flexibele baan zijn opmerkelijk. Van de mensen met een vast contract, kaart 25 procent de kwestie niet aan bij de leidinggevende, terwijl dit percentage onder de groep met een flexibel contract veel hoger is (38 procent voor tijdelijke werknemers en 50 procent voor zzp'ers). 10 procent van de respondenten gaf aan de kwestie nergens te hebben geuit; dit percentage is tot tweemaal zo hoog voor mensen met een flexibele baan. Voor 6 procent van alle respondenten is de kwestie een reden om bij de organisatie te vertrekken. Voor mensen met een tijdelijk contract en zzp'ers is dit percentage hoger; voor 12 procent respectievelijk 18 procent was het een reden om te vertrekken. Een minder vaste verbinding met de organisatie maakt het dus eenvoudiger om bij een probleem de organisatie te verlaten. Bij een perspectief op een langere binding, zoals bij een vast contract het geval is, kaarten werkenden hun problemen veel vaker aan en is een probleem vrijwel nooit aanleiding om te vertrekken (2,5 procent).

De relatie tussen het aankaarten van problemen en baantevredenheid

Iemand die een probleem heeft op het werk of ontevreden is over een bepaald aspect van het werk, kan uiteraard nog steeds tevreden zijn met zijn of haar baan. De wetenschappelijke literatuur bevat belangrijke aanwijzingen dat het aankaarten van problemen – onafhankelijk van de oplossing van het probleem – belangrijk is voor de autonomie die een werknemer ervaart in zijn of haar werk. Autonomie op het werk is de vrijheid om naar eigen goeddunken het werk in te richten en uit te voeren.[5] Het gevoel controle te hebben over het eigen werk vergroot de tevredenheid met de baan.

Het aankaarten van problemen op het werk zou werknemers het gevoel kunnen geven grip te hebben op hun werk en de omstandigheden waaronder zij dat doen, maar is ook belangrijk voor het gevoel van waardigheid van werknemers.[6] Wij vinden in ons onderzoek geen ondersteuning voor een dergelijk effect: wij zien niet dat het aankaarten van een kwestie – ongeacht de gevolgen daarvan – ertoe leidt dat mensen meer tevreden zijn met hun baan. In hoeverre het aankaarten van een probleem op het werk effect heeft op de algemene baantevredenheid zal waarschijnlijk eerder afhangen van de vraag of het probleem naar tevredenheid is opgelost.

Onderzoek suggereert nog iets anders dat mogelijk bepaalt of het probleem op het werk sterke gevolgen heeft voor iemands baantevredenheid, en zelfs voor het geluksgevoel. Daarbij gaat het om hoe de werknemer behandeld is en hoe rechtvaardig de werknemer die behandeling ervaren heeft.[7] In het onderzoek naar de gevolgen van deze zogenoemde *organisationele rechtvaardigheid* wordt vaak een onderscheid gemaakt tussen drie aspecten van de behandeling. In de eerste plaats gaat het om de ervaren rechtvaardigheid van beslissingen in de organisatie, bijvoorbeeld over promoties, contractverlengingen en beloningen. Daarnaast is de ervaren rechtvaardigheid afhankelijk van de *regels en procedures* voor de uitvoering van deze besluiten, zoals de inrichting van promotietrajecten, en klachten- en bezwaarprocedures. Tot slot is voor de ervaren rechtvaardigheid de *naleving* van deze regels van belang. Hierbij gaat het bijvoorbeeld om de feitelijke werking van klachtenprocedures, of om de mate waarin een leidinggevende een beslissing kan uitleggen en of de werkende daarbij met respect wordt behandeld.[8]

Empirisch onderzoek vindt een duidelijke relatie tussen de ervaren rechtvaardigheid van deze aspecten van beslissingen in organisaties en de psychosociale gezondheid van werkenden.[9, 10, 11] De verklaring voor deze relatie is dat beslissingen die als onrechtvaardig worden ervaren, een stressreactie kunnen oproepen. Deze reactie op zich hoeft niet problematisch te zijn. Wanneer een leidinggevende een goede uitleg kan geven aan werknemers en deze zich respectvol bejegend voelen, zijn de gevolgen van de stressreactie doorgaans beperkt. Wanneer een goede uitleg en een respectvolle bejegening echter uitblijven, zullen werknemers zich extra onrechtvaardig behandeld voelen en neemt de kans op psychosociale klachten door stress toe.

Het is dus niet alleen intuïtief aannemelijk dat een onrechtvaardige behandeling op het werk gevolgen heeft voor de tevredenheid met de baan. We weten dat ook stress negatieve consequenties heeft. Daarnaast zal een als onrechtvaardig ervaren behandeling op het werk ook het gevoel van autonomie op het werk frustreren. Een werkende die steun vindt bij de leidinggevende voor zijn of haar mondigheid, zal het gevoel grip te hebben op de eigen werksituatie bevestigd zien. Wanneer werknemers bij het aankaarten van problemen worden genegeerd of worden bestraft voor hun mondigheid, wordt het verlangen om grip te hebben op het werk gefrustreerd.

Het ligt voor de hand dat de baantevredenheid afneemt wanneer ontevredenheid op het werk niet wordt opgelost, of wanneer werkenden de reactie op het aankaarten van problemen als onrechtvaardig ervaren, bijvoorbeeld als zij voor hun mondigheid worden bestraft of hun probleem alsnog wordt genegeerd.

We hebben onze respondenten gevraagd hoe hun leidinggevende reageerde toen zij hun probleem bij hem of haar aankaartten. Tabel 1 toont de reacties, die we hebben geordend in de categorieën 'Steun', 'Geen actie' en 'Negeren of straffen'.

Tabel 1 Reacties leidinggevende op het aankaarten van kwesties op het werk. 3 procent van de respondenten rapporteerde reacties uit twee of meer van de hoofdcategorieën

Mijn leidinggevende...	
Steun	**31%**
hielp het probleem oplossen	
gaf compliment	
Geen actie	**32%**
gaf goede uitleg	
overtuigde dat hij/zij er niks aan kon doen	
Negeren of straffen	**34%**
negeerde de kwestie	
wilde dat ik er niet meer over sprak	
wimpelde mij af door te zeggen dat er niks aan te doen was	
gaf mij kritiek	
zat mijn carrière in de weg	
het leidde tot mijn ontslag/niet verlengen contract	
gaf mij een slechte beoordeling	
het leidde tot een officiële waarschuwing	
pestte, bedreigde of intimideerde mij	
maakte mijn werk onaangenamer	

Van de lijst met reacties hebben we voor de categorieën 'Steun' en 'Negeren of straffen', de relatie in kaart gebracht met flexibele banen.

Figuur 3 laat zien dat vaste werknemers en zelfstandigen minder vaak rapporteren genegeerd of bestraft te zijn voor hun mondigheid; van de mensen met een vast contract meldt ongeveer 26 procent dat zij werden genegeerd of bestraft; voor zzp'ers is dat 31 procent. Mensen met een tijdelijk contract rapporteerden vaker te zijn bestraft of genegeerd, en minder vaak te zijn gesteund toen zij een probleem op het werk aankaartten: ongeveer één op de drie tijdelijke werknemers meldt dat de leidinggevende hen heeft gesteund toen zij een probleem aankaartten, maar ruim 40 procent meldt dat hun mondigheid genegeerd of bestraft werd.

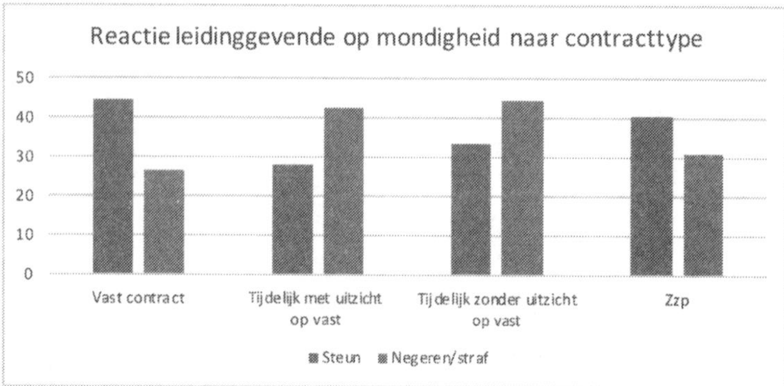

Figuur 3 Reactie van de leidinggevende op het aankaarten van problemen

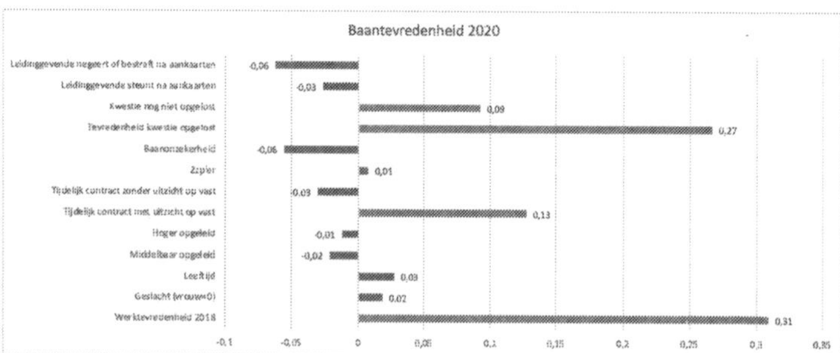

Figuur 4 Invloed op baantevredenheid van contractvorm, baanonzekerheid en reacties op mondigheid

Baantevredenheid

Figuur 4 laat zien in hoeverre baantevredenheid wordt beïnvloed door flexibele contractvormen, de daarmee samenhangende baanonzekerheid en reacties op mondigheid. De twee langere staven links van 0,0 staan voor een significant negatief effect, de korte staven voor een niet-significant effect en de langere staven groter dan 0,0 voor een significant positief effect. De lengte van de staven staat voor de relatieve grootte van het *gestandaardiseerde* effect. De bovenste twee staven in de figuur geven het effect weer van de reactie op mondigheid. Hieruit blijkt dat het negeren en/of straffen door de leidinggevende na het aankaarten van een kwestie resulteert in significant minder baantevredenheid. Het ontvangen van steun door een leidinggevende na het aankaarten van een kwestie heeft daarentegen geen significant effect. Dit komt overeen met de bevinding in wetenschappelijk onderzoek dat negatieve ervaringen met leidinggevenden meer impact hebben dan positieve ervaringen.[12] Steun van de leidinggevende heeft mogelijk wel een indirect effect, namelijk via de tevredenheid over het oplossen van de kwestie, wat positief samenhangt met steun door de leidinggevende.

We zien in de vierde staaf dat meer tevredenheid met de manier waarop de kwestie is opgelost, een positief effect heeft op baantevredenheid. Dit effect is het op een na grootste effect, na het effect van baantevredenheid uit de vorige meting. Opvallend genoeg heeft een kwestie die nog niet is opgelost ook een positief effect op baantevredenheid. Mogelijke verklaringen hiervoor zijn dat respondenten met een onopgeloste kwestie nog hoop hebben op een goede oplossing, of dat zij een goede uitleg hebben gekregen over waarom de kwestie (nog) niet is opgelost.

In het midden van de figuur zien we in hoeverre flexibele contractvormen en de daarmee samenhangende baanonzekerheid van invloed zijn op baantevredenheid. Hier valt op dat mensen met tijdelijke contracten met uitzicht op een vast contract, gemiddeld genomen meer tevreden zijn over hun baan dan mensen met een vast contract. Wat hier mogelijk meespeelt, is dat het vooruitzicht op een vast contract op zich al zorgt voor een toename in de baantevredenheid. Verder heeft baanonzekerheid een significant negatief effect op baantevredenheid. Eerder zagen we dat tijdelijke contracten samengaan met meer baanonzekerheid. Dit maakt het aannemelijk dat flexibel werk een indirect negatief effect heeft op baantevredenheid, namelijk via baanonzekerheid.

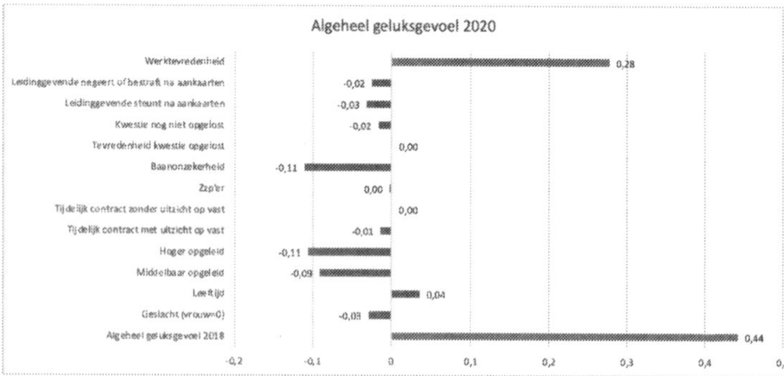

Figuur 5 Algeheel geluksgevoel verklaard door flexibel werk

Een flexibele baan en gelukkig zijn

Figuur 5 laat zien welke factoren van invloed zijn op het geluksgevoel van mensen. We zien dat baantevredenheid in belangrijke mate bepaalt hoe gelukkig men zich voelt. We zien een nog grotere positieve relatie met het geluksgevoel dat anderhalf jaar eerder werd gerapporteerd, wat aangeeft dat zich gelukkig voelen een redelijk stabiel gevoel is. Tevens valt op dat problemen op het werk en de bejegening van de leidinggevende geen effect hebben op het geluksgevoel. Baanonzekerheid heeft echter naast het negatieve effect op baantevredenheid, nog een direct effect op hoe gelukkig mensen zich voelen. Verder zien we dat, gecontroleerd voor het eerdere geluksgevoel, opleidingsniveau een negatief effect heeft op het geluksgevoel anno 2020.

De gevolgen van vergaande flexibilisering

We onderzochten de relaties tussen flexibele banen, baanonzekerheid, ervaringen met mondigheid op het werk, baantevredenheid en algeheel geluk. Onze belangrijkste bevindingen zijn drievoudig. Allereerst zien we dat mensen met flexibel werk – zzp'ers uitgezonderd – zich meer zorgen maken over de kans hun baan te verliezen. Ten tweede hangt flexibel werk samen met het soort problemen die er op het werk ervaren worden, de mate waarin deze problemen worden aangekaart, en de reactie van de leidinggevende wanneer een probleem is aangekaart. Tot slot is flexibel werk, direct, maar ook indirect via reacties op mondigheid, gerelateerd aan algeheel geluk.

Bestaande arbeidsmarktinstituties zijn steeds minder goed in staat de belangen van werknemers te waarborgen, vooral die van kwetsbare groepen. Voor individuele werknemers wordt het daarom steeds belangrijker om zelf problemen op het werk aan te kaarten en opgelost te krijgen. Ons onderzoek laat zien dat dit voor mensen met een flexibele baan, specifiek voor mensen met een tijdelijk contract, lastiger is. Niet alleen kaarten zij kwesties op het werk minder vaak aan, ook kunnen ze minder vaak rekenen op steun van hun leidinggevende en worden ze vaker genegeerd en/of gestraft als ze een probleem aankaarten. Dit betekent dat juist de groep werknemers die extra kwetsbaar is vanwege hun tijdelijke arbeidscontract, en vaak minder goed vertegenwoordigd is in de traditionele arbeidsmarktinstituties, minder goed in staat is om op eigen kracht problemen op het werk te adresseren. Het gevolg is dat moeilijke, onrechtvaardige en soms zelfs gevaarlijke situaties op het werk blijven bestaan.

Maar ons onderzoek laat ook bredere gevolgen zien. Individuele werknemers met flexibele banen blijken, mede door baanonzekerheid en problemen met het aankaarten van kwesties op het werk, minder tevreden te zijn met hun werk en minder gelukkig te zijn.

Als we deze bevindingen doortrekken, is te verwachten dat in samenlevingen met vergevorderde flexibilisering van de arbeidsmarkt werknemers vaker ontevreden zijn met hun werk en minder gelukkig met hun leven. Deze effecten worden mogelijk versterkt door flexibilisering op andere terreinen, zoals de woningmarkt. Bovendien kunnen de gevolgen van flexibel werk voor baantevredenheid en geluk ook doorwerken in de manier waarop mensen kijken naar werk, rechtvaardigheid, en politiek.[13, 14, 15, 16]

Literatuur & noten

1. CBS-TNO (2019). 'Dynamiek op de Nederlandse arbeidsmarkt. De focus op zekerheid'.
2. Akkerman, A., Manevska, K., Sluiter, R., & Stanojevic, A. (2017). 'Work and Politics Panel Survey 2017'. Nijmegen: Radboud University.
3. Akkerman, A., Geurkink, B., Manevska, K., Sluiter, R., & Stanojevic, A. (2018). 'Work and Politics Panel Survey 2018'. Nijmegen: Radboud University.
4. Akkerman, A., Geurkink, B., Manevska, K., Sluiter, R., Snoep, A., & Stanojevic, A. (2020). 'Work and Politics Panel Survey 2020'. Nijmegen: Radboud University.
5. Saragih, S. (2015). 'The Effects of Job Autonomy on Work Outcomes: Self-Efficacy as an Intervening Variable'. *International Research Journal of Business Studies, 4*(3).
6. O'Driscoll, M.P., & Beehr, T.A. (1994). 'Supervisor Behaviors, Role Stressors and Uncertainty as Predictors of Personal Outcomes for Subordinates'. *Journal of Organizational Behavior, 15*(2), 141-155.
7. Tepper, B.J. (2000). 'Consequences of Abusive Supervision'. *Academy of Management Journal, 43*(2), 178-190.
8. Fujishiro, K., & Heaney, C.A. (2009). 'Justice at Work, Job Stress, and Employee Health'. *Health Education & Behavior, 36*(3), 487-504.
9. Greenberg, J. (2006). 'Losing Sleep over Organizational Injustice: Attenuating Insomniac Reactions to Underpayment Inequity with Supervisory Training in Interactional Justice'. *Journal of Applied Psychology, 91*(1), 58.
10. Grynderup, M.B., Mors, O., Hansen, Å.M., Andersen, J.H., Bonde, J.P., Kærgaard, A., & Kolstad, H.A. (2013). 'Work-Unit Measures of Organisational Justice and Risk of Depression – A 2-Year Cohort Study'. *Occupational and Environmental Medicine, 70*(6), 380-385.

11. Kivimäki, M., Elovainio, M., Vahtera, J., Virtanen, M., & Stansfeld, S.A. (2003). 'Association Between Organizational Inequity and Incidence of Psychiatric Disorders in Female Employees'. *Psychological Medicine, 33*(2), 319-326.
12. Miner, A.G., Glomb, T.M., & Hulin, C. (2005). 'Experience Sampling Mood and its Correlates at Work'. *Journal of Occupational and Organizational Psychology, 78*(2), 171-193.
13. Geurkink, B., Akkerman, A., & Sluiter, R. (2020). 'Political Participation and Workplace Voice: The Spillover of Suppression by Supervisors'. *Political Studies*, 0032321720960969.
14. Sluiter, R., Manevska, K., & Akkerman, A. (2020). 'Atypical Work, Worker Voice and Supervisor Responses'. *Socio-Economic Review.*
15. Stanojevic, A., Akkerman, A., & Manevska, K. (2020a). 'Good Workers and Crooked Bosses: The Effect of Voice Suppression by Supervisors on Employees' Populist Attitudes and Voting'. *Political Psychology, 41*(2), 363-381.
16. Stanojevic, A., Akkerman, A., & Manevska, K. (2020b). 'The Oppressive Boss and Workers' Authoritarianism: Effect of Voice Suppression by Supervisors on Employees' Authoritarian Political Attitudes'. *Contemporary Politics, 26*(5), 573-595.

4 (On)gezond op het werk

Een inclusieve aanpak van gezondheid in organisaties

Dide van Eck & Marieke van den Brink

Organisaties houden zich steeds meer bezig met de gezondheid van hun werknemers. De huidige aanpak is echter sterk gemedicaliseerd en gericht op het individu. Dit kan leiden tot stigmatisering en discriminatie van mensen met – wat gezien wordt als – 'ongezonde' lichamen. Bovenal leidt het de aandacht af van slechte werkomstandigheden en de verantwoordelijkheid van de werkgever voor een gezonde werkomgeving.
Wij bepleiten een alternatieve benadering: vanuit een sociaal en politiek perspectief naar gezondheid kijken, geïnspireerd door het sociaal en feministisch model van disability. Dit verlegt de aandacht van het individu als beperkt naar de werkomgeving als beperkend. Niet de werknemer 'fixen', maar de organisatie.

De werkplek wordt als een belangrijke omgeving gezien waar gezondheid verbeterd kan worden.[1] Organisaties maken dan ook steeds meer gebruik van programma's die werknemers stimuleren om gezonder te leven. Deze bemoeienis van de werkgever met de gezondheid en levensstijl van werknemers wordt over het algemeen gezien als iets goeds en zelfs iets nobels.[2, 3] De gezondheidsbevordering wordt ook beschouwd als een goede economische investering. Het achterliggende idee is dat de investering zich uitbetaalt in hardwerkende werknemers die niet of nauwelijks ziek worden en langduriger productief blijven. Deze 'duurzame inzetbaarheid' wordt met het oog op de steeds ouder wordende beroepsbevolking als steeds belangrijker gezien om in te investeren.

Zowel de wetenschap als organisaties bekijken de gezondheid

van werknemers voornamelijk vanuit een medisch perspectief, dat gericht is op het lichaam en gedrag van een individu. Het individu wordt gezien als degene die verantwoordelijk is voor de eigen gezondheid. Deze ideologie of gedachtegang wordt ook wel *healthism* genoemd.[4] Volgens de politiek econoom Robert Crawford wordt degene die daar niet aan wil of kan meedoen, gezien als een falend, minderwaardig individu, die eventuele gezondheidsproblemen aan zichzelf te danken heeft.

Radboud Universiteit zet gezondheid centraal

Gezondheidsprogramma's op de werkplek willen dus de individuele werknemers helpen om verantwoordelijkheid te nemen voor hun gezondheid. Op het eerste gezicht lijkt dit een heel lovenswaardig doel. Toch kunnen deze programma's ook onbedoelde schadelijke gevolgen hebben voor de gezondheid. Dit zien we bijvoorbeeld terug op de Radboud Universiteit die claimt gezondheid centraal te zetten door zich sterk te maken voor de *vitaliteit* en *duurzame inzetbaarheid* van medewerkers en studenten. Dit vertaalt zich onder andere in een initiatief als het trapproject. Organisaties initiëren steeds vaker dit soort projecten, met het idee dat er een win-winsituatie ontstaat voor zowel de organisatie als de werknemer of student. Immers, wanneer de werknemer gezonder is, voelt deze zich prettiger en dat bevordert de productiviteit.

Bij het trapproject is het idee dat bepaalde teksten naast de lift – bijvoorbeeld over het aantal calorieën dat je kunt verbranden – werknemers en studenten stimuleren om de trap te nemen. Dit project illustreert op verschillende manieren de healthism-ideologie. Ten eerste wordt de verantwoordelijkheid voor gezondheid volledig neergelegd bij het individu. 'Wacht jíj op de lift, of neem jíj de trap?' Door de nadruk op *jij* wordt de keuze voor de trap gepresenteerd als de enige goede of gezonde gedragskeuze die het individu kan maken – áls dit al een keuze kan zijn. Wie deze keuze niet maakt, is schuldig of heeft gefaald, en wordt zelfs 'betrapt' wanneer toch de lift wordt genomen. Bij sommige liften hangen niet alleen posters, maar is het zelfs onmogelijk om op het knopje van de eerste verdieping te drukken.

De verantwoordelijkheid voor de gezondheid van werknemers wordt dus weggenomen bij de werkgever en neergelegd bij het individu. Door gezondheid te presenteren als een individuele gedragskeuze, worden werknemers en studenten die vanwege zichtbare en onzichtbare lichamelijke beperkingen niet voor de trap kunnen kiezen, gezien als minder goede en minder gezonde werknemers. Bovendien wordt gezondheid gezien als synoniem met afvallen en calorieën verliezen, wat impliceert dat de werkgever die de gezondheid van werknemers en studenten wil bevorderen, zich moet bemoeien met hun gewicht. Tot slot wordt gezondheid teruggebracht tot het beperkte idee van 'gezonde' lichamen. Er wordt niet breder gekeken, bijvoorbeeld naar een sociale gezondheid binnen de organisatie, waarbij werknemers niet hoeven te vrezen voor stigmatisering of uitsluiting op basis van bijvoorbeeld hun lichamen, etnische of religieuze achtergrond, fysieke mogelijkheden of seksuele identiteit.

Gewichtsdiscriminatie en afkeuren van bepaalde lichamen

Een eerste onbedoeld en ongezond gevolg van de focus op gezondheid en levensstijl van individuele werknemers is toenemende stigmatisering en discriminatie van mensen met lichamen die als problematisch of ongezond worden gezien. Met name zwaarlijvige, volle of dikke werknemers hebben vanuit de healthism-ideologie te maken met negatieve stereotyperingen, bijvoorbeeld dat ze vaker ziek zouden zijn, en lui of dom.[5]

Tauber, Mulder en Flint deden onderzoek naar de impact van gezondheidsprogramma's op de werkplek.[6] Hun onderzoek toont aan dat gezondheidsprogramma's die focussen op de individuele verantwoordelijkheid inderdaad leiden tot stigmatisering en discriminatie van dikke werknemers. Dit laat dus een onbedoeld gevolg zien van de opkomst van gezondheidsprogramma's op de werkplek: het versterken van negatieve stereotyperingen van een deel van de werknemers. Het is bekend dat stigma en discriminatie leiden tot verminderde mentale en fysieke gezondheid[7] en tot een toename van gezondheidskosten.[8] Daarmee zijn gezondheidsprogramma's eigenlijk heel paradoxaal: ze worden een oorzaak van hetgeen ze pogen te verbeteren.

De individuele en biomedische benadering van gezondheidsprogramma's leidt er dus toe dat lichamen die gezien worden als ongezond, problematisch worden gemaakt op de werkplek. Dit kan invloed hebben op de beoordeling van werknemers en daarmee op baankansen, promoties en de hoogte van het salaris.[9, 10] Daarnaast zijn gezondheidsprogramma's die zich richten op het verbeteren van de leefstijl van werknemers – zoals traplopen en gewicht verliezen – gebaseerd op een vorm van *validisme;* ze maken werknemers die daar niet aan kunnen voldoen 'de ander' of 'minder waardig'. Validiteit betekent letterlijk 'waardig' of 'van waarde zijn', en validisme verwijst naar 'discriminatie, marginalisering en stigmatisering van mensen met een functiebeperking op grond van hun lichamelijke, verstandelijke en/of psychische gesteldheid'.[11] Een beperking wordt gezien als een individueel gebrek waar apart iets voor geregeld moet worden, bijvoorbeeld een aparte toegang tot de eerste verdieping met de lift. De onderliggende validistische aannames van gezondheidsprogramma's kunnen er dus voor zorgen dat bepaalde lichamen en beperkingen worden gezien als minderwaardig en ongewenst.[12]

Slechte werkomstandigheden

Een tweede gevolg van de geïndividualiseerde focus op gezondheid in de organisatie is dat het prioriteit geeft aan individueel gerichte acties en niet aan organisationele veranderingen.[13, 14] Het kan de aandacht afleiden van het verbeteren van structurele werkomstandigheden die van grote invloed zijn op de gezondheid, zoals de werkroosters, de status van het arbeidscontract (tijdelijk of vast), de hoogte van het salaris of de autonomie in taken. Dit onbedoeld gevolg heeft vooral te maken met de neoliberale insteek, waarbij gezondheid wordt gezien als een individuele verantwoordelijkheid. Eventuele gezondheidsproblemen zijn op te lossen door gedragsverandering bij de individuele werknemer te stimuleren. Neoliberale gezondheidsprogramma's richten zich dus op het 'fixen van de werknemer' in plaats van het 'fixen van de werkomgeving'.

Dit zien we terug bij studies naar de ervaringen van werknemers tijdens de eerste lockdown vanwege het coronavirus. Van Eck en Jammaers documenteerden hoe in het begin van de lockdown organisaties vooral investeerden in online gezondheidsprogramma's.[15] Dat waren zowel fysieke work-outs om werknemers te helpen fit te blijven en zogenoemde coronakilo's te verliezen, als workshops die werknemers leerden omgaan met angst en bezorgdheid.

Deze aanpak van gezondheid, waarbij werknemers zelf verantwoordelijk werden gemaakt om mentaal en fysiek gezond te blijven, leidde ertoe dat de deelnemers een toename in werkdruk ervaarden. Naast hun eigen werkzaamheden moesten ze immers tevens deelnemen aan deze programma's. In plaats van de werkdruk te verlagen of praktische hulp aan te bieden – zoals goede voorzieningen om thuis te werken – hanteerden de meeste organisaties een neoliberale aanpak waarbij de verantwoordelijkheid om fysiek en mentaal gezond te blijven, geheel bij de werknemer werd neergelegd.

Een ander voorbeeld is ons onderzoek naar een bedrijf dat gespecialiseerd is in het schoonmaken van vliegtuigen.[16] Schoonmaken is een fysiek zwaar beroep, met risico's op letsel en ziekte door blootstelling aan chemicaliën, en risico's op aandoeningen van het bewegingsapparaat vanwege de vele repetitieve handelingen. Bij Schoon-Org (fictieve naam) komt daar nog bij dat schoonmakers onder extreme tijdsdruk en zichzelf in bochten wringend het interieur van een vliegtuig moeten schoonmaken. Deze zware arbeidsomstandigheden vertalen zich in een hoog ziekteverzuim. Het management van het schoonmaakbedrijf probeert het ziekteverzuim tegen te gaan door meer tijdelijke en parttimecontracten aan te bieden, in plaats van vaste en fulltimecontracten. De reden is volgens het management dat het werk te zwaar is om vol te kunnen houden wanneer het fulltime en op oudere leeftijd gedaan wordt. Deze focus op werkcontracten onderscheidt zich dus van het idee om individuele werknemers 'gezonder' te maken zodat ze (langer) productief kunnen zijn. Maar toch schuift de werkgever ook met dit beleid het risico om ziek te worden af op de schoonmaker, evenals het risico om onvoldoende te verdienen om rond te kunnen komen.

Het sociaal en feministisch model van disability

Vergeleken met de overgeïndividualiseerde en overgemedicaliseerde kijk op gezondheid biedt het sociale model van *disability* een ander perspectief.[17, 18, 19] De Engelse term disability geeft daarbij een duidelijk onderscheid aan tussen *disabled* (in de zin van iemand wordt beperkt) en *impaired* (in de zin van iemand heeft een beperking).

In dit disability-model is niet het individu schuldig aan zijn of haar beperking, maar verschuift de focus naar de omgeving als 'schuldige' in het beperken van bepaalde groepen. Het model verlegt dus de aandacht van ongezondheid als een individueel gedragsprobleem, naar ongezondheid als gevolg van sociale en materiële beperkingen of onderdrukkingen waardoor mensen niet volledig kunnen participeren in de samenleving.

Met dit sociale model kan gezondheid als een politieke kwestie benaderd worden.[20] Het gaat dan niet meer om de individuele gezonde levensstijl, maar om de vraag hoe de omgeving aangepast moet worden om te voorzien in de verschillende behoeften van de werknemers. In dit sociale model worden zowel de *sociale* condities van de omgeving onderzocht, als de *materiële* condities die ervoor zorgen dat bepaalde mensen worden beperkt.

Welke sociale condities op de werkplek kunnen volledige participatie (on)mogelijk maken? Twee elementen zijn daarbij van belang.[21] Allereerst de mogelijkheid om volledig jezelf te kunnen zijn op de werkplek en niet een deel van je identiteit hoeven te verbergen. Het tweede aspect betreft het erbij horen, het gevoel dat je onderdeel bent van de werkgroep of organisatie. Wanneer deze twee elementen aanwezig zijn, is sprake van een inclusieve, sociaal veilige en sociaal gezonde werkplek. Ontbreekt een van deze twee, bijvoorbeeld wanneer je er alleen bij hoort wanneer je de trap op kunt lopen, je seksualiteit verbergt of je masculien gedraagt, dan is sprake van uitsluiting en van een ongezonde, sociaal onveilige organisatie.

Slechte sociale condities hebben grote gevolgen voor de individuele gezondheid. Psychologisch onderzoek laat zien dat uitsluiting, stigmatisering en racisme op de werkplek leiden tot een toename van stress, depressie en trauma's. Het zijn daarmee belangrijke oorzaken van verminderde mentale en fysieke gezondheid.[7, 22, 23] Maar hoe hierin verandering te brengen? Decennia aan diversiteitsmanagement en -onderzoek laten zien dat discriminatie en ongelijkheid binnen organisaties onveranderd blijven voortbestaan, ondanks vele pogingen dit tegen te gaan. Naar ons idee draagt de individuele neoliberale kijk op gezondheid hier sterk aan bij. Om een gezonde organisatie te bereiken, moeten niet de individuele werknemers worden 'gefixt',[24] maar de organisatie zelf, dus de interne sociale condities die kunnen leiden tot een (on)gezonde sociale omgeving.

Een voorbeeld van gezonde sociale condities is te vinden in het onderzoek van Janssens en Steyaert[25] naar een dansproductie waar op een gelijkwaardige manier samengewerkt werd tussen dansers die qua leeftijd, etniciteit, fysieke beperkingen en gender, een grote verscheidenheid vertoonden. Zij onderzochten welke organisatorische praktijken het mogelijk maken dat bij de dansgroep een vorm van inclusiviteit kon ontstaan. Belangrijke praktijken waren het continu mixen en veranderen van de samenstelling van de dansgroepen, en het omdraaien van stereotyperingen en rollen, door bijvoorbeeld de kinderen de choreograaf te laten zijn voor de ouderen. Meer kennis is echter nodig over hoe bepaalde manieren van organiseren zoals die van de dansgroep, kunnen bijdragen aan een sociaal gezonde en inclusieve werkplek.

Naast een sociaal veilige werkplek waarin ieder volledig kan participeren, spelen ook de materiële condities een grote rol. Wat zijn de materiële condities op de werkplek die volledige participatie (on)mogelijk kunnen maken? Hierbij gaat het om structurele werkomstandigheden zoals de status van het contract, het werkrooster, salaris en autonomie op het werk. Zonder goede materiële omstandigheden is een gezonde, veilige en inclusieve werkomgeving onmogelijk. Zo was bijvoorbeeld bij het schoonmaakbedrijf de sociale conditie zodanig dat een grote verscheidenheid aan werknemers werkte, inclusief mensen met een beperking. Maar die participatie was wel op basis van onzekere contracten, weinig werkuren en een minimumloon.

Naast de materiële en financiële omstandigheden zijn ook de fysieke werkomstandigheden van belang, zoals een rolstoelvriendelijke toegang tot de werkplek, de aanwezigheid van een kolfkamer, een gebedsruimte en genderneutrale toiletten.

In onderzoek naar de ervaringen van zwaarlijvige vrouwen bleek dat zij op de werkplek voornamelijk beperkt werden door een gebrek aan geschikte werkkleding en passende, comfortabele stoelen zonder armleuningen.[5] Participanten beschreven hoe hun maten niet alleen moeilijker te vinden waren, maar ook dat kleding in grotere maten duurder was of alleen geschikt voor niet-professionele aangelegenheden. Dit geeft aanknopingspunten voor een organisatie om een gelijke en gezonde werkomgeving te creëren: werkgevers kunnen ervoor zorgen dat alle werknemers een stoel of uniform hebben die hen past.

Toch is er ook kritiek op het sociale model, vooral van feministische disability-activisten en -onderzoekers.[18, 26, 27] Zij menen dat door alleen te focussen op de rol van de sociale en materiële omgeving, de persoonlijke, lichamelijke ervaringen van bijvoorbeeld chronische pijn, ziekte en vermoeidheid niet (h)erkend worden. Voor hen is het van belang om beide terreinen mee te wegen; dat levert betere inzichten hoe een inclusieve en gezonde organisatie kan worden gecreëerd.

Daarnaast laat een feministische lens zien dat lichamelijke verschillen en kwetsbaarheid onderdeel zijn van ieders leven. Dus in plaats van fragiliteit compleet te elimineren door te focussen op het nastreven van gezonde werknemers die nooit meer ziek zijn, vraagt een feministische disability-lens om fragiliteit te omarmen, en validistische fantasieën te bekritiseren.[26]

Aanbevelingen voor een andere benadering

Wanneer we de gezondheid op de werkplek effectief willen bevorderen, is een andere benadering gewenst. In plaats van: 'Hoe maken we de werknemer gezonder?' naar: 'Hoe maken we van de werkplek een gezonde, veilige en inclusieve omgeving?'

Op basis van de analyse van verschillende casussen en het sociale model van disability doen we twee aanbevelingen:

1 In een gezonde organisatie kan een verscheidenheid aan groepen volwaardig participeren, zonder dat iemand de eigen sociale identiteit hoeft te verbergen of aan te passen.[21] Om zo'n gezonde organisatie te vormen, is een kritische analyse nodig van het personeelsbestand. Welke groepen zijn er werkzaam, welke groepen ontbreken? En waarom? Wat is er aan *deze plek* niet verwelkomend voor bepaalde groepen? Zo wordt inzichtelijk of de omgeving wel of niet voorziet in de behoeften van verschillende werknemers. Voor een gezonde werkplek is het daarnaast van belang dat er ruimte gemaakt wordt om discriminatie, seksisme, racis-

me en validisme continu te (h)erkennen en aan te pakken.
2 In een gezonde organisatie is de werkgever verantwoordelijk voor fysieke en materiële veiligheid. Rekening houden met verschillende lichamen en verschillende behoeften valt onder het creëren van een gezonde werkomgeving. Wanneer organisaties willen investeren in een gezonde en inclusieve werkomgeving, dan kan een startpunt zijn om te kijken naar materiële praktijken die zekerheid geven en meer ruimte bieden voor verschillen.

Tot slot: voor toekomstig beleid en onderzoek naar gezondheid op de werkplek is het van belang dat de aandacht verschuift van een individuele, medische benadering van gezondheid, naar de rol van de omgeving en werkgever in het accommoderen van verschillende lichamen en het omarmen van fragiliteit. Alleen dan kan daadwerkelijk een veilige, gezonde werkplek worden gecreëerd.

Literatuur & noten

1. World Health Organisation (2010). *Workplace Health Promotion. The Workplace: A Priority Setting for Health Promotion.* http://www.who.int/occupational_health/topics/workplace/en/ (27 januari 2021).
2. Goetzel, R.Z., Henke, R.M., Tabrizi, M., Pelletier, K.R., Loeppke, R., Ballard, D.W., … & Metz, R.D. (2014). 'Do Workplace Health Promotion (Wellness) Programs Work?'. *Journal of Occupational and Environmental Medicine, 56*(9), 927-934.
3. Mattke, S., Liu, H., Caloyeras, J., Huang, C.Y., Van Busum, K.R., Khodyakov, D., & Shier, V. (2013). 'Workplace Wellness Programs Study'. *Rand Health Quarterly, 3*(2).
4. Crawford, R. (1980). 'Healthism and the Medicalization of Everyday Life'. *International Journal of Health Services, 10*(3), 365-388.
5. Van Amsterdam, N., Meldgaard Kjær, K., & Van Eck, D. (2019). 'What if I Don't Fit? How Fat Employees Become the Organizational Other through Clothing and Seating'. *Academy of Management Proceedings*, 1, 12322.
6. Täuber, S., Mulder, L.B., & Flint, S.W. (2018). 'The Impact of Workplace

Health Promotion Programs Emphasizing Individual Responsibility on Weight Stigma and Discrimination'. *Frontiers in Psychology*, 9, 2206.
7. Puhl, R., & Suh, Y. (2015). 'Health Consequences of Weight Stigma: Implications for Obesity Prevention and Treatment'. *Current Obesity Reports*, 4(2), 182-190.
8. Osumili, B., Henderson, C., Corker, E., Hamilton, S., Pinfold, V., Thornicroft, G., & McCrone, P. (2016). 'The Economic Costs of Mental Health-Related Discrimination'. *Acta Psychiatrica Scandinavica*, 134, 34-44.
9. Levay, C. (2014). 'Obesity in Organizational Context'. *Human Relations*, 67(5), 565-585.
10. Puhl, R.M., & Heuer, C.A. (2009). 'The Stigma of Obesity: A Review and Update'. *Obesity*, 17(5), 941.
11. Koster, X. (2021). 'Waarom je relschoppers geen "idioten" moet noemen'. *OneWorld.*
12. Dobusch, L. (2020). 'The Inclusivity of Inclusion Approaches: A Relational Perspective on Inclusion and Exclusion in Organizations'. *Gender, Work & Organization.*
13. Banwell, C., Sargent, G., Dixon, J., & Strazdins, L. (2019). 'A Cultural Economy Approach to Workplace Health Promotion in Australian Small and Medium Sized Workplaces: A Critical Qualitative Study'. *Critical Public Health*, 29(1), 100-109.
14. Bell, K., Salmon, A., & McNaughton, D. (2011). 'Alcohol, Tobacco, Obesity and the New Public Health'. *Critical Public Health*, 21(1), 1-8. DOI:10.1080/09581596.2010.530642
15. Eck, D. van, & Jammaers, E. (2020). 'Chronicles of Conflicting Care in Confinement: Documenting the Work Experiences of Seven "Patient Zeros"'. *Gender, Work & Organization.*
16. Eck, D. van, & Brink, M.C.L. van den (2019). 'Included to be Excluded?' *Academy of Management Proceedings*, 1, 17551.
17. Edwards, C., & Imrie, R. (2003). 'Disability and Bodies as Bearers of Value'. *Sociology*, 37(2), 239-256.
18. Garland-Thomson, R. (2005). 'Feminist Disability Studies'. *Signs: Journal of Women in Culture and Society*, 30(2), 1557-1587.
19. Grue, J. (2011). 'Discourse Analysis and Disability: Some Topics and Issues'. *Discourse & Society*, 22(5), 532-546.
20. Foster, D., & Fosh, P. (2010). 'Negotiating "Difference": Representing Disabled Employees in the British Workplace'. *British Journal of Industrial Relations*, 48(3), 560-582.
21. Shore, L.M., Randel, A.E., Chung, B.G., Dean, M.A., Holcombe Ehrhart, K.,

& Singh, G. (2011). 'Inclusion and Diversity in Work Groups: A Review and Model for Future Research'. *Journal of Management*, *37*(4), 1262-1289.
22. Pascoe, E.A., & Smart Richman, L. (2009). 'Perceived Discrimination and Health: A Meta-Analytic Review'. *Psychological Bulletin*, *135*(4), 531.
23. Paradies, Y., Ben, J., Denson, N., Elias, A., Priest, N., Pieterse, A., … & Gee, G. (2015). 'Racism as a Determinant of Health: A Systematic Review and Meta-Analysis'. *PLoS ONE*, *10*(9), e0138511.
24. Ghorashi, H., & Ponzoni, E. (2014). 'Reviving Agency: Taking Time and Making Space for Rethinking Diversity and Inclusion'. *European Journal of Social Work*, *17*(2), 161-174.
25. Janssens, M., & Steyaert, C. (2019). 'A Practice-Based Theory of Diversity'. *Academy of Management Review*, *44*(3). DOI:10.5465/amr.2017.0062
26. Garland-Thomson, R. (2002). 'Integrating Disability, Transforming Feminist Theory'. NWSA *Journal*, 1-32.
27. Dobusch, L. (2019). 'Body-Sensitive Diversity Research Between Enablement and Disablement'. In: M. Fotaki en A. Pullen (reds.), *Diversity, Affect and Embodiment in Organizing*. Cham: Palgrave Macmillan, 69-89.

5 Van mondkapje tot duurzame mode

Naar een gezondere kledingindustrie met slow fashion

Anneke Smelik

Het mondkapje is een modeartikel geworden én tevens onderwerp van gepolariseerde polemiek. Hoe kan het dat dit minieme stukje stof tot zowel onvermoede creativiteit als verhitte debatten leidt? Waarom gaat het mondkapje vergezeld van angsten, ambivalenties en onzekerheden?

Achter het lapje stof gaat een nog breder vraagstuk schuil. Het trendy kapje dat onze gezondheid moet beschermen, is onderdeel geworden van een wereld die allesbehalve gezond is. De mode-industrie gedijt op glitter en glamour, maar staat in de werkelijkheid bol van uitbuiting, uitputting, vervuiling en verspilling. Hoe kunnen we die gezonder maken?

Ruim een halfjaar na het begin van de coronacrisis heeft het mondkapje definitief zijn entree gemaakt in de modewereld. In september 2020 lanceerde het Amerikaanse *Vogue* – traditioneel altijd hét grote modenummer van het jaar – een artikel over modieuze mondkapjes voor stevige prijzen. Niet alleen de commerciële merken gaan los op mooie mondkapjes; mensen over de hele wereld hebben hun creativiteit ingezet om leuke, modieuze of te gekke exemplaren te maken. In Nederland creëren modeontwerper Sjaak Hullekes en techfashiondesigner Melanie Brown modieuze mondkapjes, terwijl The Fashion Filter ze samen met de Technische Universiteit Eindhoven ontwerpt. In de regio Arnhem-Nijmegen heeft het platform voor duurzame mode een project ontwikkeld met lokale ontwerpers om duurzame mondkapjes te maken: 'FACE MASKS 025'. Inmiddels is het internet rijk aan video's die instrueren hoe je er zelf eentje kunt vervaardigen.[1] Na de enorme tekorten in het begin van de coronacrisis, is nu een stortvloed aan mondkapjes te koop. Het kleine stukje stof is onderdeel van de hedendaagse mode.

Herinnering aan de eigen lichamelijkheid

Toen ik voor het eerst een mondkapje opzette, viel me op hoe heet het was in de zon, hoe het jeukte achter mijn oren en hoe mijn bril besloeg. Ook is het niet altijd prettig om geconfronteerd te worden met je eigen adem. Het lapje stof is dan ook een herinnering aan onze eigen lichamelijkheid. Het mondkapje kan de gezondheid beschermen, maar het verbergt ook iemands identiteit. Met een kapje op is het moeilijker om het gezicht van de ander te 'lezen'; het hindert de dagelijkse, vaak onbewuste communicatie tussen vreemden op straat of in de trein. Daarom hebben mensen met een mondkapje op de neiging om overdreven met de ogen te 'spreken', met de handen te gesticuleren, en nadrukkelijk te praten: alles om intenties en emoties duidelijk te maken. Wanneer een mondkapje afgaat, wordt een bloot gezicht onthuld.[19] Als je eenmaal gewend bent aan mondkapjes in de openbare ruimte, ziet een bloot gezicht er naakt uit. Onbeschermd en kwetsbaar. Maar ook provocerend en uitdagend, want dat blote gezicht is een flirt met gevaar. Het mondkapje is immers een visueel teken, als een rode lap, dat voortdurend herinnert aan ziekte en dood.

Het kapje als vermommend masker

Hoewel de wetenschap nu vrij eensgezind stelt dat mondkapjes de verspreiding van COVID-19 kunnen voorkomen, zijn de richtlijnen in Europa en de VS nog steeds onderhevig aan verandering. In Europa is na het opheffen van de eerste lockdown een lappendeken ontstaan van regels en voorschriften. Geen wonder dat de vele verschillende richtlijnen mensen in verwarring brengen.

De protesten tegen mondkapjes nemen toe. Het mondkapje roept angst en agressie op. Dit heeft waarschijnlijk te maken met culturele factoren. In westerse landen is het dragen van mondkapjes geen dagelijkse praktijk. Mondkapjes komen wel veel meer voor in Aziatische landen, vooral sinds de SARS-uitbraak in 2003. In China is het dragen van mondkapjes een praktijk die wordt geassocieerd met de moderne materiële cultuur. Sinds de longpestepidemie van 1910-1911 in Mantsjoerije, wordt het dragen van mondkapjes in het openbaar geassocieerd met 'rede', 'hygiënische moderniteit' en 'bewijs van Chinese wetenschappelijke soevereiniteit'.[2] Tijdens de SARS-epidemie van 2003 gaven mondkapjes zichtbaarheid aan 'het beperken van infectie als burgerplicht in de context van een epidemie of pandemische dreiging'. Tijdens de COVID-19-pandemie verspreidden Zuid-Korea en Taiwan al vroeg wegwerpkapjes, terwijl Japan en Singapore stoffen mondkapjes uitdeelden aan de gehele bevolking.

De praktijk om mondkapjes in het openbaar te dragen heeft nooit wortel geschoten in Europa of de VS – een feit dat politieke leiders niet is ontgaan. Toen Oostenrijk in het voorjaar van 2020 het dragen van mondkapjes in openbare ruimtes verplicht stelde, merkte bondskanselier Sebastian Kurz op dat het een 'grote aanpassing' zou zijn, omdat 'mondkapjes vreemd zijn aan onze cultuur'.[3] In de westerse cultuur worden mondkapjes geassocieerd met maskers, dat wil zeggen met vermomming – het mondkapje is in het Engels een *face mask*. Vermommingen door middel van maskers of bivakmutsen worden vaak gebruikt door criminelen, maar zijn ook ingezet bij politieke protesten, bijvoorbeeld door Prodemos in Griekenland, de Pussy Riots in Rusland, de hacktivistische groep Anonymous, of door politieke activisten die protesteren tegen gezichtsherkenning door CCTV. De westerse cultuur heeft dus een negatieve associatie van mondkapjes met vermommende maskers; iemand lijkt iets te verbergen of heeft iets kwaads in de zin.[4]

Individuele vrijheid vs. zorg voor de gemeenschap

Er is nog een andere reden waarom het verzet in veel westerse landen hevig is. Mondkapjes dienen het algemeen belang: ze werken alleen tegen besmetting als ze wijdverbreid gebruikt worden in de hele samenleving.[5] Zeker, de individuele drager heeft er ook voordeel van, maar meetbare positieve resultaten komen toe aan anderen. Een mondkapje opdoen is niet alleen een daad van eigenbelang, maar ook en vooral een daad van zorg voor de grotere gemeenschap. Voor zover westerse culturen ertoe neigen het individualistische belang meer na te streven dan het gemeenschappelijke belang, levert het mondkapje weerstand op. In veel Europese landen zijn felle protesten, vaak in alliantie met rechtse groeperingen, tegen postlockdownmaatregelen, waaronder sociale afstand en mondkapjes. Het argument is dat het dragen van een mondkapje indruist tegen individuele vrijheid. Blijkbaar is individueel recht belangrijker dan burgerplicht. Individuele vrijheid gaat in die hyperindividualistische visie voor collectieve verantwoordelijkheid.

Volgens een recente academische studie valt het op dat het al dan niet dragen van mondkapjes verschillende scheidslijnen volgt, zoals geslacht, politieke overtuiging en opleiding.[6] De kloof tussen mannen en vrouwen is behoorlijk groot: over de hele wereld zijn mannen minder geneigd en minder bereid om een mondkapje op te zetten dan vrouwen. Mannen lijken eerder te denken dat het 'beschamend, niet cool of een teken van zwakte' is.[7] Vrouwen zijn bijna anderhalf keer vaker bereid dan mannen om een mondkapje te dragen, terwijl de ironie is dat het coronavirus mannen ernstiger treft dan vrouwen.[8] Waarom weigeren sommige mannen mondkapjes te dragen, zelfs als hun partners en kinderen dat wel doen? Misschien zijn sommige mannen minder altruïstisch en zien ze het dragen van een mondkapje niet als sociale verantwoordelijkheid, laat staan als een daad van vrijgevigheid of respect voor anderen.

Blijkbaar ervaren ze het als niet-mannelijk. Journalist Arwa Mahdawi relateert deze bevinding aan 'toxische mannelijkheid': 'Het feit dat een aanzienlijk aantal mannen [...] denkt dat mondkapjes ze zwak doet lijken, herinnert ons eraan hoe schadelijk genderstereotypen zijn.[9] Enkele maanden en vele felle protesten later stelt journalist Priya Elan dat het verzet tegen mondkapjes een vorm van 'bewapende mannelijkheid' is geworden.[10] Het feit dat de meeste, zo niet alle populistische mannelijke leiders, van Trump tot Bolsonaro en van Poetin tot Loekasjenko, weigeren om in het openbaar mondkapjes te dragen, helpt zeker niet om mannen ervan te overtuigen zich aan regels en voorschriften te houden die het algemeen belang dienen.

Dat kleine stukje stof is dus verrassend genoeg een twistpunt geworden voor bredere politieke kwesties. Hoe kan een middel om onze gezondheid te beschermen tegelijkertijd zulke heftige emoties oproepen? De verklaring ligt in het gegeven dat kleding, en dus ook het mondkapje, samenhangt met identiteit.

Identiteit als verkleedpartij

In het Westen hechten mensen sterk aan het idee dat ze een uniek persoon zijn en een specifieke, van iedereen te onderscheiden identiteit hebben. Dat ze een individu zijn. Kleding is niet de enige, maar wel een relatief gemakkelijke manier om dagelijks uitdrukking te geven aan die identiteit. Modetijdschriften, blogs en influencers spelen in op het heersende idee dat identiteit maakbaar is en dat kleding daar een belangrijke rol in speelt. 'Vind je eigen unieke stijl', zo roepen de glossy's en reclames je toe. Dat geloof in een unieke individualiteit is zo sterk dat het bijna een ideologie lijkt.

Met kleding bouwt iemand haar of zijn persoonlijkheid op. Kleding geeft letterlijk en figuurlijk vorm aan de identiteit van het individu. Elke ochtend als we voor de kledingkast staan, maken we keuzes hoe we voor de dag willen komen. Een bouwvakker kleedt zich anders dan een bankier, een jong kind kan kleren met verf- of eetvlekken dragen zonder erop aangekeken te worden en een man zal in de regel geen rok of jurk aantrekken.

Dat moment voor de kledingkast is zo belangrijk omdat we onze identiteit vormgeven door kleding. Het heersende idee is dat je kunt worden wie je wilt zijn en dat kleding daarbij helpt. De socioloog Zygmunt Bauman stelt dat de hedendaagse cultuur van ons eist dat we onze identiteit aanpassen 'zo vaak, zo snel en zo efficiënt als je je sokken kunt verwisselen'.[11] Misschien een overdrijving, maar het geeft wel aan dat we met z'n allen geloven in het maakbaarheidsideaal rond identiteit en de rol die kleding daarin speelt. We weten natuurlijk dat onze identiteit meer inhoudt dan de uiterlijke vorm, maar je zou kunnen zeggen dat de hedendaagse maatschappij ertoe neigt identiteit als een verkleedpartij op te vatten.

Het begrip identiteit draagt een paradox in zich, want de herkomst van het woord – van het Latijnse idem – suggereert dat het om gelijkenis gaat, dat wil zeggen dat iets of iemand identiek is aan zichzelf. Tegelijkertijd veronderstelt het moderne begrip van identiteit dat het ook om onderscheid gaat, namelijk dat mensen op een unieke manier van elkaar verschillen. De filosoof Georg Simmel schreef aan het begin van de vorige eeuw dat mode twee doelen dient: iedereen wil zich door middel van kleding individueel uitdrukken, maar aan de andere kant wil iedereen ook tot een groep behoren.[12] Kleding drukte vroeger vooral status en afkomst uit; aan je kleding was te zien tot welke klasse je behoorde. Maar sinds de jaren zestig is kleding door de democratisering en individualisering vooral een middel tot individuele expressie geworden. Dit heeft ook effect op het al dan niet dragen van het mondkapje: met kleding hoeven en willen we niet meer aangeven tot een groep te behoren. Integendeel, we verzetten ons daartegen en geven liever expressie aan ons unieke zelf.

Toch blijft die sociale kant van identiteit, het groepsgevoel, veel sterker dan we vaak willen toegeven in onze geïndividualiseerde maatschappij. Identiteit ontstaat, zo stelt psychoanalyticus Paul Verhaeghe, voor een groot deel in relatie tot anderen.[13] Bedenk maar eens hoe je jezelf zou willen omschrijven, los van je moeder, je broer of zus, je geliefde, je collega's. Of, in groter verband, het dorp of de stad waar je woont, of het land waar je de nationaliteit van draagt. Hoewel de meeste mensen in het Westen in een sterk 'zelf' geloven, zijn sociologen en psychologen het erover eens dat identiteit niet bij je geboorte is gegeven. Je identiteit is iets dat je gedurende je leven ontwikkelt in interactie met de ander, met de omgeving en de cultuur waarin je leeft.[13]

De paradox van de vrijheid

Kledingkeuze weerspiegelt die wisselwerking tussen het zelf en de ander, tussen individu en groep. De heersende ideologie is erg gericht op het individu; dit zagen we ook al bij het mondkapje. Mensen, vooral jongeren, zijn er vaak heilig van overtuigd dat ze een unieke stijl hebben. Maar de praktijk is eigenlijk dat de meesten zich veel meer conformeren aan een groep dan we denken. Dit is wat ik de paradox van de vrijheid noem. Hoewel we de afgelopen eeuw steeds meer vrijheid kregen om ons te kleden zoals we willen en steeds minder zijn gebonden aan formele regels van klasse, beroep, geslacht en leeftijd, is de praktijk dat we er allemaal een beetje hetzelfde uitzien. Uit het straatbeeld maak ik op dat de wens om bij een groep te passen veel groter is dan de wil tot individuele expressie. Reclames, glossy's en influencers mogen dan sterk varen op dat idee van een eigen, 'unieke' kledingstijl, de praktijk is heel wat weerbarstiger. Door de globalisering en democratisering zien mensen er over bijna de hele wereld behoorlijk hetzelfde uit.

Twee kunstprojecten tonen visueel hoe sterk de groepsdwang in kleding eigenlijk is, ook al ervaren we dat misschien zelf niet zo.

Voor het kunstproject 'Exactitudes', met de boeiende site www.exactitudes.com, hebben fotograaf Ari Versluis en stylist Ellie Uyttenbroek in de loop van de jaren honderden groepen afgebeeld in de vorm van steeds weer twaalf portretten van individuen in dezelfde houding en in eenzelfde uiterlijke stijl tegen een witte achtergrond. 'Exactitudes' laat zien: we zijn niet zo uniek als we denken. Ook het project 'Identiteiten 1970-2017' van fotograaf Hans Eijkelboom toont die onbewuste neiging om tot een groep te willen behoren. De foto's in zijn boek *People of the Twenty-First Century* laten zien dat mode verandert door de jaren heen, maar ook dat wij allemaal met die trends meedoen en ons aan de groep conformeren.

Ongezonde mode: fast fashion

Onderdeel van de manier waarop we mode inzetten om onze identiteit vorm te geven, is het najagen van de laatste trends. De definitie van mode is: verandering. We kopen kleding sneller, vaker en vooral goedkoper. De hijgerige aankoop van nieuwe mode werd meer dan een eeuw geleden door de Amerikaanse socioloog Thorstein Veblen al betiteld als *conspicuous consumption* – pronkzuchtige consumptie.[14]

Dit soort consumptie was vroeger voorbehouden aan de hogere klasse maar is tegenwoordig bereikbaar voor iedereen, omdat kleding naar verhouding in de afgelopen decennia steeds goedkoper is geworden. We besteden binnen ons budget heel veel minder geld aan kleding dan vroeger. Maar de prijs wordt uiteindelijk door anderen betaald. 'De prijs voor kleding neemt al decennia gestaag af, terwijl de kosten voor mens en milieu dramatisch zijn gegroeid', zeggen de makers van de documentaire *The True Cost*. Het mondiale systeem van *fast fashion* draagt eraan bij dat kleding sneller dan ooit geproduceerd kan worden. Daardoor kunnen de cycli van productie en consumptie nog sneller doorlopen worden.

Fast fashion is een vrij recent fenomeen. Dit mondiale modesysteem kwam aan het einde van de jaren negentig op en wordt gekenmerkt door jachtige veranderingen in stijl, steeds snellere cycli van wereldwijde productie en consumptie, en steeds goedkopere producten.[15] De productietijd ging van ongeveer veertien maanden naar zes tot acht weken. Mode is een van de grootste en snelst groeiende industrieën die momenteel gewaardeerd wordt op 3 triljoen dollar en waarin wereldwijd ongeveer 75 miljoen mensen werkzaam zijn. In Europa bedroeg in 2019 de omzet van de textiel- en kledingindustrie 162 miljard euro (bron: Euratex). 90 procent van de kleding wordt geproduceerd in lagelonenlanden, vooral in Azië, terwijl in de prijsberekening voor een kledingstuk maximaal 1 of 2 procent naar het loon van de meestal vrouwelijke (80 procent) textielarbeiders gaat. De fast fashion van de grote winkelketens zoals Zara, H&M, Primark, C&A en Uniqlo, met hun steeds snellere omzet, steeds goedkopere kleding en immer grotere winsten, is typisch een systeem waarin het kapitalisme in al zijn facetten doordraait.

Een kapitalistisch systeem bij uitstek

Hoewel betrouwbare statistieken ontbreken, is het bekend dat de mode-industrie uitblinkt in misselijkmakende uitbuiting van menselijke arbeid en natuurlijke hulpbronnen – zie de artikelen van Emy Demkes voor De Correspondent en de rapporten van de Ellen MacArthur Foundation.[16] Mode en duurzaamheid lijken haaks op elkaar te staan. Verrassend genoeg is dat geen nieuw of recent gegeven, want de kledingindustrie is een kapitalistisch systeem bij uitstek dat gedijt bij steeds nieuwe trends waardoor consumenten blijven kopen. Karl Marx schreef in *Het kapitaal* uit 1867 al over de uitbuiting van arbeiders in de textielindustrie.[17] Tussen toen en nu lijkt er maar weinig veranderd, alleen staat de fabriek nu niet meer bij ons om de hoek, maar in verre landen. Marx vond kleding hét voorbeeld van 'koopwaarfetisjisme'. Dit betekent dat in de mode sprake is van een hoge ruilwaarde, omdat het nut van kleding relatief laag is. Je hebt maar één winter- of regenjas nodig om je tegen kou of nattigheid te beschermen. De hoge ruilwaarde is gelegen in het merk dat zich door branding op de markt zet als hip, cool en trendy. De bekendheid van een merk ontstaat door reclame of modebladen, maar ook door popsterren, realitysterren en influencers. Daarom kan een hip merk voor min of meer hetzelfde product hogere prijzen vragen dan de concurrent. Vanwege de hoge ruilwaarde van mode blijft de consument het nieuwste van het nieuwste kopen.

Er zijn twee problemen bij het gezonder maken van het modesysteem: de productie en de consumptie. Het productieproces van kleding is ingewikkeld, terwijl de consument voortdurend op zoek is naar de laatste trend in de mode voor een bodemprijs. Het modesysteem is sterk geglobaliseerd. Wil er iets in dat productieproces veranderen, dan is het niet gemakkelijk om te bepalen waar te beginnen. Neem het maken van iets simpels als een T-shirt. Het productieproces van wel bijna veertig stappen vindt plaats in heel verschillende landen. Om een fictief voorbeeld te geven: een T-shirt wordt ontworpen in Nederland, terwijl de katoen uit Oezbekistan komt, het spinnen en weven in India gebeurt, het verven van de stof in China of Indonesië, het naaien in Bangladesh of Myanmar, en het decoreren in Turkije. Een ingewikkeld productieproces dus waarbij veel transport van textiel de wereld over gaat. De textiel- en kledingindustrie is ook nog eens heel dorstig, omdat voor de katoenteelt ongelooflijk veel water nodig is. Om maar wat te noemen: een T-shirt heeft 2500 liter nodig en een spijkerbroek 7000 liter water. En dan zijn er nog de insecticiden, pesticiden en chemicaliën die gebruikt worden bij de productie van katoen of het verven van textiel, waardoor giftige stoffen in het milieu terechtkomen.

Misschien nog het meest onthutsende van alles is dat naar schatting 30 tot 40 procent van nieuwe kleding *onverkocht* weggegooid wordt. Samen met de weggegooide gebruikte kleren, zorgt de textiel- en kledingindustrie dan ook voor ongelooflijke stapels afval. De mode-industrie is een bedrijfstak die in de media gedijt op glamour en glitter, maar in de werkelijkheid bol staat van uitbuiting, uitputting, vervuiling en verspilling. Uitbuiting van mensen, uitputting van natuurlijke bronnen, vervuiling van de aarde en rivieren, en mateloze verspilling: dit is geen gezonde industrie te noemen.

Duurzame mode

Willen we een gezonde samenleving bereiken, dan moet het modesysteem op de schop. Het gaat dan om een systematische aanpak van de sociale, economische en ecologische gevolgen van het geglobaliseerde modesysteem. Dat is natuurlijk zo gemakkelijk niet. Een systeemverandering is net als een tanker van richting doen veranderen: dat gaat heel traag. Vaak beperkt de aanpak zich tot een relatief kleine verbetering of verandering ergens in de productieketen.

In het laatste decennium zijn talloze initiatieven ontstaan, overal ter wereld, om de mode te verduurzamen. 'Ecomode', 'groene mode', 'ethische mode' – de termen vliegen je om de oren. Je hoeft niet ver te zoeken, want sommige goedkope modeketens zoals C&A en H&M presenteren al 'groene' kledinglijnen en bij H&M kan je ook afgedankte kleren inleveren. Ook in Nederland zijn veel initiatieven om duurzame mode te creëren. Om er een paar te noemen: Ronald van der Kemp ontwerpt collecties van restmaterialen en Duran Lantink maakt van onverkochte designermode nieuwe ontwerpen. Het Nederlandse jeansmerk G-Star en zanger Pharrell Williams lanceerden samen 'RAW for the Oceans', een project dat gerecycled plastic uit de oceaan gebruikt om een verzameling denim stoffen te maken. Er zijn ook regionale initiatieven, zoals het platform 'Duurzame mode 025', dat zich tot doel stelt om het mode ecosysteem in Gelderland te versterken. Vele steden kennen kledingbibliotheken of ruilbeurzen waar je kleding kunt lenen of uitwisselen.

Natuurlijk zijn er ook ontwikkelingen om oude kleding en textiel te hergebruiken, op meer industriële schaal bijvoorbeeld bij Texperium waar KLM-uniformen worden gerecycled tot nieuwe producten. Ook de brancheorganisatie MODINT zet zich in voor de circulaire economie. Als kleding niet meer hergebruikt kan worden, dan wordt het vervezeld, een proces om de vezels uit het textiel te halen. Het vervezelde materiaal wordt gebruikt voor allerlei zaken zoals ondertapijt, meubelvulling, isolatiemateriaal en auto-interieurs.[18]

In Nederland heeft op initiatief van toenmalig minister Lilianne Ploumen in 2016 de branche het convenant duurzame kleding en textiel getekend. Met het convenant bundelt een brede coalitie hun krachten met als doel de Nederlandse kleding- en textielsector te verduurzamen. Ook internationaal gebeurt er veel; vooral de Ellen MacArthur Foundation is actief. In 2017 zijn zij begonnen met een internationaal netwerk om de mode-industrie circulair te maken.

Een heel andere weg naar duurzaamheid is de inzet van nieuwe technologieën. Modeontwerpers en wetenschappers verwerken elektronica, vitaminen, microprocessoren, zonnepanelen, leds of interactieve interfaces in kleding. In Nederland wordt hier al volop mee geëxperimenteerd. Kunstenaars en ontwerpers, zoals Pauline van Dongen, Iris van Herpen, Aniela Hoitink, Daan Roosegaarde, Marina Toeters en Anouk Wipprecht, vormen de avant-garde in het internationale veld van 'draagbare technologie', of 'wearables' zoals het in vaktermen heet. Pauline van Dongen heeft bijvoorbeeld een jurk en T-shirt ontworpen met flexibele zonnecellen waarmee je je mobiel kan opladen. Hoewel we dit soort 'cybercouture' of 'biodesign' nog niet veel terugzien in de mode op straat, kan de toepassing van slimme of biologische materialen in modeontwerp ook helpen om kleding duurzamer te maken. Zo wordt gezocht naar nieuwe materialen als hennep en brandnetel, of geëxperimenteerd met textiel van schimmels, sinaasappel- of ananasschillen.

Duur-zaam = lang-zaam

In de mode-industrie draait het niet alleen om materiële productie en consumptie, maar ook om immateriële kwesties, zoals imago, identiteit en sociale relaties. Zolang de modewereld goed functioneert bij het verkopen van glamour en ideaalbeelden, zal er weinig veranderen. De consument wil toch altijd graag met de laatste – of één na laatste – trend meedoen. Koopgedrag is nu eenmaal een belangrijk onderdeel geworden van onze identiteit.

Maar net als met het mondkapje, zullen we moeten wennen aan een nieuwe realiteit. Als we geen fast fashion meer willen, dan moeten we toe naar slow fashion. De enige echte oplossing is 'verlangzamen'. Inmiddels is duurzame mode zelf alweer een trend geworden; ook duurzaamheid is aan mode onderhevig! Er zijn veel inspirerende voorbeelden om mode te verduurzamen. Duur-zame mode is lang-zame mode.

Langzame strategieën kunnen het proces van productie en consumptie zodanig vertragen dat mens en milieu gespaard blijven en de afvalberg vermindert. Het is een grote uitdaging om het complexe modesysteem duurzamer en ethischer te maken, maar willen we de wereld verbeteren, mensen in andere delen van de wereld een waardig bestaan geven, en het milieu sparen, dan zullen we de eindeloze spiraal van steeds snellere productie en consumptie moeten stoppen.

In onze houding tegenover kleding is een verandering nodig, of zelfs een revolutie. Minder kopen, minder consumeren, minder weggooien. Misschien begint de verandering wel met liefde en waardering: als we een kledingstuk koesteren, zullen we het minder snel van de hand doen. Door te begrijpen hoe mode in onze cultuur verankerd is en onze identiteit vormgeeft, krijgen we inzicht hoe consumentengedrag kan veranderen en hoe we kunnen komen tot een duurzame en gezonde samenleving.

Literatuur & noten

1. Sokolowski, S.L., & LaBat, K. (2020, 16 april), 'Making Your Own Mask? These Are the Five Most Important Things to Consider', *The Conversation*. https://theconversation.com/making-masks-at-home-what-you-need-to-know-about-how-to-reduce-the-transmission-of-coronavirus-136122
2. Howard, J., Huang, A., Li, Z., Tufekci, Z., Zdimal, V., Van der Westhuizen, H., Von Delft, A., Price, A., Fridman, L., Tang, L., Tang, V., Watson, G., Bax, C.E., Shaikh, R., Questier, F., Hernandez, D., Chu, L.F., Ramirez, C.M., & Rimoin, A.W. (2020). 'Face Masks Against COVID-19: An Evidence Review'. https://www.preprints.org/manuscript/202004.0203/v1
3. Onishi, N., & Méhuet, C. (2020, 9 april), 'Mask-Wearing Is a Very New Fashion in Paris (And a Lot of Other Places)', *New York Times*. https://www.nytimes.com/2020/04/09/world/europe/virus-mask-wearing.html
4. Tseëlon, E. (1999). *Masks, Disguise and Identity*. Londen: Bloomsbury.
5. Tufekci, Z., Howard, J., & Greenhalgh, T. (2020, 22 april). 'The Real Reason to Wear a Mask', *The Atlantic*. https://www.theatlantic.com/health/archive/2020/04/dont-wear-mask-yourself/610336/
6. Capraro, V., & Barcelo, H. (2020, 11 mei). 'The Effect of Messaging and Gender on Intentions to Wear a Face Covering to Slow Down COVID-19 Transmission', *PsyArXiv*. DOI:10.31234/osf.io/tg7vz
7. Duarte, F. (2020, 19 juli). 'Coronavirus Face Masks: Why Men Are Less Likely to Wear Masks', BBC News. https://www.bbc.com/news/world-53446827#:~:text=%22Men%20are%20less%20inclined%20to,women%2C%22%20adds%20the%20scientist
8. Haischer, M.H., Beilfuss, R., Hart, M.R., Opielinski, L., Wrucke, D., Zirgaitis, G., Uhrich, T.D., & Hunter, S.K. (2020). 'Who Is Wearing a Mask? Gender-, Age-, and Location-Related Differences During the COVID-19 Pandemic', preprint DOI:10.1101/2020.07.13.20152736
9. Mahdawi, A. (2020, 16 mei). 'Men Are Less Likely to Wear Masks – Another Sign that Toxic Masculinity Kills', *The Guardian*, 16 mei: https://www.theguardian.com/commentisfree/2020/may/16/men-masks-coronavirus-protests-masculinity-kills

10. Priya, E. (2020, 3 juli). 'The Data Is In: Men Are Too Fragile to Wear Covid-19 Masks', *The Guardian*, 3 juli: https://www.theguardian.com/commentisfree/2020/jul/03/covid-19-masks-men-masculinity
11. Bauman, Z. (2011). *Culture in a Liquid Modern World*, Cambridge: Polity Press.
12. Simmel, G. ([1904], 1957). 'Fashion', herdrukt in *The American Journal of Sociology*, *62*(6), 541-58.
13. Verhaeghe, P. (2012). *Identiteit*. Amsterdam: De Bezige Bij.
14. Veblen, T. ([1899], 2007). *The Theory of the Leisure Class*. Oxford University Press.
15. Fletcher, K., & Tham, M. (reds.) (2014). *Routledge Handbook of Sustainability and Fashion*. Londen: Routledge.
16. Ellen MacArthur Foundation (2020). 'A New Textiles Economy: Redesigning Fashion's Future'. http://www.ellenmacarthurfoundation.org/publications
17. Marx, K. ([1867], 2010). *Het kapitaal (deel 1). Het productieproces van het kapitaal. Kritiek van de politieke economie*. Amsterdam: Boom.
18. Montijn, I. (2017). *Tot op de draad. De vele levens van oude kleren*. Amsterdam: Atlas Contact.
19. Vos, M. de, (2020, 17 september). 'Kleine filosofie van het mondkapje'. *NRC* katern Leven, L18-19.

Handige links over duurzame mode

Platform Awearness Fashion: https://www.awearness-fashion.nl/

Convenant duurzame kleding en textiel: https://www.imvoconvenanten.nl/nl/kleding-en-textiel

Platform duurzame mode regio Arnhem-Nijmegen: https://www.duurzamemode025.nl/

Euratex brengt elk jaar een rapport uit over de kledingindustrie in Europa. Op de site staat ook informatie over duurzame bedrijven: https://euratex.eu/about-euratex/annual-reports/

Fashion Revolution geeft elk jaar een overzicht van de transparantie in de kledingindustrie: https://www.fashionrevolution.org/about/transparency/?mc_cid=e2fa2327ab&mc_eid=ac61549738

Greenpeace (2011) *Dirty Laundry*: http://www.greenpeace.org/international/en/publications/reports/Dirty-Laundry/

Greenpeace (2012) *Toxic Threads*: http://www.greenpeace.org/international/en/publications/Campaign-reports/Toxics-reports/Big-Fashion-Stitch-Up/

Greenpeace (2017) *Fashion at the Crossroads: A Review of Initiatives to Slow and Close the Loop in the Fashion Industry*: http://www.greenpeace.org/international/en/publications/Campaign-reports/Toxics-reports/Fashion-at-the-Crossroads/

Ellen MacArthur Foundation: https://www.ellenmacarthurfoundation.org/our-work/activities/make-fashion-circular

Online Catalogus van de tentoonstelling 'State of fashion' met voorbeelden van nieuwe technieken: https://www.stateoffashion.org/nl/

Documentaires over de gevolgen van fast fashion

China Blue, Micha Peled, VS, 2005

De slag om de klerewereld, VPRO, 2015

The True Cost of Fashion, Andrew Morgan, VS, 2015

Genaaid, met Jennifer Hoffman, EO, 2018

6 Apps tegen corona

Wat doen de apps en wat doe jij?

Bart Jacobs

In het eerste halfjaar van de coronapandemie is de CoronaMelder-app geïntroduceerd. De app houdt zelf de contacten van gebruikers bij en geeft een waarschuwing wanneer je langer dan vijftien minuten dicht bij een besmet persoon bent geweest. Er zijn ook andere varianten van zo'n app die een actievere houding en meer eigen verantwoordelijkheid vragen. Een verslag van de ontwikkeling en een evaluatie.

Iedere zaterdag schrijft microbioloog Rosanne Hertzberger een column in de NRC over actuele onderwerpen, vaak gerelateerd aan haar eigen vakgebied. Op 11 juli 2020 beschreef ze onder de titel 'Nog altijd wachten we op een corona-app' hoe bij de coronabestrijding grootschalig gebruik wordt gemaakt van bestaande medische technieken en hoe traag innovaties toegepast worden. 'De grootste teleurstelling was nog wel de gebrekkige inzet van informatietechnologie in de coronabestrijding,' schampert ze. 'De telefoon ondersteunt ons bij iedere stap in het leven. [...] Maar als we in de nabijheid zijn geweest van een coronabron blijft het oorverdovend stil.' En over de door minister Hugo de Jonge eerder in april aangekondigde corona-app: 'Wij delen onze data, onze locatie, ons adres en telefoonnummer, ons complete netwerk, onze foto's en *life events* ruimhartig met de grootste wereldontwrichtende bedrijven, ten behoeve van hun omzet en winst. Maar een snippertje data delen met onze eigen overheid ten behoeve van de volksgezondheid? Wat een misselijkmakend idee.' Ten slotte: 'Komt die app er? Het wordt spannend. In een land dat nog steeds met rood potlood verkiezingskaarten invult en waar elke digitale innovatie van de overheid kapot wordt bekritiseerd, is het maar de vraag of die eenentwintigste eeuw ooit gaat aanvangen.'

Value sensitive design

Zo'n twee maanden na deze column, in september 2020, is de Nederlandse corona-app gelanceerd, onder de naam CoronaMelder. Maar toen bleek er een groot gebrek aan testmateriaal te zijn, waardoor mensen die een waarschuwing in de app ontvingen, niet getest konden worden. Bleef toen het vakgebied van Hertzberger zelf in gebreke? Heeft ze ongelijk gekregen? Het gaat hier niet om een fittie tussen twee wetenschappelijke vakgebieden die goed zouden moeten samenwerken in de bestrijding van corona, maar om onderliggende zaken.

Hertzberger schetst een beeld van mijn eigen vakgebied – de informatietechnologie – waarin innovaties niet van de grond komen, vooral omdat we als burgers zo 'misselijkmakend' zijn dat we geen snippertje data willen delen met de overheid, terwijl allerlei persoonlijke gegevens probleemloos met de dominante, veelal Amerikaanse ICT-bedrijven gedeeld worden. Aan het eind van haar kolom deelt Hertzberger nog een sneer uit over het 'nog steeds' ontbreken van digitaal stemmen – een onderwerp dat mij ook na aan het hart gaat. Ik vermoed echter dat Hertzberger ondanks haar ferme taal niet zal willen dat burgers hun uitgebrachte stem – ook een datasnipper – moeten delen met de overheid, en dat ze wel verlangt dat eventuele digitale stemsystemen *Putin-proof* zullen zijn. Aan elementaire zorgvuldigheidseisen moet ook in de informatietechnologie niet getornd worden.

Wat blijft is het punt dat innovaties moeizaam van de grond komen, zowel op medisch als informatietechnologisch gebied. Hier is sprake van een wezenlijk onderscheid: de medische innovaties waar

Hertzberger het over heeft, zullen veelal door professionals gebruikt worden, terwijl de genoemde ICT-innovaties voor het grote publiek bedoeld zijn. De aard, motivatie en houding van de beoogde gebruikersgroep is van wezenlijk belang bij grootschalige adoptie van innovatieve technieken. Het is op dit punt dat ik me wil richten, specifiek voor de bestrijding van het coronavirus. Ik wil daarbij drie mogelijke typen apps bespreken, alle bedoeld om de verspreiding van het virus tegen te gaan:

1. Een *dagboekapp* waarin gebruikers zelf bijhouden met wie ze de afgelopen twee weken in contact zijn geweest, door bijvoorbeeld een naam in te tikken of te selecteren uit de contactenlijst op de eigen telefoon en in de dagboekapp op te slaan, gekoppeld aan een tijdstip.
2. Een *actieve contactcodeapp* waarmee gebruikers zelf, op verschillende locaties en van verschillende personen, QR-codes kunnen scannen waardoor een contactmoment via een willekeurige code in de app geregistreerd wordt.
3. Een *passieve contactcodeapp* waarbij apps zelf door de onderlinge uitwisseling van willekeurige codes via bluetooth bijhouden welke telefoons bij elkaar in de buurt zijn geweest.

De dagboekapp is handig voor het registreren van contacten met bekenden, maar niet met onbekenden in de bus of trein. De app is bruikbaar bij het zogenaamde bron- en contactonderzoek (BCO) dat gemeentelijke gezondheidsdiensten (GGD's) uitvoeren bij iemand die besmet blijkt te zijn, om na te gaan met wie deze persoon de laatste tijd in contact is geweest. De dagboekapp geeft echter geen waarschuwingen aan de gebruiker.

In de twee contactcodeapps worden geen identiteiten opgeslagen, maar pseudoniemen. Deze apps kunnen contacten met zowel bekenden als onbekenden registreren. Maar ze zijn niet bruikbaar voor

BCO. Wel kunnen ze nuttig zijn voor de gebruikers zelf: die krijgen een waarschuwing in de app wanneer contactcodes uitgewisseld zijn met een besmet persoon die dezelfde app op de telefoon heeft.

Bij ieder van de drie genoemde typen apps is een andere motivatie, rol en beoordeling van de gebruiker in het geding. Deze aspecten zijn misschien wel belangrijker dan de techniek zelf. De ontwerpers van zulke apps gaan uit van een eigen beeld van hun gebruikers. Kortom, het ontwerp van een corona-app, van welk type dan ook, is een voorbeeld van wat heet *value sensitive design* (VSD). Voordat ik daar verder op inga, is het nuttig eerst een aantal zaken over het coronavirus op een rijtje te zetten. Bestrijding van het virus is het uiteindelijke doel van de apps. Een belangrijke vraag is dan of het effect van de app op de verspreiding van corona te meten is, en zo ja, hoe dan?

Epidemiologische achtergrond

Het is van groot belang dat de werking van digitale hulpmiddelen bij de bestrijding van corona nauw aansluit bij de epidemiologische werkelijkheid. Daarom kan zo'n hulpmiddel niet goed beschreven en begrepen worden zonder enig epidemiologisch inzicht in het coronavirus.

- Van de personen die besmet raken met het virus vertoont een nog onbekend deel geen of heel weinig symptomen van de ziekte (waaronder koorts en droge hoest) en is dus asymptomatisch. Een schatting is dat het gaat om 10-20 procent, onder wie veel jongeren. Deze personen kunnen het virus wel overdragen, maar waarschijnlijk in beperktere mate dan mensen die wel verschijnselen vertonen.
- Corona heeft naast een asymptomatische ook een presymptomatische besmettelijkheid. Dat wil zeggen dat besmette mensen het virus kunnen overdragen voordat verschijnselen van het virus zich bij hen zelf manifesteren.

- Ongeveer 40 procent van de besmettingen (transmissies) lijkt plaats te vinden in deze presymptomatische fase. Juist dit maakt de ziekte moeilijk te stoppen.
- Ongeveer 60 procent van de besmette personen heeft milde symptomen.

Van degenen met zware symptomen – aanvankelijk zo'n 20 procent – moet een kwart, dus 5 procent van het totaal, naar het ziekenhuis. Ongeveer 1 procent overlijdt. Als symptomen zich manifesteren, is dat gemiddeld vijf dagen na besmetting. Besmettelijkheid begint echter vanaf de derde dag en duurt zo'n zes dagen. Het volgende diagram geeft een globaal overzicht. De gevaarlijke presymptomatische besmettelijkheid is ongeveer van dag 3 tot 6.

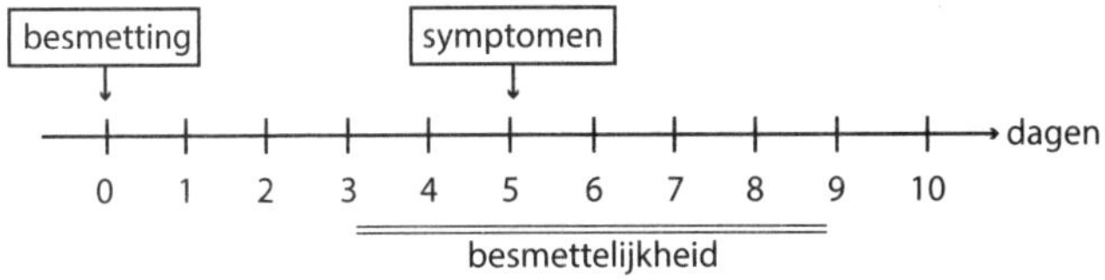

Aanwezigheid van het coronavirus wordt in Nederland vooralsnog overwegend vastgesteld met de zogenaamde PCR-test. Die test kent nauwelijks vals-positieven, waarbij de test vertelt dat je drager bent van het virus terwijl dat niet zo is. De PCR-test heeft daarentegen een hoog percentage van vals-negatieven: de test zegt dan onterecht dat je geen drager bent. Dat percentage hangt af van het aantal dagen na de besmetting. Het percentage vals-negatieven is 100 procent in de eerste dagen na besmetting en daalt tot zo'n 67 procent op dag 4 en tot 20 procent op dag 8. Dit geeft een lastig dilemma: vroeg testen geeft een onbetrouwbare uitslag, maar laat testen heeft als nadeel dat een besmetting lang onbekend blijft waardoor de vereiste voorzichtigheid en/of maatregelen mogelijk niet of onnodig toegepast worden. Bij een negatieve uitkomst van een vroege test is het verstandig de test na een paar dagen te herhalen. Deze epidemiologische inzichten zijn zeer relevant voor de BCO-gesprekken, maar ook voor de aard van de waarschuwing die mensen in een contactcodeapp kunnen krijgen.

Overigens, de dominante opvatting is dat corona van persoon op persoon overgedragen wordt en daarom is een overzicht van de contacten van een besmet persoon relevant. Er bestaat echter ook het idee dat corona overgedragen wordt via kleine vochtdruppels en druppelkernen die in de lucht blijven hangen. De rol van zulke aerosolen is nog onduidelijk, maar als ze inderdaad een grote rol spelen bij de verspreiding van corona, dan zal de focus van digitale hulpmiddelen tegen verspreiding moeten verschuiven van het registreren van contacten naar het registreren van de ruimten waarin mensen zich bevonden hebben.

Een dagboekapp

Bron- en contactonderzoek (BCO) is een belangrijke activiteit bij de beheersing van een epidemie, waarvoor de gemeenten via hun GGD's verantwoordelijk zijn. De GGD schrijft daarover zelf op haar webpagina: 'Het doel van bron- en contactonderzoek is om contacten te identificeren, hen te informeren over de blootstelling en risico op besmetting, hen te wijzen op maatregelen die genomen moeten worden om verdere verspreiding te voorkomen en hen hierin te begeleiden.'

Twee belangrijke elementen uit dit citaat zijn 'identificeren van contacten' en 'informeren'. Voor dat laatste worden ook de termen 'notificeren' en 'waarschuwen' gebruikt. Bij het identificeren via een app heeft het ministerie van VWS in eerste instantie de eis gesteld dat dit niet-herkenbaar en zonder locatiegegevens moet gebeuren. Daarom is eerst de passieve contactcodeapp CoronaMelder ontwikkeld.

Van verschillende kanten is gewezen op het mogelijke nut van een eenvoudige dagboekapp waarin mensen zelf hun recente bekende contacten bijhouden. Wanneer ze dan gebeld worden in het kader van BCO, kunnen ze deze recente contacten uploaden naar de GGD, waardoor het BCO efficiënter verloopt. Het ministerie van VWS heeft relatief laat, in het najaar van 2020, besloten om ook zo'n app te ontwikkelen, mogelijk omdat gebleken is dat de GGD's onvoldoende capaciteit hebben om systematisch het BCO uit te voeren. Hoe die nieuwe dagboekapp zich in de visie van GGD en ministerie verhoudt tot de CoronaMelder-app is niet helemaal duidelijk. Het lijkt erop dat mensen pas gevraagd worden de dagboekapp te installeren en te gebruiken wanneer ze een coronatest aanvragen of wanneer ze gebeld worden in het kader van een BCO.

Het lijkt me een terechte vraag waarom het ministerie van VWS zo lang gewacht heeft met het ontwikkelen en introduceren van deze relatief eenvoudige dagboekapp. Het nut is makkelijk na te gaan, namelijk door te kijken of de app de gemiddelde duur van een BCO-gesprek verkort en of de app gemiddeld meer te waarschuwen contacten oplevert. Het feit dat je met de dagboekapp alleen contacten met bekenden bijhoudt, is feitelijk geen probleem. Wanneer je besmet bent noem je in een BCO-gesprek ook zonder dagboekapp alleen maar contacten met bekenden, en niet met onbekenden die bijvoorbeeld naast je in de trein zaten.

Contactcodeapps

Het specifieke doel van een contactcodeapp bij de beheersing van de verspreiding van het coronavirus lijkt te zijn: snel, gericht en geautomatiseerd waarschuwen van mensen die in contact zijn geweest met een reeds besmette, positief geteste persoon. Indien de betrokkenen namelijk een app gebruiken om onderlinge contacten vast te leggen, dan kunnen die geregistreerde contacten de basis vormen voor gerichte waarschuwingen. Het is belangrijk dat deze contactcodeapps ook werken voor contacten met onbekenden.

Bij zo'n contact slaat de contactcodeapp een willekeurig groot getal op. Dit getal wordt de contactcode genoemd. De app slaat typisch niet het precieze tijdstip van de ontmoeting op, maar wel de dag waarop die ontmoeting plaatsvond. Deze contactcodes worden niet langer dan veertien dagen in de app bewaard. Ze worden alleen lokaal in de app zelf opgeslagen, en niet nog ergens anders, bijvoorbeeld op een centrale server of in de cloud.

Bij vaststelling van een besmetting van een persoon die zo'n contactcodeapp gebruikt, worden de getallen uit diens app uitgelezen door een bevoegde GGD-werknemer en via een webserver bekendgemaakt. Iedere app haalt regelmatig van deze server de gepubliceerde getallen op. Als zo'n app een van die getallen herkent, dan is er sprake geweest van contact met de besmette persoon, op een bepaalde dag, niet langer dan veertien dagen geleden. De app geeft in dat geval een waarschuwing aan de gebruiker: op die en die dag heb je contact gehad met iemand die besmet bleek te zijn. De app kan niet vertellen om welke persoon het ging.

Actieve contactcodeapp

Zoals eerder uitgelegd kent de contactcodeapp twee varianten: de actieve en passieve app.[1] Bij de eerste variant dienen gebruikers zelf actief hun contacten vast te leggen. Dat doen zij door een QR-code te scannen met hun telefoon. Deze QR-codes kunnen bijvoorbeeld in een ruimte hangen, zoals een supermarkt, een verdieping van een gebouw, een restaurant of een treincoupé. Ook kan zo'n QR-code getoond worden bij een een-op-eenontmoeting, waarbij de ene persoon een QR-code in de app op de telefoon toont aan de andere.

Bij binnenkomst van ruimten en bij ontmoetingen dienen gebruikers van de actieve contactcodeapp die QR's te scannen en daarmee hun aanwezigheid op dat tijdstip en op die locatie of bij die ontmoeting te registreren. Varianten van deze actieve contactapp worden wereldwijd ontwikkeld; zo kent Nederland de zwaai.app, waar ik bij betrokken was. Actieve contactapps worden ook daadwerkelijk gebruikt, bijvoorbeeld de NZ COVID Tracer app in Nieuw-Zeeland.

Met een actieve app hoeven horecagelegenheden niet zelf een administratie van hun gasten bij te houden, maar volstaat het om een QR-code op te hangen of op tafeltjes te plakken en gasten te vragen die te scannen. Zo kan in de horeca ook geen misbruik gemaakt worden van de persoonsgegevens van gasten. Dit geldt natuurlijk niet alleen voor de horeca: met deze actieve app kan iedereen die een bijeenkomst organiseert daarvoor een QR-code opvragen en ophangen, en zo de deelnemers aan elkaar koppelen zonder dat persoonsgegevens rond gaan slingeren. Aan zo'n versie heb ik zelf ook gewerkt, zie de website QRona.info.

Het blijft echter de vraag of het maken van zulke QR-scans bij voldoende mensen een systematische gewoonte wordt om een netwerkeffect te krijgen. Het gebruik kan aangemoedigd of zelfs afgedwongen worden, maar het feit blijft dat de actieve app een actieve houding en inzet vereist. Dat kan als een nadeel gezien worden, want het kost moeite en kan vergeten worden. Maar het kan ook een voordeel zijn: de actieve variant van de contactapp geeft de gebruiker controle en drukt hem/haar steeds met de neus op de feiten, namelijk dat we ons in een pandemie bevinden waarin voorzichtigheid, terughoudendheid en afstand vereist is. Op zijn persconferentie van 31 maart 2020 zei premier Rutte over de rol van burgers: 'Maar ik vind het ook bij een volwassen democratisch land horen om mensen uiteindelijk ook daar hun eigen verantwoordelijkheid in te laten nemen.' Hier zien we hoe een bepaalde technologische keuze wel of niet vorm kan geven aan de waarden die je uitdraagt.

Overigens heeft het ministerie van VWS nooit serieus overwogen om deze actieve variant van de contactcodeapp, die juist appelleert aan de verantwoordelijkheid van burgers, in te voeren.

Passieve contactcodeapp

De passieve variant op basis van bluetooth heeft in Nederland de meeste aandacht gekregen. Deze contactcodeapp is uiteindelijk gerealiseerd onder de naam CoronaMelder. Minister Hugo de Jonge heeft al op 7 april 2020 op een persconferentie een contactapp genoemd en de passieve bluetoothvariant beschreven. Daarbij versturen de telefoons van gebruikers voortdurend berichtjes via bluetooth, waarmee de apps de onderlinge afstand en duur van een contact met een zekere mate van nauwkeurigheid kunnen bepalen. Op basis daarvan – bijvoorbeeld bij minstens vijftien minuten nabijheid op minder dan anderhalve meter – wordt een contact als relevant geregistreerd in de app van de gebruiker. De gebruiker hoeft hier dus niks voor te doen. Recent hebben Apple en Google een gezamenlijk *exposure notification protocol* in hun telefoons opgenomen dat internationale compatibiliteit moet vergroten.

Bij de ontwikkeling van de CoronaMelder-app zijn kosten noch moeite gespaard. Nadat halverwege april bij een appathon weliswaar veel enthousiasme maar weinig rijpheid naar voren kwam, nam het ministerie van VWS de ontwikkeling van de app zelf ter hand. Daarbij werd een eigen team van appontwerpers en ontwikkelaars gevormd, omgeven door allerlei commissies en taskforces voor advies en begeleiding. Ook veel kritische geesten werden ingeschakeld en ingekapseld bij het ontwikkelproces.

Van begin af aan hebben security-, privacy- en transparantie-eisen een grote rol gespeeld. Er is direct gekozen voor opensourcesoftware, zodat iedereen mee kon kijken en commentaar kon leveren. Ook koos men voor een decentrale opslag van de contactcodes, zodat de overheid geen centrale database aan kon leggen van wie met wie contact had. Dat was verstandig, want van de gebruikte *contact-tracing*-techniek 'raken dictators opgewonden', zoals ik het zelf formuleerde in een uitzending van *Nieuwsuur*.

Vanwege dit open ontwikkelproces ontving het ministerie van VWS veel kritische reacties, maar daar is steeds met veerkracht op gereageerd. Deze open aanpak verdient lof. Je zou willen dat alle ICT bij de overheid op zo'n transparante manier, met opensourcesoftware, tot stand komt. Er is consensus ontstaan onder specialisten dat deze app goed in elkaar steekt en gegevens adequaat beschermt. Er blijft wel enige twijfel over wat Google en Apple precies doen met de gegevens en of zij kunnen bijhouden wie besmet raakt, en zelfs wie met wie contact heeft. Publiekelijk hebben ze beloofd zulke gegevens niet te verzamelen.

In de loop van de zomer van 2020 kwamen de eerste versies van de CoronaMelder-app beschikbaar voor testen in de praktijk. De minister had beloofd dat hij de app alleen uit zou rollen bij een positief advies van de Autoriteit Persoonsgegevens (AP), die toeziet op de gegevensbescherming. De AP oordeelde dat de verwerking van gegevens in CoronaMelder een eigen wettelijke basis moest hebben. Eerder had de begeleidingscommissie Digitale Ondersteuning bij de Bestrijding van Corona (DOBC, waar ik zelf ook deel van uitmaak) op hetzelfde punt gewezen.[2] Toen ten slotte een 'Tijdelijke wet notificatieapp Covid-19' begin oktober aangenomen was, kon de CoronaMelder-app officieel worden gelanceerd. Opvallend is dat het ministerie van VWS bij de lancering enige moeite heeft gedaan om gebruik van de app te stimuleren, maar daarna eigenlijk niet of nauwelijks meer. Waarom is niet duidelijk.

Tijdens de ontwikkeling van de app is ook gekeken naar de betrouwbaarheid van bluetooth als technologie om de relevante afstand tussen telefoons te bepalen. Hierbij bleek ongeveer een kwart aan vals-positieven op te treden, en overigens ook een kwart aan vals-negatieven. Bluetooth vals-positieven werken door in de app en leiden gemiddeld tot een kwart aan vals-positieve waarschuwingen.

CoronaMelder wordt gekarakteriseerd als passief omdat de gebruiker zelf niks hoeft te doen om contacten te registreren – behalve de app installeren en activeren. Dat heeft grote voordelen. Maar juist die passiviteit kan ook een risico vormen, wanneer mensen die toch al moeite hebben met het aanhouden van onderlinge afstand, gaan denken: ik heb nu die app die me beschermt. Waarom zou ik me nog aan coronaregels houden? Het effect van de app zou dan zelfs averechts kunnen zijn. Dit blijkt in de praktijk echter niet zo. De passieve werking van de app kan mensen wantrouwend maken, vooral degenen die zich zorgen maken over heimelijke surveillance. In de huidige *Age of Surveillance Capitalism*[3] zijn zulke bedenkingen begrijpelijk. Maar bij CoronaMelder zijn ze niet terecht. Toch hebben twijfels op dit gebied veel mensen weerhouden van het gebruik van de app, zie de cijfermatige onderbouwing hieronder.

Vanuit het perspectief van *value sensitive design* zijn er aanzienlijke verschillen tussen de actieve en passieve versie van de contactcodeapp. Er liggen verschillende maatschappijopvattingen aan ten grondslag, in termen van vertrouwen en verantwoordelijkheid die aan burgers toegekend worden. De eerder aangehaalde woorden van premier Rutte over verantwoordelijke burgers in een volwassen democratie passen eerder bij een actieve variant. De passieve variant past bij een beeld van de bevolking als een onbetrouwbare en onverantwoordelijke menigte die in de gaten gehouden moet worden.

Het waarschuwingsbericht in de app

Stel, je gebruikt een contactcodeapp en je bent in de buurt geweest van iemand die besmet blijkt te zijn. Dan geeft, als alles goed verloopt, de app je een waarschuwing. Maar wat moet de inhoud van die waarschuwing zijn? Daar is de nodige discussie over geweest. Natuurlijk wil je als overheid dat mensen rustig en verstandig reageren op zo'n waarschuwing en niet in paniek raken. Maar je wil ook niet dat de waarschuwing genegeerd wordt. Tegelijkertijd moet er een duidelijk en realistisch handelingsperspectief geboden worden. Ziehier vier opties voor een waarschuwingsbericht:

1. Ga tien dagen in zelfisolatie.
2. Ga in zelfisolatie en laat je testen als je klachten hebt.
3. Laat je testen, of je nu klachten hebt of niet, en blijf in zelfisolatie totdat je een negatieve uitslag hebt.
4. Wees voorzichtig.

Het laatste advies oogt misschien het minst zinvol, maar is juridisch en ethisch wellicht het enige advies dat je kunt geven zolang niet duidelijk vaststaat dat de app contacten én besmettingen betrouwbaar registreert en opspoort.

Het eerste advies is te grof, zeker als je weet dat in een kwart van de gevallen de waarschuwing onterecht is. Denk aan een zzp'er die voor inkomsten volkomen afhankelijk is van het verrichten van werkzaamheden. Zal zo iemand het eerste advies opvolgen? Kansloos!

Het tweede advies klinkt genuanceerder maar voegt feitelijk niks toe aan de huidige praktijk. Als je symptomen vertoont, kun je je laten testen, of je die app nu hebt of niet.

Het derde advies is het meest waardevol: je krijgt een waarschuwing in de app als gevolg van een eerder gevaarlijk contact, waarvan je je misschien niet bewust was, en daarom is het verstandig om je te laten testen. Op zo'n manier voegt de app iets toe voor de gebruiker. Bovendien, vanuit breder maatschappelijk perspectief is het verstandig dat deze gewaarschuwde persoon zich laat testen, juist omdat corona een aanzienlijke mate van presymptomatische en asymptomatische besmettelijkheid kent: misschien is de gewaarschuwde persoon ook besmet geraakt, maar zijn er geen verschijnselen. Een test kan dan uitsluitsel geven of deze persoon thuis moet blijven, ook al heeft hij/zij geen klachten.

Minister Hugo de Jonge heeft aanvankelijk echter gekozen voor het tweede waarschuwingsbericht in de app – alleen bij symptomen testen – vanwege de beperkte testcapaciteit.[4] De met zo veel moeite ontwikkelde CoronaMelder-app werd hiermee door de minister zelf onderuitgehaald, want de gevaarlijke asymptomatische en presymptomatische gevallen komen zo niet in beeld. Dit was zuur, zeker toen bleek dat die testcapaciteit onderdeel is van een obscuur krachtenveld van belangen.[5] Pas vanaf december 2020 kunnen mensen met alleen een waarschuwing in de app, maar nog zonder symptomen, zich toch laten testen.

Evaluatie van CoronaMelder

Zoals vermeld voorziet een speciale tijdelijke wet CoronaMelder van een juridische basis. Deze wet is slechts drie maanden geldig en moet daarom steeds expliciet verlengd worden. Een eerste verlenging werd begin januari 2021 van kracht. Op het moment van schrijven moet besloten worden over een eventuele tweede verlenging, in april. Daarvoor moet vastgesteld worden of de app eigenlijk wel voldoet. Specifieker: hoe stellen we vast of de app in voldoende mate werkt dat nog een verlenging gerechtvaardigd is? Deze noodzaak tot een kritische evaluatie is vooral in Nederland aan de orde; in andere landen ligt geen tijdelijke wet aan het gebruik van de app ten grondslag. Natuurlijk kun je zeggen: waarom moeilijk doen, alle kleine beetjes helpen. Vanuit juridisch perspectief moet echter goed gekeken worden naar proportionaliteit: is uitrol, inzet en onderhoud van CoronaMelder onder de hele bevolking gerechtvaardigd in verhouding tot de opbrengsten?

Voor de beantwoording van deze vraag wordt allerlei cijfermateriaal verzameld en geanalyseerd.[6] Van die analyse kan ik hier slechts een eerste, onvolledige indruk geven. Het verzamelen van informatie over het gebruik van CoronaMelder is overigens niet zo eenvoudig omdat de app zodanig privacyvriendelijk is ingericht dat weinig informatie bijgehouden wordt, niet voor onderzoeksdoelen en zeker niet op tot personen te herleiden niveau.

We weten dat de CoronaMelder-app ongeveer 4,5 miljoen keer gedownload is uit de appstores van Google en Apple. Dat zegt echter weinig over het daadwerkelijke gebruik van de app. Sommige mensen downloaden wel maar zetten de app niet aan, zetten de app na een tijdje weer uit of verwijderen de app zelfs.

Sinds de invoering van de CoronaMelder-app vraagt de GGD aan mensen die zich melden voor een test of ze de app ook actief gebruiken. Wanneer de test positief uitvalt wordt expliciet gevraagd of gebruikers willen meewerken aan het verspreiden van een waarschuwing. Daarbij worden contactcodes uit de app van de besmette persoon opgevraagd en gepubliceerd. Dan blijkt dat in Nederland zo'n 15 procent van de mensen met een positieve test CoronaMelder daadwerkelijk gebruikt.[7] Daar kunnen we wat mee: als we uitgaan van zo'n 15 miljoen potentiële appgebruikers in Nederland, bij 4,5 miljoen downloads, dan heeft zo'n 30 procent van de doelgroep de app op de telefoon (gehad). Een geconstateerd actief gebruik van 15 procent vertelt ons dan dat ongeveer de helft van de downloaders de app ook actief gebruikt.

Laten we voor het gemak even alleen kijken naar ontmoetingen tussen twee personen. CoronaMelder is daarbij alleen nuttig wanneer *beide* personen de app actief gebruiken. Dat is gemiddeld genomen dus in 15 procent maal 15 procent, is 2,25 procent van zulke ontmoetingen het geval. Dat is maar heel weinig.

Uit onderzoek van de GGD blijkt dat waarschuwingen via de app mensen snel bereiken, veel sneller dan via BCO. Inderdaad is te verwachten dat vooral in die snelheid meerwaarde van de app ligt. Overigens blijkt andersom dat maar ongeveer 40 procent van de mensen die door de app gewaarschuwd worden, ook in het kader van BCO benaderd worden door de GGD. Dit cijfer van 40 procent zegt vooral iets over de reikwijdte van het BCO.

BCO blijft beperkt en traag en wordt niet echt geholpen door CoronaMelder. Aan BCO zou de contactapp een grotere bijdrage moeten (gaan) leveren. Van integratie van beide apps in de werkwijze van de GGD is vooralsnog geen sprake. Daar zou nog enige winst te behalen zijn. Ook kan de overheid het gebruik van CoronaMelder meer aanmoedigen – of had dat kunnen doen.

De voorlopige indruk onder betrokkenen, ook internationaal, is dat passieve contactcodeapps, zoals CoronaMelder, een *bescheiden* bijdrage leveren aan de bestrijding van corona en nauwelijks epidemiologisch effect hebben – via een aantoonbare verlaging van het reproductiegetal R. De hele operatie is het best te kenmerken als een heel groot medisch-sociaal-technisch experiment.

Misselijkmakend

Rosanne Hertzberger was in haar kolom sceptisch over het realiseren van een corona-app omdat Nederlanders nog geen 'snippertje data' aan hun overheid willen geven. Dat noemde ze 'misselijkmakend'. Daar lijkt het probleem echter niet te liggen. Gegevensbescherming is goed onder controle gebracht bij CoronaMelder. Toch is adoptie van de app beperkt gebleven. De verschillende waarden die de mogelijke typen apps weerspiegelen, zoals bij de actieve of passieve varianten, lijken minder aandacht te hebben gekregen in de afwegingen. Het grotere verhaal waarmee de bevolking zich benaderd voelt met zo'n app, draagt bij aan de mate van adoptie en daarmee aan het effect op de verspreiding van corona. Tot veler verbazing werd aan het eind van het hele ontwikkelingstraject van CoronaMelder de motivatie om de app te gebruiken in Nederland ondermijnd door het ontbreken van een handelingsperspectief dat werkelijk iets toevoegt, namelijk: laat je testen. Voor het ontbreken van de benodigde testcapaciteit is de zware diskwalificatie 'misselijkmakend' van Hertzberger beter op zijn plaats. En dan hebben we het nog niet eens gehad over de voortgang bij vaccinatie, of over de nalatige bescherming van persoonsgegevens door de GGD.

Verantwoording

De auteur is lid van de begeleidingscommissie Digitale Ondersteuning bij de Bestrijding van Corona (DOBC), ingesteld door het ministerie van VWS. Hij schrijft dit artikel op persoonlijke titel, maar dankt de DOBC-leden, in het bijzonder Danny Mekić en Peter Boncz. Dit artikel maakt gebruik van een eerder ongepubliceerd overzicht met hen beiden.

Literatuur & noten

1. Een (kritisch) overzicht van het gebruik van verschillende technieken in verschillende landen is te vinden in het artikel 'Een snelle uitweg uit de lockdown? Niet met een app', De Correspondent, 1/6/2020.
2. Een overzicht van de adviezen van deze commissie DOBC staat op: https://www.rijksoverheid.nl/onderwerpen/coronavirus-app/doel-coronavirus-app/vws-werkt-samen-met-rivm-ggd-en-externe-experts-aan-corona-app
3. *Age of Surveillance Capitalism* is de titel van een boek van Shoshana Zuboff uit 2019.
4. Zie zijn brief aan de Tweede Kamer van 11 sept. 2020 met kenmerk 1744823-210173-PG, met daarin: 'De toegenomen druk op de testcapaciteit doet mij besluiten om dit deel van de praktijktest van CoronaMelder om te zetten naar "testen bij klachten". Daarmee wordt de proef in lijn gebracht met de algemene richtlijnen. Dit betekent dat vanaf zaterdag 12 september alleen een notificatie vanuit de app geen reden meer is om een coronatest uit te laten voeren.'
5. Zie het artikel 'Hoe "testen, testen, testen" stukliep op een muur van eigenbelang', op Follow the Money, 11 sept. 2020.
6. Veel van die informatie is openbaar beschikbaar via factsheets op de website https://coronamelder.nl

7. Van verschillende landen zijn cijfers beschikbaar (zie: https://down.dsg.cs.tcd.ie/tact/tek-counts/) waaruit de verhouding af te lezen is tussen het aantal geconstateerde besmettingen (via tests) en het aantal online bekendgemaakte contactcodes, genaamd TEKs, voor *Temporary Exposure Keys*. Typisch worden veertien TEKs per besmetting gepubliceerd, corresponderend met veertien voorafgaande dagen. Wanneer die aantallen TEKs (gedeeld door veertien) en besmettingen dicht bij elkaar liggen wordt de app veel gebruikt, maar wanneer die aantallen sterk verschillen (veel besmettingen, maar weinig bekendgemaakte TEKs) dan speelt de app geen rol. Op grond van die cijfers kan bijvoorbeeld geconstateerd worden dat de app in Italië mislukt is. In Duitsland en Zwitserland daarentegen liggen de aantallen bekendgemaakte TEKs dichter in de buurt van de aantallen besmetting.

II Andere zorg

7 Zorg voor een wereld van verschil

Omgaan met een andere beleving van ziekte

Saïda Aoulad Baktit, Maria van den Muijsenbergh & Paul van Laere

Mensen met een lage opleiding en minder inkomen hebben gemiddeld een slechtere gezondheid. De Nijmeegse huisarts en Radboud-hoogleraar Maria van den Muijsenbergh wijdt haar leerstoel 'Gezondheidsverschillen en persoonsgerichte integrale eerstelijnszorg' aan dit probleem en probeert hierin verandering te brengen via onderwijs en onderzoek.
De verschillen zijn nóg groter bij mensen met een migratieachtergrond. In het Radboudumc is islamitisch geestelijk verzorger Saïda Aoulad Baktit al jaren actief om de zorg voor migranten op maat te snijden en een brug te slaan tussen werelden van verschil. 'Bij migranten heb je soms een andere methode nodig. Het gaat om de manier waarop je iemand benadert.'

De coronapandemie onderstreepte nog een keer haarfijn de kwetsbare positie van mensen met een migratieachtergrond. Een onevenredig groot deel van de coronaslachtoffers betrof namelijk migranten. Islamitisch geestelijk verzorger Saïda Aoulad Baktit, die deze patiënten regelmatig bijstaat, herinnert zich bijvoorbeeld een oudere man van Turkse afkomst, die vanuit Rotterdam was overgeplaatst naar de IC van het Radboudumc. Hij zag zijn hele vriendenkring ten onder gaan aan het coronavirus en kwam uiteindelijk ook zelf te overlijden.

Een breed spectrum aan factoren die de gezondheid belagen, leken samen te spannen met het virus om juist migranten op de korrel te nemen: een relatief kleine behuizing, dus minder mogelijkheden om afstand te houden, slechte arbeidsomstandigheden, vaak onderliggende aandoeningen als diabetes en overgewicht, en wellicht ook overheidsadviezen die hen onvoldoende bereiken. 'Migranten zijn net zo gemotiveerd om de regels na te leven, maar door hun leefomstandigheden zijn ze veel minder in staat die regels te volgen,' stelt hoogleraar Maria van den Muijsenbergh. 'En áls ze besmet worden, pakt dat vaak ernstiger uit door bijkomende ziektes.'

Wrang genoeg past dit naadloos bij het beeld dat migranten veelal onderaan bungelen in de gezondheidsstatistieken. Ofschoon weinig harde cijfers voorhanden zijn, omdat in Nederland etniciteit niet geregistreerd wordt als standaardkenmerk, wijzen diverse onderzoeken dezelfde kant op. Zo is de zorg voor zwangeren met een migratieachtergrond van minder goede kwaliteit, leidend tot slechtere uitkomsten.[1] 'Er zijn meer overlijdens rond de bevalling bij zwangere migranten dan bij Nederlandse,' aldus Van den Muijsenbergh. 'Het aantal is gelukkig klein, maar toch.'

Migranten die een kleine operatie ondergaan, moeten gemiddeld langer in het ziekenhuis blijven omdat er van alles niet goed gaat. En na ontslag worden ze veel vaker opnieuw opgenomen.[2]

Suikerziekte komt niet alleen relatief vaak voor bij migranten, het lukt de huisarts veel minder om te zorgen dat het goed met hen gaat en ze worden bovendien veel vaker naar de internist verwezen.[3] 'Er spelen hier verschillende dingen, maar dus ook dat de zorg hen niet goed bereikt.'

Migratiestress en onbewuste vooroordelen

Dat de gezondheid van migranten onder het gemiddelde ligt, komt deels omdat ze relatief vaak tot de lagere sociale milieus behoren. 'Maar je ziet ook achterstand bij de hoger opgeleiden. Dus er komen nog een paar dingen bij,' zegt Van den Muijsenbergh.

Om te beginnen migratiestress. 'De eerste maar ook de tweede generatie heeft daarmee te maken. Je komt vanuit een omgeving waar mensen min of meer dezelfde cultuur, taal en religie hebben, in een land waar de meerderheid een andere taal spreekt, een andere culturele en religieuze achtergrond heeft, maar ook andere opvattingen over wat goede zorg is en wat belangrijk is in je leven.'

En terwijl migranten worstelen met aanpassingsproblemen, worden ze tevens geconfronteerd met vooroordelen en discriminatie. Ook dat heeft een aanzienlijke negatieve weerslag. 'We weten dat mensen die zich gediscrimineerd voelen een slechtere gezondheid hebben. Dat vreet aan je, maakt je zieker. Je krijgt eerder last van hoge bloeddruk en psychische problemen. Dat is echt een belangrijk en onderbelicht onderwerp.'[4]

Ook onder zorgverleners spelen vooroordelen jegens migranten, meent Van den Muijsenbergh. 'Artsen hebben er heel veel moeite mee wanneer je dat zegt. Maar er zijn verschillende aanwijzingen dat het zo is.' Het blijkt bijvoorbeeld dat Turkse Nederlanders veel minder vaak worden betrokken in besluitvorming over hun gezondheid.[5, 6] 'Dan zeggen de huisartsen: ja maar, migranten horen graag dat wij zeggen wat ze moeten doen. Dat is echt een vooroordeel, want dat is lang niet altijd zo. Alleen krijg je die indruk wel als je de migrantpatiënt te weinig meeneemt in het gesprek. Nederlandse patiënten, zeker de hoger opgeleiden, zijn in de regel assertief genoeg om door te vragen naar voor- en nadelen van een bepaalde behandeling of medicijn, en dan lukt het beter om tot een gezamenlijk besluit te komen. Maar dat doen veel migranten niet, omdat ze, ook cultureel bepaald, enorm tegen de dokter opkijken. Die ga je niet zomaar bevragen. Dat draagt er dus aan bij dat ze aangeven: zegt u het maar.'

Nog een voorbeeld. Wanneer een vrouw op jonge leeftijd borstkanker krijgt, kan het belangrijk zijn om na te gaan of het erfelijk is. Het blijkt dat vrouwen van Turkse en Marokkaanse afkomst vergeleken met Nederlandse vrouwen nog niet half zo vaak worden verwezen voor verder genetisch onderzoek.[7] Van den Muijsenbergh: 'En waarom? Het wordt niet met ze besproken. Want een heleboel

Nederlandse dokters denken, dat zullen ze wel niet mogen van hun geloof. Dat slaat nergens op, is helemaal niet waar. Hetzelfde geldt trouwens voor prenatale diagnostiek bij zwangeren. Migranten worden minder verwezen, wederom vanuit de gedachte: dat mag vast niet, en ook wel om praktische redenen: o god, hoe moet ik dat bespreken, moet ik een tolk inschakelen? Dat vinden artsen vaak te omslachtig, en dan laten ze het zitten.'[8]

Het probleem van die vooroordelen is dat artsen zich daar helemaal niet van bewust zijn. 'Ze geloven het ook niet zo. Als ik in de nascholing van huisartsen maar nóem dat er vooroordelen zijn, worden ze heel boos. Maar we hebben ze allemaal. Daar kun je niks aan doen, maar het helpt als je je daarvan bewust bent, en dat je checkt of jouw vooroordeel wel klopt.

Nederlandse dokters gaan ervan uit: *dit is zoals wij het doen, en dat is goed.* Wat mij betreft mogen ze dat best wat vaker ter discussie stellen. Want het is maar de vraag of wat wij doen per se het enige goede is, of het niet ook op een andere manier kan.'

Slecht nieuws omzichtig brengen

Een goed voorbeeld waarin ons eigen idee van wat goede zorg is, botst met andere opvattingen en verwachtingen, betreft de casus van meneer Ali, een oudere meneer van Turkse afkomst. Hij heeft kanker en wordt daarvoor geopereerd. Maar tijdens de operatie blijkt dat de kanker al ver is doorgewoekerd en dat het een kansloze missie is. Wanneer hij is bijgekomen van de ingreep wil de behandelend arts hem eerlijk vertellen hoe de zaken ervoor staan, maar de zoon en dochter, die dag en nacht aan zijn ziekenhuisbed zitten, bezweren de arts dat niet te doen. 'Waarom moet hij dat weten? Het zou alle hoop weghalen. Alstublieft, laat ons het hem vertellen, op onze manier,' smeekt zijn zoon.

De arts vindt echter dat de patiënt ook zelf geïnformeerd moet worden – dat is immers de regel in Nederland – en wuift het verzoek resoluut weg. Aldus wordt de Turkse meneer in het bijzijn van zijn kinderen zonder omwegen verteld dat genezing uitgesloten is en dat hij niet lang meer heeft te leven.[9]

De dochter en zoon zijn in alle staten, het onwrikbare optreden van de arts leidt tot een geweldige vertrouwensbreuk. 'Zoon en dochter waren zo boos, die wilden niet meer met de arts praten,' vertelt Saïda Aoulad Baktit, die werd ingeschakeld om het vertrouwen te herstellen. De eerste cultuurclash zit in de manier waarop het slechte nieuws wordt gebracht. Aoulad Baktit: 'Nederlandse artsen hebben geleerd er niet omheen te draaien, ze leggen de fatale diagnose meteen op tafel. Maar veel migranten ervaren die directheid als bot, zelfs onmenselijk. Ik adviseer artsen daarom altijd om niet met de deur in huis te vallen, maar om de tijd te nemen en eerst nog eens de voorgeschiedenis te vertellen. *U bent bij ons gekomen, we hebben die en die behandeling uitgevoerd, met deze resultaten.* Je laat dus zien dat je van alles hebt gedaan. En dan zeg je: we hebben alles uit de kast gehaald, maar nu kunnen we u helaas niet meer beter maken. Maar we kunnen nog wel uw pijn of het lijden verzachten, of anders kan de huisarts dat doen.

Je vertelt het dus veel omzichtiger, met een flinke aanloop, om te laten zien dat je alles geprobeerd hebt, maar dat de mogelijkheden nu uitgeput zijn. En zo'n geleidelijke benadering werkt, dat zien we op de afdelingen. Goede zorg is je aanpassen. Zorgen dat je de situatie van de patiënt kent en dat je het op een andere manier brengt.'

De patiënt heeft de regie. Of de familie?

In de casus schuilt nóg een aspect dat regelmatig aanleiding geeft tot wrijving. 'In Nederland zijn we gewend om rechtstreeks te communiceren met de patiënt. Persoonsgerichte zorg, de patiënt heeft de regie, die denkt mee en beslist,' legt Baktit uit. 'Maar voor andere culturen is die centrale rol van de patiënt niet vanzelfsprekend. In een wij-cultuur, zoals die in veel islamitische landen heerst, gaat de familie boven alles. Die hebben een belangrijke, zo niet de belangrijkste stem. De patiënt is niet *ik*, maar onderdeel van een groter geheel.'

Die familie cirkelt permanent om de patiënt heen. Het is hun taak om de patiënt bij te staan en te beschermen, ook tegen slecht nieuws. Vandaar dat ze tegen de arts zeggen: 'Vertel de boodschap alleen tegen mij, als vertegenwoordiger van de familie. Ik vertel het wel aan mijn vader. Ik ken mijn vader zo goed, ik kan inschatten wat hij aankan, beter dan u.'

Maar het kan niet zo zijn dat je als arts de communicatie met de patiënt helemaal overlaat aan de familie, ook Van den Muijsenbergh en Aoulad Baktit onderschrijven dat. 'Als arts wil en moet je ook met de patiënt alleen spreken.' Maar hoe doe je dat, wanneer de familie niet van de zijde van de patiënt wijkt en je hen ook niet voor het hoofd wil stoten? Aoulad Baktit: 'Je moet het de mensen uitleggen. Een arts kan zeggen: *ik begrijp jullie heel goed, jullie willen je vader of moeder beschermen, dat is prachtig. Maar ik ga nu als arts ook aan je ouder vragen wat hij of zij wil.*

Kijk, als familie kunnen en mogen zij dat niet vragen aan de patiënt, want dan ga je iets aanraken, dat hoort niet. Het is altijd: je moet volhouden. Hoop houden. Zolang de patiënt leeft, is de dood taboe, daar wordt tussen de patiënt en zijn familie niet over gepraat.'

Maar los van elkaar is er die ruimte wel. Wanneer de arts alleen is met de patiënt kan dat wel gevraagd worden: wat weet u, wat wilt u? 'Dan kan die patiënt zich vrij voelen om dingen te uiten. En bijvoorbeeld te kennen geven dat hij zich ervan bewust is dat het einde nadert. Als de patiënt aangeeft het niet te willen weten, is het ook goed, dan vertel je het niet. Maar dat gebeurt heel weinig, want heel veel artsen realiseren zich niet dat een patiënt ook recht heeft om het niet te weten. Artsen zijn erop gericht om het te vertellen, hup, meteen.'

De (huis)arts is te kil

Niet alleen qua werkwijze en normen sluit de zorg niet altijd goed aan bij wat migranten verwachten, of waar ze zich prettig bij voelen. Iets wat overal doorheen speelt is de algemene houding van artsen jegens hun patiënten, weet Van den Muijsenbergh. 'We hebben heel veel onderzoek gedaan naar de vraag hoe de zorg van huisartsen wordt ervaren. En het schokkende is – of je die vraag nu stelt aan vluchtelingen, jong of oud, aan expats of aan migranten die al veel langer in Nederland verblijven –, steeds zegt een overweldigende meerderheid: ik vind de huisarts kil.[10, 11] Men voelt niet de huisarts als werkelijk geïnteresseerd, werkelijk betrokken bij wat er speelt. Ze willen eigenlijk een arts die als een oom, tante, vader, moeder, wat je maar wil, echt bezorgd is voor ze.

Ik denk dat wij als artsen, met alle protocollen en dergelijke, hier heel erg geneigd zijn een soort standaardvragen te stellen en weinig echte interesse in de persoon te tonen. *Wie ben je eigenlijk? Waar kom je vandaan, heb je kinderen, is er nog familie in het land waar je vandaan komt?* Dat is eigenlijk de kern. Mensen hebben het gevoel dat ze niet serieus worden genomen, dat er niet echt aandacht voor ze is. En daardoor durven ze vaak zelf niet naar voren te brengen waar ze mee zitten. Omdat ze niet die vertrouwensband voelen. Overigens missen ook heel veel Nederlandse mensen dat, maar ik hoor het meer van migranten.'

Van den Muijsenbergh houdt zelf een spreekuur voor mensen zonder huisarts, zoals daklozen en uitgeprocedeerde vluchtelingen. 'Komen die voor het eerst bij mij op het spreekuur, dan zeg ik: ik snap dat u een probleem hebt, daar gaan we het dadelijk over hebben. Maar vindt u het goed dat ik u een paar vragen stel om u wat beter te leren kennen? Vragen als, waar bent u geboren, leven uw ouders nog, hebt u kinderen et cetera... Dat geeft mensen wel het idee: o, over zulke dingen kan de dokter vragen stellen, die is daarin geïnteresseerd. En als je de volgende keer daarop doorgaat – u vertelde dat uw zoontje leerde fietsen, kan ie het al? – dan heb je een héél ander gesprek. Dat duurt een minuut, kost helemaal geen tijd, maar je hebt een totaal andere relatie.'

De geijkte tegenwerping is dat voor dergelijke gesprekken de tijd ontbreekt. Van den Muijsenbergh: 'Ja, huisartsen hebben veel te doen, de werkdruk is hoog. Maar daardoor lijkt het alsof ze alleen maar kunnen denken: druk, druk, druk, nergens tijd voor. Met als gevolg dat er niets wordt gedaan waardoor ze werkelijk meer tijd zouden krijgen. We weten dat als je wel dat persoonsgerichte gesprek aangaat, het eerste gesprek inderdaad wat langer duurt. Maar ik kom met een dubbel consult altijd uit. En uiteindelijk levert je dat heel veel tijdwinst op, want je hebt veel grotere kans dat je samen de kern van het probleem boven tafel krijgt. En niet dat je iemand met een receptje wegstuurt, terwijl die daar eigenlijk niks aan heeft.

We weten uit onderzoek: huisartsen die vijf minuten extra per patiënt besteden, maar ook een ander soort gesprek voeren – minder medisch gericht, maar meer breed, hoe gaat het met u, et cetera –, dat levert heel veel tijd op, minder verwijzingen naar het ziekenhuis, en een veel grotere tevredenheid bij patiënten én bij de huisartsen.'[12]

Palliatieve zorg

Veel verschillen van inzicht met migranten ontstaan in de palliatieve fase, wanneer genezing niet meer mogelijk is. Zoals hierboven besproken, kan alleen al de wijze waarop die boodschap wordt gebracht, de verhoudingen op scherp zetten. Maar het is lang niet de enige bron van frictie. Regelmatig voorkomend en minstens zo ingrijpend kan een meningsverschil zijn over het al dan niet stoppen van de behandeling.

Als een behandeling geen verbetering meer brengt en alleen het lijden verlengt, spreken Nederlandse artsen van zinloos behandelen, en zullen ze dit willen staken. Maar moslims kijken daar volgens Aoulad Baktit anders tegenaan. 'Zij zeggen, *nee, jullie moeten blijven doorbehandelen.* Dat zie je vooral als de patiënt niet meer kan praten, en de familie de regie volledig overneemt. Voor hen heeft het altijd zin om door te behandelen, ook al blijft papa of mama of hun kindje een kasplantje. Het is namelijk hun taak om ze te beschermen. Ze kunnen en mogen niet ingrijpen. Voor moslims is dat doorbehandelen niet zinloos, want het leven is heilig. Het heeft zin, tot de laatste adem. En het is Allah die bepaalt wanneer het genoeg is.'

Het geloof speelt in die palliatieve fase sowieso een heel belangrijke rol. 'In alles, in doen, handelen, en beslissingen nemen. Daar moet je ook als arts je van bewust zijn.' Zo is euthanasie absoluut niet toegestaan binnen de islam. Over het levenseinde beslist immers Allah, niet de mens. Niet zelden wordt ook palliatieve sedatie als een vorm van euthanasie ervaren, zeker wanneer de patiënt na het inzetten van de medicatie niet meer bij kennis komt. 'Dat moet je dus heel goed uitleggen, dat de slaapmiddelen het leven niet bekorten, en dat dat echt iets anders is.'

Zelfs het gebruik van morfine kan vanuit geloofsmotieven worden afgewezen. 'Voor moslims is het cruciaal om bij een naderend einde de zogenaamde shahada uit te spreken, de geloofsbelijdenis. Daarvoor moet de patiënt helder zijn. Soms wordt om die reden morfine geweigerd, omdat het de patiënt versuft. Het is dus verstandig om dat te bespreken en zo nodig ruimte te scheppen voor dat gebed.'

Ook bij het al dan niet voorzetten van de behandeling of inzetten van pijnstilling is de cruciale vraag: wat vindt de patiënt ervan. Want Aoulad Baktit maakt regelmatig mee dat onder druk van de familie morfine wordt afgehouden. 'Je moet dus altijd zorgen dat je de patiënt ook alleen ziet, om hierover te spreken. En dan zegt zo'n patiënt soms tegen je: *Mijn familie zegt dat ik moet volhouden en dat morfine niet is toegestaan, dat is haram.* Dan zeg ik: ook binnen de islam zijn er grenzen aan het lijden, u mag zelf uw grens aangeven. Als u niet meer kunt en zo veel pijn heeft, hebben we middelen, die zijn toegestaan… En dan zijn ze enorm blij: *Wat fijn dat jij tegen mij zegt, het is genoeg. Ik moest pijn lijden. Kun je niet voor mij bemiddelen met mijn familie…? Ik ben blij dat je bent geweest, ik wil morfine, of dit en dat. Je hebt me verlost van pijn.*

In deze casus zie je ook weer de valkuil van de wij-cultuur hè. Het is een mooi systeem, tot aan de dood word je omringd door je naasten. Maar het heeft ook een keerzijde. Wanneer de familie heel anders beslist dan de patiënt, en deze niet de ruimte krijgt voor eigen regie en beslissing.'

Ook de gewoonte om – goedbedoeld – optimistisch te blijven en de dood op afstand te houden, kan een last voor de patiënt betekenen. Aoulad Baktit: 'Als iedereen rondom jou zegt, het komt goed Inshallah, en je voelt dat het niet goedkomt. Of omgekeerd: iedereen zegt, leg het bij Allah neer… ja maar, zover ben ik nog niet, ik kan het nog niet loslaten of accepteren. Wie praat dan met de patient over deze thema's. Over die zielenpijn?'

Eenzaamheid

Aoulad Baktit komt het regelmatig tegen, vooral wanneer verschillende generaties in het spel zijn. 'Jongvolwassenen die palliatief zijn, de derde generatie soms, achttien, negentien jaar oud, laptop of iPad op schoot. Die begrijpen heel goed hun situatie, weten wat er gaande is, veel beter dan hun ouders soms.'

Dat was bijvoorbeeld het geval met Aisha, een meisje van Marokkaanse afkomst, met uitgezaaide leverkanker. Liefdevolle ouders aan haar bed, die steeds maar zeggen: het komt goed, het komt goed, Inshallah. En Aisha weet, het komt niet goed met mij.

'Maar ze kon haar gevoelens met niemand delen. Ze zei: "Ik begrijp het ook vanuit het geloof, ik moet mij overgeven. Ik heb mijn ouders nodig, maar ik sta er toch heel anders in dan mijn ouders of familie." Zij was bezig met sterven, terwijl de ouders nog naar Marokko wilden voor een second opinion. Ze zei ook: "Ik wil op mijn manier afscheid nemen. Ik heb ze horen zeggen dat in Marokko een familiegraf is, maar ik wil hier, dicht bij mijn ouders en vrienden, ik voel me hier meer thuis."'

Aoulad Baktit: 'Juist in die wij-cultuur, waar je nooit alleen bent, kun je dus heel eenzaam zijn. Soms ben ik de enige met wie de patiënt zijn diepste gedachten kan delen. Dan houden ze mijn hand vast en zeggen ze: "Eindelijk iemand die vraagt wat ik wil, wat ik voel. Ik heb dit nooit durven uitspreken, niet in het bijzijn van mijn kinderen, partner, ouders. Ik ben angstig, ik ben bang voor de dood. Ik mag niet huilen in bijzijn van mijn familie. Maar ik heb pijn, ben boos."

Alleen al het uitspreken geeft rust, ontspanning, dat geeft ruimte aan de patiënt. *Nu kan ik weer verder, dit wou ik heel graag zeggen, nu ben ik het kwijt. Wat fijn dat jij dit bevestigt.*

Ik gun iedere patiënt deze gesprekken. Het zou goed zijn wanneer zorgverleners dat aanvoelen, daar attent op zijn. Inzicht hebben in wat er speelt. Daarom is onderwijs een heel mooi iets, dat hier in het Radboudumc aandacht aan wordt besteed, dat ze weten: ik kan dit verwachten. Misschien kan een zorgverlener zo'n gesprek niet zelf voeren, is de afstand te groot. Maar ze kunnen dan altijd een islamitisch geestelijk verzorger of intercultureel consulent inschakelen, die hierbij kan helpen.'

De betekenis van lijden

Maar niet voor iedereen betekent een ernstige ziekte een enorme worsteling. Een deel van de mensen met een migratieachtergrond beschouwt het als een beproeving die zonder morren, ja zelfs blijmoedig geaccepteerd wordt. Aoulad Baktit: 'Dat zie ik vooral bij ouderen, zeg maar de eerste generatie, en ook bij praktiserende moslims. Die zeggen: niet alleen het goede krijg ik van Allah, ook deze ziekte. Dit is een beproeving, hoe ga ik hier mee om, met tegenslagen in het leven. Ze zien het als een les, dat we erbij stilstaan dat het leven niet altijd mooi is.'

De acceptatie van de ziekte kan heel ver gaan. Aoulad Baktit: 'Ik denk bijvoorbeeld aan mevrouw Racheed, die een terminale kanker had. Een jonge vrouw van veertig. Maar ze lacht, en ze doet of er niks aan de hand is. Ze heeft een gezin met kinderen, maar ze zegt: elk kind dat geboren wordt, daar heeft God een doel mee. Als ik er niet ben, zijn er andere mensen om voor ze te zorgen. En ze dankt God en ze zegt: "Niet huilen. Dit is een gunst van Allah, nu kan ik mij meer richten tot het hiernamaals. Ik heb nooit iets verkeerd gedaan, ik word getest. Zo is het leven, daar moeten we ons bij neerleggen. Dit is mijn lot, zo is het voor mij geschreven."'

Ze steunt ook haar naasten. Ze houdt zich heel sterk, toont geen emoties. Daar hebben zorgverleners soms last van. Zij zeggen: we zien geen emotie, geen traan. Terwijl ik slecht nieuws heb gebracht. Ze heeft uitzaaiingen en ze reageert niet. Ze zegt alhamdillalah, dank aan God. Sommige artsen zeggen: 'Ik kan best wat voor haar betekenen. Ik kan haar 's nachts wat geven om wat te slapen, om rustig en comfortabel te zijn. Ze hoeft niet echt te lijden.' Maar voor die patiënt is het niet nodig.

Haar gedrag strijkt als het ware tegen de haren van de huidige gezondheidszorg in, analyseert Van den Muijsenbergh. 'In onze seculiere geïndividualiseerde samenleving bestaat een notie dat alles maakbaar is, zeker als het gaat om gezondheid. Het lijkt alsof de geneeskunde mensen altijd beter kan maken. En als dat niet kan, dan kunnen we in ieder geval zorgen dat er niet geleden wordt. Neen, er wordt hier niet geleden. Wat trouwens niet waar is, want het grootste lijden is meer van psychische of emotionele aard – existentieel lijden, en dat kan je helemaal niet wegnemen als dokter.'

In migrantenculturen leeft nog veel meer het besef dat lijden hoort bij het leven, het heeft zelfs een zin in het grotere geheel. 'Als katholiek had je dat vroeger trouwens ook veel sterker – denk aan gezegdes als "elk huisje heeft zijn kruisje", of "kracht naar kruis". Wij zijn dat gewoon kwijtgeraakt. En dat is een verlies denk ik. In dat opzicht kunnen we ook leren van migranten. Dan kan je dus wel accepteren, het feit dat wij hier niks aan kunnen doen, dat dit niet weg te werken is.'

Ruimte voor zorgverleners

'Als je een gezonde samenleving wilt hebben, moet je leren van casussen waar iets mis is gegaan,' vindt Aoulad Baktit. 'Daarom hebben we nu op elke afdeling een aandachtsvelder niet-westerse migranten om dingen te signaleren op de werkvloer. Wat hebben we nodig om deze groep beter te bedienen? Hoe kunnen we miscommunicatie voorkomen, zodat we ook deze mensen goede zorg geven?'

In de gesprekken die Aoulad Baktit op de afdeling voert, krijgen zorgverleners de ruimte om te vertellen wat het met hen doet. 'Want het zijn niet jouw eigen normen en waarden hè. Dat botst soms. *Ik vind dat die patiënt niet moet lijden, ik heb middelen om de pijn te verzachten.* Ik heb huilende verpleegkundigen gehad, die zeggen: *Ik kan niet meer voor deze patiënt zorgen. Ik zie hem zo lijden, zo veel pijn hebben. Ik wil hem comfortabel maken, daar heb ik middelen voor. Maar ik mag het niet.* Tranen in de ogen. Heel vaak heb ik dit meegemaakt. Ik vind dat medewerkers de ruimte moeten krijgen om te vertellen wat het hen doet. Dat hebben ze nodig.'

Aoulad Baktit ervaart dat ook de richtlijnen en protocollen in de weg kunnen zitten. 'Bij migranten heb je soms een andere methode nodig. Het gaat om de manier hoe je iemand benadert. Luisteren, geïnteresseerd zijn. Vertel me waarom jij wilt lijden, is dat belangrijk voor jou? Dan begrijp je de patiënt, al hoef je niet hetzelfde te geloven.'

'Het komt voor dat een verpleegkundige tegen mij zegt: *deze pa-*

tiënt weigert, dat kan niet Saïda, die morfine moet erin. Ik heb een medicijnplaatje, ik moet dit en dit toedienen, anders is Epic niet compleet, kom ik een vinkje tekort. Daar word ik op beoordeeld door de arts, neen, kan ik niet maken.

Maar wacht even, we hebben met mensen te maken, hallo. Je hebt een mens daar, het is zijn lichaam. Als ie niet wil, waarom zet je het spuitje niet in de koelkast? Laat die mensen toch hun eigen dood, en waardig sterven, zonder dat morfinespuitje.'

Van den Muijsenbergh beaamt de druk van de protocollen. En de beperkingen. 'Het is te gemakkelijk om te zeggen, doe maar wat je denkt dat goed is. Er zitten een heleboel goeie dingen in zo'n protocol, bijvoorbeeld het soort medicijn of de dosering. Maar inderdaad, je moet altijd weer kijken, past het bij deze patiënt, op dit moment. Wat is nou de beste behandeling? En dat is soms helemaal niet wat in het protocol staat. Bijvoorbeeld dat de patiënt nu geen behoefte heeft aan pijnstilling, of juist aan iets sterkers. Het is heel belangrijk dat we dat meer toelaten. Je hebt natuurlijk die evidence-based kennis, gebaseerd op onderzoek. Maar je hebt ook de ervaringskennis. En elke patiënt is expert over zichzelf. Alleen die kan zeggen, die pil werkte niet, als ik dat doe werkt het wel. Dan denk ik, nou, top, doe dan vooral dat, ook al is het niet volgens protocol.'

De patiënt naar de pijpen dansen?

Betekent dit alles dat we onze geneeskunde moeten aanpassen aan de andere opvattingen en de beleving van de patiënt? Van den Muijsenbergh: 'Dat klinkt heel negatief, alsof we naar de pijpen van de patiënt dansen en zelfs een paar stappen terug doen. Daar kan ik me over opwinden, over zo'n visie. Mijn antwoord is dat het allereerst een illusie is om te denken dat zoals wij het doen, dat dat een soort vaststaande best practice is. Kijk maar naar Duitsland, België, Engeland. Daar gebeurt het al anders. Dus: wees een beetje bescheiden hoe goed we het hier doen.

Maar voor iedereen geldt dat je als dokter het meest effectief bent, dus het beste de gezondheid van de patiënt bevordert, als je aansluit bij wat zo'n patiënt nodig heeft en belangrijk vindt. Wanneer je dat niet doet, werkt het ook niet. Ik pleit er helemaal niet voor dat je altijd alleen maar doet wat de patiënt wenst. Maar ik pleit ervoor dat je met elke patiënt, wie het ook is, bespreekt: wat heb je nodig, hoe lijkt je mijn voorstel, wat is de beste manier om samen hiermee verder te gaan. Dát is de basis voor een gezonde samenleving.

En ik realiseer me dat als iemand jouw taal niet spreekt en uit een andere cultuur komt, er een grotere afstand valt te overbruggen. Maar eigenlijk heb je altijd een afstand te overbruggen. Want zelfs al ben je van dezelfde leeftijd, sekse of opleidingsniveau, dan nog zul je zien dat je over bepaalde dingen anders denkt. Dus altijd heb je als arts te maken met verschillen in opvattingen, verwachtingen, kennis, al zijn die verschillen met migranten veel groter. Maar het is dus niet wezenlijk anders dan de zorg voor wie dan ook. Dat is het dokter zijn.'

De namen van de patiënten zijn gefingeerd.

Literatuur & noten

1. Alderliesten, M.E., Stronks, K., Lith, J.M. van, Smit, B.J., Wal, M.F. van der, Bonsel, G.J., & Bleker, O.P. (2008). 'Ethnic Differences in Perinatal Mortality: A Perinatal Audit on the Role of Substandard Care'. *European Journal of Obstetrics & Gynecology and Reproductive Biology*, *138*(2), 164-170.
2. Bruijne, M.C. de, Rosse, F. van, Uiters, E., Droomers, M., Suurmond, J., Stronks, K., & Essink-Bot, M. (2013). 'Ethnic Variations in Unplanned Readmissions and Excess Length of Hospital Stay: A Nationwide Record-Linked Cohort Study', *European Journal of Public Health*, *23*(6), 964-971. DOI:10.1093/eurpub/ckt005
3. Uitewaal, P. (2016). 'Diabetes mellitus'. In: M. van den Muisenbergh en E. Oosterberg (reds.), *Zorg voor laaggeletterden, migranten en sociaal kwetsbaren in de huisartsenpraktijk*, 243-248.

4. Ikram, U.Z., Snijder, M.B., Fassaert, T.J.L, Schene, A.H., Kunst, A.E., & Stronks, K. (2015). 'The Contribution of Perceived Ethnic Discrimination to the Prevalence of Depression'. *European Journal of Public Health, 25*(2), 243-248. DOI:10.1093/eurpub/cku180
5. Schinkel, S., Schouten, B.C., Kerpiclik, F., Putte, B. van den, & Weert, J.C.M. van (2019). 'Perceptions of Barriers to Patient Participation: Are They Due to Language, Culture, or Discrimination?', *Health Communication, 34*(12), 1469-1481. DOI: 10.1080/10410236.2018.1500431
6. Schinkel, S., Schouten, B.C., Street, R.L. jr., Putte, B. van den, & Weert, Julia C.M. van (2016). 'Enhancing Health Communication Outcomes Among Ethnic Minority Patients: The Effects of the Match Between Participation Preferences and Perceptions and Doctor–Patient Concordance'. *Journal of Health Communication, 21*(12), 1251-1259. DOI:10.1080/10810730.2016.124026 9
7. Giessen, J.A.M. van der, Riel, E. van, Velthuizen, M.E., Dulmen, A.M. van, & Ausems, M.G.E.M. (2017). 'Referral to Cancer Genetic Counseling: Do Migrant Status and Patients' Educational Background Matter?' *Journal of Community Genetics 8*(4), 303-310. DOI:10.1007/s12687-017-0326-4
8. Fransen, M.P., Schoonen, M.H., Mackenbach, J.P., Steegers, E.A., Koning, H.J. de, Laudy, J.A., … & Wildschut, H.I. (2010). 'Ethnic Differences in Participation in Prenatal Screening for Down Syndrome: A Register-Based Study'. *Prenatal Diagnosis, 30*(10), 988-994.
9. Casus uit de film *Ik heb een dokter in Marokko*, van Nelleke Dinnissen, Paul van Laere en Saïda Aoulad Baktit, Nijmegen, 2014.
10. I-Hao, C., Drillich, A., & Schattner, P. (2015). 'Refugee Experiences of General Practice in Countries of Resettlement: A Literature Review'. *British Journal of General Practice* 65(632), e171-e176.
11. Teunissen, E., Sherally, J., Muijsenbergh, M. van den, Dowrick, C., Weel-Baumgarten, E. van, & Weel, C. van (2014). 'Mental Health Problems of Undocumented Migrants (UMS) in the Netherlands: A Qualitative Exploration of Help-Seeking Behaviour and Experiences with Primary Care'. *BMJ Open, 4*(11).
12. Jung, H.P., Jung, T., Liebrand, S., Huber, M., Stupar-Rutenfrans, S., & Wensing, M. (2018). 'Meer tijd voor patiënten, minder verwijzingen'. *Huisarts en Wetenschap*, 39-41.

8 Anders zijn is geen stoornis

De grote invloed van de omgeving op psychische ziekten

Wouter Staal

Het debat over psychische stoornissen wordt vaak zwart-wit gevoerd: er is een groep mét psychiatrische problematiek en een groep zónder. Maar het is grotendeels afhankelijk van omgevingsfactoren of psychische kwetsbaarheid tot een psychiatrische stoornis leidt. Voor kinderen en jongeren met een gemiddelde kwetsbaarheid is grote winst te behalen door een andere visie op wat we verwachten van onze kinderen.
Over maatschappelijke druk en de risico's van syndroomdenken. 'Wie niet aan hoge maatschappelijke eisen voldoet, dreigt een stoornisetiket opgeplakt te krijgen.'

'*Wegens de toenemende gemiddelde lengte van de bevolking is de hoogte van vrije doorgangen van gebruiksfuncties aangescherpt van 2,1 meter naar 2,3 meter. Daarmee wordt de gebruikswaarde van gebruiksfuncties voor de langere tijd zeker gesteld.*'

Een passage uit het jongste bouwbesluit van de Nederlandse overheid, die de vrije doorgang in gebouwen moet waarborgen. De aanscherping hangt samen met het feit dat Nederlanders steeds langer worden, waardoor de deurhoogte in openbare gebouwen is verhoogd naar 2,3 meter. Een combinatie van vele genetische en omgevingsfactoren is verantwoordelijk voor de forse lichaamslengte van Nederlanders.

Er ontstond nauwelijks discussie over de aanpassing van het oude bouwbesluit uit 2012 aan de nieuwe realiteit. Een belangrijke reden is dat lichaamslengte niet snel als iets afwijkends wordt beschouwd. Pas wanneer iemand een lichaamslengte heeft die twee standaarddeviaties groter is dan het gemiddelde – en dus tot de 2 à 3 procent allerlangsten behoort – wordt gesproken van afwijkende lichaamsproporties en zelfs dan wordt nog kritisch gekeken of dit als stoornis moet worden beschouwd. En dat terwijl een grote lichaamslengte geassocieerd is met een verhoogd risico op vele aandoeningen, waaronder hart- en vaatziekten, kanker en diabetes type II, en dus ook met een grotere kans op overlijden.

Het grote gemak waarmee de omgeving aangepast wordt op een eigenschap als lichaamslengte, wijkt sterk af van de geringe moeite om rekening te houden met psychische kwetsbaarheid, gedefinieerd als de mate van gevoeligheid voor het ontwikkelen van psychiatrische stoornissen.[1] Net als lichaamslengte kent ook psychische kwetsbaarheid onder de bevolking waarschijnlijk een statistisch normale verdeling die verloopt volgens een gausscurve – een symmetrische klokkromme. Op groepsniveau is psychische kwetsbaarheid dus een gradueel gegeven, hoewel het uitdrukken in een getal, zoals bij lichaamslengte, niet goed mogelijk is. De meesten van ons zullen dan ook enige psychische kwetsbaarheid hebben, waarbij potentiële ontwikkeling van psychopathologie sterk contextafhankelijk is: of de kwetsbaarheid, in aanleg in meer of mindere mate aanwezig, leidt tot een psychiatrische stoornis hangt sterk af van omgevingsfactoren.

Het volgende voorbeeld illustreert dit. Een jongen van twaalf die moeite heeft met concentreren en overzicht krijgen, maakt de overstap naar de middelbare school. Op de basisschool zat hij in een klas met negentien kinderen en een vaste docent. Het leren ging goed, net als het contact met zijn medeleerlingen. Op de middelbare school belandt hij in een drukke klas met 28 kinderen en krijgt hij te maken met een veelheid aan nieuwe vakken en docenten. In deze nieuwe omgeving heeft hij moeite het overzicht te behouden, lukt het hem niet meer goed om zich in de les te concentreren en raakt hij steeds meer overprikkeld. De problemen worden gezien en leiden tot doorverwijzing naar de jeugd-GGZ waar een aandachtstekortstoornis met hyperactiviteit (ADHD) van het inattente type wordt vastgesteld. Behandeling wordt ingezet met een goed resultaat.

De veerkracht van Mandela

Dit voorbeeld, waarin de interactie tussen psychische kwetsbaarheid en omgeving duidelijk wordt, is fictief maar zal voor velen herkenbaar zijn. Het is overigens nadrukkelijk niet de bedoeling op grond van dit voorbeeld te stellen dat een diagnose in dit geval niet gerechtvaardigd was of te laat kwam. Het is bedoeld om te laten zien dat voor een groot deel van de populatie, inclusief kinderen en jongeren, het afhangt van omgevingsfactoren of hun psychische kwetsbaarheid al dan niet tot het ontwikkelen van psychiatrische stoornissen leidt. Tegelijkertijd betekent deze gaussiaanse verdeling van kwetsbaarheid dat aan de uiterste zijde een klein deel sterk kwetsbaar zal zijn, waarbij omgeving veel minder het risico op psychopathologie bepaalt. Onder deze extra kwetsbare groep vallen bijvoorbeeld mensen met een genetisch syndroom, dat kan ontstaan als na bevruchting van een eicel in de eerste celdeling een kopieerfout in het DNA ontstaat. Dit kan zowel een toename van DNA (duplicatie) of juist een afname (deletie) zijn. Men noemt deze kopieerfouten ook wel *copy number variants* (CNV's). Het kan om een groot stuk DNA gaan, zelfs een heel chromosoom, of een heel klein fragment met slechts een enkel gen. Een voorbeeld van een stoornis als gevolg van een grote CNV is het syndroom van Down of trisomie 21, waarbij een extra chromosoom 21 gevonden wordt. Een voorbeeld van een relatief kleine CNV is een deletie op de lange arm van chromosoom 15, die leidt tot het syndroom van Prader-Willi, met als opvallend kenmerk een onverzadigbare eetlust.

Dit spiegelend bestaat aan de andere kant van de curve ook een geleidelijke overgang naar een groep die nauwelijks kwetsbaar is voor psychopathologie en een hoge mate van veerkracht kent. Een indrukwekkend voorbeeld is de voormalig president van Zuid-Afrika en winnaar van de Nobelprijs voor de vrede, Nelson Mandela. Als tegenstander van het apartheidsregime zat hij van 1964 tot 1982 gevangen op Robbeneiland. Tewerkgesteld onder extreem ongezonde omstandigheden, met als onderkomen een cel van nauwelijks 5 vierkante meter, en koud zeewater om zich te wassen, moest Mandela onder zeer grote psychologische druk jarenlang zien te overleven. Iemand met een gemiddelde psychische kwetsbaarheid zou vrij zeker een depressie of angststoornis hebben ontwikkeld. Het is evident dat dit niet gold voor Mandela, die uiteindelijk zelfs president werd. Hoewel dit diep respect oproept, is het echter geen vrije keuze in welke mate je psychisch kwetsbaar bent. Mandela kon volharden bij gratie van een natuurlijk aanwezige veerkracht, ook wel *resilience* genoemd.

Dimensies van kwetsbaarheid

Psychische kwetsbaarheid, in de literatuur vaak aangeduid met de term p-factor, kan zich op gedragsniveau uiten in drie dimensies. Allereerst de internaliserende dimensie, waar angst en stemmingsklachten onder vallen. Daarnaast de externaliserende dimensie die onder andere agressie en een beperkte gewetensfunctie laat zien, waarbij problemen buiten de eigen verantwoordelijkheid worden geplaatst. Als derde een psychotische dimensie, waar vormen van verwarring, achterdocht, starheid en gebrek aan realiteitstoetsing toe behoren. Wanneer iemand onder mentale of fysieke druk staat, worden vaak klachten gezien die passen bij deze dimensies.

Zo zullen de meesten van u herkennen dat na een slapeloze nacht klachten ontstaan die passen bij de drie beschreven dimensies – naast aandacht- en concentratieproblemen en problemen in tijdperceptie en waarneming. Onder dat laatste valt bijvoorbeeld de illusionaire vervalsing, waarbij de interpretatie van een waarneming verkeerd is, bijvoorbeeld dat een struik die in de verte staat, wordt gezien als een persoon.

Een nachtje doorhalen is niet iets waar de meesten van ons direct ziek van worden. Toch zal een nacht niet slapen bij de meesten van ons al leiden tot enige stemmingsklachten, een verhoogde schrikachtigheid of enige prikkelbaarheid. Het is overigens niet aan te raden langdurig het slapen uit te stellen. Uiteindelijk treedt namelijk bij iedereen psychose op, waarbij zelfs na weer voldoende slaap genoten te hebben, niet iedereen weer psychosevrij wordt.[2]

Meer langdurige vormen van stress zullen bij de meeste mensen uiteindelijk leiden tot psychiatrische stoornissen. Langdurige overbelasting op werk, het verlies van een naaste, lichamelijke klachten, relatieconflicten, sociaal isolement en zeker combinaties van meerdere stressfactoren, zullen het risico verhogen.

Ook op maatschappelijk niveau kunnen onder druk reacties bij groepen mensen optreden die passen bij de drie dimensies. De druk op de samenleving tijdens de COVID-19-pandemie is daar een voorbeeld van. We zien bijvoorbeeld sterke bezorgdheid met angst en stemmingsklachten, waarbij mensen schuld ervaren voor de ontstane crisis (internaliseren). Schuldgevoelens over praktijken in de levensmiddelenindustrie of het ongebreidelde reizen met het vliegtuig duiken op als verklaring voor de ontstane epidemie. Wellicht dienen dit soort gedachten om grip te krijgen op een situatie die niet onder controle is. Want als je je realiseert dat je zomaar COVID-19 kan oplopen, wordt je bestaan misschien erg onzeker. Het is ook zeker niet gegarandeerd dat als je keurig de richtlijnen volgt, je geen COVID-19-infectie krijgt.

Bij een aanzienlijk deel van de bevolking ontstaat ook boosheid en agressie (externaliseren), waarbij vernielingen worden aangericht en hulpverleners bedreigd worden met vuurwerk. Overigens is ook het personificeren van het coronavirus een bijzondere vorm van externaliseren. Om een paar uitspraken te citeren: 'COVID-19 is nog niet klaar met ons'; 'Het virus grijpt razendsnel om zich heen'; 'De hamer moet groot genoeg zijn om het virus plat te slaan.' Laten we wel zijn: een RNA-code is geen persoon en heeft geen rede, vrije wil of mening. Het repliceert zich wanneer het kan en zal zich aanpassen om dat te blijven doen.

Bij externaliseren past ook het veroordelen van slachtoffers vanwege hun specifieke kenmerken. In geval van COVID-19 is dat bijvoorbeeld roken en overgewicht. Dat overgewicht en roken slecht zijn voor de gezondheid staat vast. Mensen met overgewicht of rokers hebben echter, net als ieder ander, niet de pandemie kunnen zien aankomen en ze hebben recht op behandeling.

De psychotische dimensie wordt eveneens gezien bij een deel van de bevolking. Deze groep reageert met achterdocht en gaat in allerlei complottheorieën geloven (psychotisch). De groep is niet noodzakelijk groot, maar genereert vaak veel media-aandacht waardoor in de brede populatie een versterkend effect van achterdocht is te zien. Gekte werkt aanstekelijk en men spreekt dan ook wel van massapsychose of massahysterie. Kenmerkend in dit denken is de vorming van een theorie die een ongewenste sociaaleconomische of politieke situatie verklaart door een samenzwering. Alle informatie wordt geïnterpreteerd naar deze complottheorie, waarbij meestal het idee bestaat dat een geheime groep gewetenloze individuen achter de ontstane crisis zit. Zo suggereerde de Amerikaanse senator Tom Cotton dat COVID-19 niet op natuurlijke wijze was ontstaan, maar gecreëerd was in een laboratorium, namelijk The Wuhan Institute of Virology. Anderen beweren dat Bill Gates het coronavirus in de wereld heeft gebracht. Een populaire complottheorie is de gedachte dat met vaccins chips worden geïnjecteerd om mensen permanent te volgen. Deze laatste theorie is wellicht de meest schadelijke, omdat juist vaccinatie de enige reële optie is om uit de coronacrisis te raken.

Nature vs. nurture

Nu helder is hoe psychische kwetsbaarheid zich op populatieniveau verdeelt en hoe ze zich kan uiten, is het van belang het oude debat van nature versus nurture, of aanleg versus omgeving op te voeren. Is de p-factor het gevolg van aanleg of juist omgeving? Psychische kwetsbaarheid lijkt intuïtief misschien vooral een aanlegkwestie, maar de strikte scheiding tussen aanleg en omgeving is te kunstmatig.

Een voorbeeld is de complexe relatie tussen vitamine D3 en autisme.[3] Meerdere studies laten zien dat een tekort aan vitamine D3 bij zwangere vrouwen, een verhoogde kans op autisme geeft voor het kind. Mogelijk dat de omgevingsfactor vitamine D3 tijdens de zwangerschap belangrijk is voor de ontwikkeling van de hersenen en dat D3 de vorming, migratie en uitrijping van hersencellen beïnvloedt. Maar dit vitamine heeft nog veel meer effecten, bijvoorbeeld op de mate waarin kopieerfoutjes op DNA worden gecorrigeerd in de eerste celdelingen na de conceptie. Dit soort foutjes treden bij ieder individu op. Wellicht hebben ze een functie in het aanbrengen van biologische variatie in een soort, wat op populatieniveau gunstig kan zijn voor de overlevingskansen. Bij een tekort aan vitamine D3 treden kopieerfoutjes mogelijk vaker op en in sommige gevallen hebben ze schadelijke gevolgen voor het individu. Van autisme is bekend dat veel vaker dit soort DNA-kopieerfoutjes terug te vinden zijn op het genoom; deze hebben waarschijnlijk het risico op het ontstaan van autisme verhoogd.

Een lager vitamine D3 bij moeders tijdens de zwangerschap kan dus direct effect hebben op de hersenontwikkeling, maar ook een 'hardwareverandering' hebben gegeven op het DNA van het ongeboren kind.[3] Nature en nurture lopen dan duidelijk door elkaar heen en zijn nog nauwelijks in statistische modellen te splitsen.

Kwetsbaarheid en verwachtingen

De mate van psychische kwetsbaarheid is geen statisch gegeven. Ze kan zeker gedurende het leven veranderen naar een verminderde of verhoogde kwetsbaarheid. Dit kan te maken hebben met factoren die gedurende de ontwikkeling iemand meer of minder kwetsbaar maken, maar ook kan tijdelijk een grotere kwetsbaarheid ontstaan in transitie naar nieuwe ontwikkelingsfasen.

Factoren die veerkracht bevorderen zijn bijvoorbeeld leven in een groene omgeving, een gezond, groente- en fruitrijk dieet, dagelijks wandelen en regelmatig leven. Factoren die psychische kwetsbaarheid versterken zijn veelvuldig multimediagebruik, leven in een verstedelijkte omgeving, gebrek aan slaap, roken, overmatig alcoholgebruik en overgewicht.[4] Deze voorbeelden laten al zien dat er grote kansen liggen voor primaire preventie, dus preventie voordat een ziekte zich heeft ontwikkeld. Hierbij zou preventie zich vooral moeten richten op kinderen en jongeren, om meerdere redenen. Een ongezonde levensstijl heeft een steeds ongunstiger effect naarmate ze op jongere leeftijd is ontstaan. Maar er zijn ook macro-economische redenen. Nederland zal namelijk om een acceptabel welzijnsniveau te behouden, de komende jaren zeer afhankelijk zijn van de huidige generatie kinderen en jongeren. Nederland is immers sterk aan het vergrijzen. Binnen twintig jaar zal een kwart van de Nederlandse populatie 65-plusser zijn, terwijl dit nu op ongeveer een vijfde ligt. Het aantal twintig- tot 65-jarigen zal in dit tijdsbestek geleidelijk afnemen. Wanneer een jongere uitvalt, is dat niet alleen voor het individu in kwestie problematisch, maar voor de gehele samenleving, in het bijzonder de ouderen. Het is in dit verband belangrijk te beseffen dat de grootste risicofactor om op jonge leeftijd uit te vallen een psychiatrische diagnose is.

Voor kinderen en jongeren met een gemiddelde psychische kwetsbaarheid is wellicht grote winst te behalen door een andere maatschappelijke visie op wat we verwachten van onze kinderen. De verwachtingen van ouders zijn vaak zeer hoog gespannen, overigens meestal met de beste bedoelingen. Maar een gemiddeld kind, en dat betreft het grootste deel van de kinderen en jongeren, zal geen topsporter worden of het gymnasium of conservatorium aankunnen. De druk op onze kinderen en jongeren verhoogt – afhankelijk van de mate van psychische kwetsbaarheid – het risico op psychiatrische stoornissen. Onderzoek van het Trimbos-instituut laat zien dat jongeren van tien tot achttien jaar vooral last hebben van stress door school: ruim 33 procent ervaart druk om aan de verwachtingen van zichzelf of van anderen te voldoen, 10 procent zegt te weinig vrije tijd te hebben.[5] Meisjes zijn vaak minder tevreden over hun leven en hebben meer last van stress door schoolwerk dan jongens. Daarnaast hebben jongeren met een hoger opleidingsniveau meer last van stress.

Ontwikkelingsfasen

Behalve gevoelig voor de verschillende omgevingsinvloeden, is de mens ook psychisch kwetsbaarder in de overgang naar een nieuwe ontwikkelingsfase. Er zijn verschillende manieren om ontwikkelingsstadia te beschrijven. De ontwikkelingspsycholoog Erik Erikson beschreef sociaal-emotionele ontwikkelingsstadia die de mens succesvol moet doorlopen, vanaf geboorte tot aan seniorenleeftijd.[6]

Zo zal een pasgeborene in zijn directe omgeving basisvertrouwen moeten ontwikkelen, waardoor een gezonde hechting aan verzorgers kan plaatsvinden. Deze eerste fase in het leven van de mens is sterk bepalend voor de psychische kwetsbaarheid en veerkracht. Die hechting is zo sterk van belang, dat het zelfs onlust door honger of dorst overstemt. We weten dit uit de moreel bedenkelijke experimenten van de Amerikaanse psycholoog Harry Harlow naar de effecten van sociale isolatie en vroege scheiding tussen moeder en kind. Zijn meest bekende en ook controversiële experiment betrof het scheiden van een babyaapje van de biologische moeder.[7] Het aapje werd opgesloten in een kooi met twee nepapen. De ene was met zachte stof bekleed en representeerde iets van een moederfiguur, maar had geen melk voor het babyaapje. De andere nepaap had wel melk, maar geen zachte stof. Het babyaapje bleek te kiezen voor de met stof bekleedde nepaap, die het beste een moeder representeerde en het koos dus niet voor voeding in de vorm van melk. Dit was overigens tegen de verwachting van Harlow in en niet passend bij het denken van zijn toenmalige student Abraham Maslow, die later bekend werd vanwege zijn theorie van de toenemende behoefte. In zijn artikel 'A Theory of Human Motivation' stelt Maslow dat elk mens een bepaalde behoeftenopbouw doorloopt; je voldoet eerst aan je basisbehoeften voordat je verder kan ontwikkelen.[8] Maslow stelde fysieke basisbehoeften, zoals eten en drinken, boven meer sociaalbepaalde behoeftes. Dat is dus niet correct gebleken.

Wanneer de ontwikkelingstaak van basisvertrouwen goed is doorlopen, wordt de volgende ontwikkelingsfase, die gekenmerkt wordt door exploratie, mogelijk. Deze fase, die op peuterleeftijd plaatsvindt, maakt dat een kind zichzelf als individu gaat zien en meer gescheiden kan zijn van de primaire verzorgers. Een peuter kan zich als individu zien door controle uit te oefenen op wat het zelf (niet) wil. 'IK ben twee en IK zeg nee', is dan ook passend bij de normale ontwikkeling. Op basisschoolleeftijd zijn er in de ontwikkelingstaken specifieke genderverschillen, waarvoor vaak onvoldoende erkenning bestaat. Jongens worden anders gesocialiseerd dan meisjes, en ook biologische verschillen zijn van invloed op de verschillen in sociaal-emotionele ontwikkeling op deze leeftijd. Dit is uiteraard zwart-wit gesteld, er is immers veel variatie rond gender mogelijk, zowel op DNA-niveau als op hersen-, hormonaal-, gedrags- en cultureel niveau. Toch is het herkenbaar dat in grote lijnen meisjes zich anders gedragen dan jongens. Jongens op de basisschool zijn competitief, maar tegelijkertijd loyaal. Er zijn duidelijke groepen loyale vrienden, waarbij echter een fikse competitie, meestal in fysieke vaardigheden, aan de orde van de dag is. Bij meisjes op de basisschool staan taal en intimiteit meer op de voorgrond. Hartsvriendinnen en gezellig kletsen zijn van belang. Omdat deze, voor de helderheid bewust zwart-wit geschetste verschillen, een blijvende impact hebben op de ontwikkeling, is er tussen mannen en vrouwen nogal eens een gebrek aan wederzijds begrip. Moeders en vaders refereren als opvoeders logischerwijs aan hun eigen ontwikkeling en hetzelfde geldt voor onderwijzers. Hierdoor kan in het huidige onderwijs, waarin het grootste deel van de leerkrachten vrouw is, een tendens ontstaan om de jongens te talig te benaderen en minder begrip te hebben voor hun competitieve instelling. Wellicht spelen dit soort aspecten een rol in de grotere uitval in het onderwijs van jongens vergeleken met meisjes. Verschillende onderzoeken laten zien dat al enige jaren jongens veel vaker dan meisjes het onderwijs verlaten zonder startkwalificatie. Ze hebben minder studiesucces, gaan minder vaak naar een vervolgopleiding en doen langer over hun studie.

Na de basisschoolleeftijd zijn er nog twee ontwikkelingsstadia, namelijk de puberteit en de volwassenheid. Een puber heeft als taak identiteit te ontwikkelen, terwijl een volwassen persoon arbeidsproductief moet kunnen zijn en langdurige relaties moet kunnen aangaan. Volgens een anekdote van Erik Erikson zou Freud gesteld hebben dat *lieben und arbeiten* cruciaal zijn voor volwassenen om een gezond bestaan te hebben. In zekere zin worden de ontwikkelingstaken steeds moeilijker waardoor het zo kan zijn dat psychische kwetsbaarheid zich pas later in het leven manifesteert, als een zwaarder beroep op iemand wordt gedaan door een meer eisende ontwikkelingsfase.

De overgang van de ene naar de andere ontwikkelingsfase is een moment waarop men verhoogd psychisch kwetsbaar is. In zijn werk

Les Rites de Passage beschrijft Arnold van Gennep drie fasen waarin in verschillende culturen belangrijke overgangsmomenten verlopen.[9] Rituelen zijn van groot belang om deze overgangsfasen door te komen. De eerste fase, die vooral gekenmerkt wordt door afscheiding en losmaken van de oude fase, wordt gevolgd door de liminale fase waarin verlies van identiteit en status vooropstaat. Deze is nodig om de derde fase te bereiken, waarin met een nieuwe identiteit een herintreden in de maatschappij plaatsvindt. Opmerkelijk genoeg kent ook onze samenleving vele rituelen om de overgang naar een ontwikkelingsfase te markeren. Denk aan het kopen van een nieuwe, net iets te grote fiets voor een dochter of zoon in de laatste klas van de basisschool, of het uithangen van de vlag met een schooltas eraan aan het eind van de middelbare school.

Syndroomdenken

In de media wordt het debat over psychische stoornissen vaak zwart-wit gepresenteerd; er zou een groep zijn met psychiatrische problematiek en een groep zonder. Enerzijds berichten ze dat lijden geaccepteerd moet worden en niet gemedicaliseerd tot een psychiatrische stoornis. Anderzijds wordt betoogd dat psychiatrische stoornissen nu eenmaal bij een zeer hoog percentage van de bevolking voorkomen. Wanneer men inziet dat psychische kwetsbaarheid zich op populatieniveau manifesteert als een normale verdeling en dat kwetsbaarheid grotendeels afhankelijk van omgevingsfactoren tot psychiatrische stoornis leidt, wordt dit dichotome debat betekenisloos. Het zou zinniger zijn als er versterkt aandacht komt voor de interactie tussen psychische kwetsbaarheid en omgeving, waarbij het vaststellen van een psychische stoornis kritisch beschouwd moet worden.

Wat betreft het operationaliseren van een ziekteconcept is de classificatie volgens DSM-5 van een autismespectrumstoornis (ASS) een interessante. Classificatie gaat in essentie over het indelen in groepen op basis van bepaalde overeenkomende kenmerken. Dat is dus heel anders dan een diagnose stellen. Een diagnose moet overwegingen bevatten over risico- en beschermende factoren bij het ontwikkelen van klachten, moet het ziektebeeld kort beschrijven, moet iets proberen te zeggen over oorzaak of etiologie en moet enige voorspellende kracht hebben.

Een mooi voorbeeld van classificatie, is de indeling van het dierenrijk volgens Carolus Linnaeus uit 1735. Voor de zeer geïnteresseerde: ik refereer hier naar de 10e druk van zijn werk uit 1758.[10] Het dierenrijk verdeelde Linnaeus onder in zes klassen: (1) viervoeters (waaronder de mens!), (2) vogels, (3) amfibieën (waaronder reptielen en amfibieën), (4) vissen (inclusief walvissen), (5) insecten en wormen (eigenlijk alle overige ongewervelden) en (6) een ongenummerde klasse 'paradoxa'. Deze laatste klasse, als verzamelvat van niet goed te begrijpen soorten – bijvoorbeeld de *phoenix*, waarvan Linnaeus zei deze ook nooit gezien te hebben – doet wellicht denken aan de categorie 'niet anders omschreven' in de DSM-IV. Inmiddels is deze subgroep in DSM-5 verdwenen. Classificeren is dus een kunstmatige, op kenmerken gebaseerde constructie. Het is onderdeel van diagnosticeren en niet meer dan dat en kent nadrukkelijk geen etiologische overwegingen.

Voor de classificatie van een autismespectrumstoornis geldt grofweg dat er problemen moeten bestaan op het gebied van communicatie, flexibel denken en prikkelgevoeligheid. Dat lijkt op het eerste gezicht een logische manier om een stoornis te classificeren. Als je echter aan studenten vraagt wat de huidige samenleving typeert, dan komen ze op thema's als snel kunnen schakelen, soepel contact kunnen leggen en veel informatie kunnen verwerken. Deze thema's hebben veel weg van de bovengenoemde criteria die voor de classificatie ASS gelden. Maatschappelijke aspecten zijn dus geoperationaliseerd in een classificatie van een stoornis. Hoewel dit niet verkeerd hoeft uit te pakken, ontstaan er risico's op syndroomdenken. Wie niet aan hoge maatschappelijke eisen voldoet, dreigt een stoornisetiket opgeplakt te krijgen. De groep die we nog als 'gewoon' beschouwen, dreigt dan kleiner te worden.

Een andere vorm van 'zijn'

Wanneer autisme als stoornis wordt beschouwd, moet sprake zijn van ervaren en/of geobserveerd disfunctioneren op sociaal-emotioneel, communicatief en cognitief gebied. Complicerend is dat vaardigheden op deze gebieden zich het hele leven ontwikkelen en een aanzienlijke variatie kennen tussen individuen. Een stoornis als autisme vaststellen is daarom een normatief besluit, wat overigens voor alle psychiatrische stoornissen geldt.

Bij ernstiger vormen van autisme, waarbij de kwetsbaarheid en daarmee de gevolgen voor het dagelijks functioneren groot zijn, zal het spreken van een stoornis niet snel aanleiding zijn voor discussie. Maar bij een deel van de mensen met een mildere uitingsvorm van autisme ligt het ingewikkelder, omdat het mede van de omgeving afhangt of kenmerken van autisme leiden tot functiebeperking. Het is voor deze groep beter om te spreken van een autistische kwetsbaarheid, die pas tot functiebeperking leidt in bijvoorbeeld een prikkelrijke en ongestructureerde omgeving. Het is zelfs mogelijk dat deze kwetsbaarheid in de juiste omgeving voordelen biedt, bijvoorbeeld wanneer iemand een baan heeft die een scherpe detailwaarneming vraagt. De neurodiversiteitsbeweging propageert het gegeven dat kwetsbaarheid voor autisme ook positieve kanten heeft. Binnen dat denkkader wordt autisme gezien als een andere vorm van 'zijn' en niet als stoornis.

Het autismevoorbeeld laat zien dat ziekte en gezondheid vanuit verschillende optieken zijn te beschouwen. Psychische kwetsbaarheid krijgt daarmee een nog complexere vorm. De gedragskenmerken zoals die in DSM-5 beschreven zijn voor autisme, kunnen soms ook gezien worden als gewone verschillen tussen mensen, in plaats van als een stoornis. In andere gevallen is het juist weer te rechtvaardigen kwetsbaarheid als handicap te zien, waarbij maatschappelijke participatie sterk moet worden nagestreefd. Voor de groep met een veel hogere psychische kwetsbaarheid is het denken in stoornis meer te rechtvaardigen. Hier zal het accent verschuiven van aanpassing om tot integratie te komen naar behandeling om klachten te verminderen.

Deze beschouwing over psychische kwetsbaarheid impliceert dat we als maatschappij op een ander manier moeten gaan kijken naar gedrag. Onderwijsinstellingen moeten probleemgedrag bij leerlingen minder snel zien als uiting van psychopathologie. Docenten hebben veel ervaring met de normale ontwikkeling van kinderen en jongeren; zij hebben immers in hun opleiding en werk grote aantallen kinderen en jongeren meegemaakt. Wanneer zij tijd en ruimte zouden krijgen om van die ervaring gebruik te maken, zou wel eens grote winst behaald kunnen worden voor de leerlingen. Een probleem hierbij is dat financiering voor ondersteuning vaak gebaseerd is op een diagnose, of in elk geval een aanname dat er iets mis is met de leerling in kwestie. Het risico daarvan is dat over interactiefenomenen niet meer wordt nagedacht.

Er moet veel meer worden ingezet op vormen van primaire preventie, waarbij een gezonde levensstijl hand in hand moet gaan met een soepeler kijk op wat we afwijkend vinden. De norm voor wat we psychisch afwijkend vinden moet wat opgerekt worden, net zoals we zo soepel omgaan met het feit dat Nederlanders zo opvallend lang zijn.

Literatuur & noten

1. Caspi, A., Moffitt, T.E. (2018). 'All For One And One For All: Mental Disorders in One Dimension'. *American Journal of Psychiatry.* DOI:10.1176/appi.ajp.2018.17121383 (2018).
2. Waters, F., Chiu, V., Atkinson, A., & Blom, J.D. (2018). 'Severe Sleep Deprivation Causes Hallucinations and a Gradual Progression Toward Psychosis with Increasing Time Awake'. *Front Psychiatry.*
3. Staal, W.G. (2016). 'Autism, Vitamin D and Early Brain Development'. *Human Genetics & Embryology*, 6(2).
4. Staatsen, B., Houweling, D., Alphen, T. van, Ree, J. van der, & Kruize, H. (2016). 'Gezonde leefomgeving, gezonde mensen'. RIVM.
5. Kleinjan, M., Pieper, I., Stevens, G., Klundert, N. van de, Rombouts, M., Boer, M., & Lammers, J. (2020). 'Geluk onder druk? Onderzoek naar mentaal welzijn jongeren'. Trimbos-instituut.
6. Orenstein, G.A., & Lewis, L. (2020). *Eriksons Stages of Psychosocial Development.* StatPearls Publishing.
7. Harlow, H.F., Dodsworth, R.O., & Harlow, M.K. (1965). 'Total Social Isolation in Monkeys'. *Proceedings of the National Academy of Sciences of the United States of America*, 54(1), 90-97.
8. Maslow, A.H. (1943). 'A Theory of Human Motivation'. *Psychological Review*, 50(4), 370-396.
9. Gennep, A. van (1909). *Les Rites de Passage. Étude Systématique des Rites de la Porte, du Seuil, de l'Hospitalité, de l'Adoption', &c.* Parijs: É. Nourry.
10. Linnaeus, C. (1758). *Systema naturae per regna tria naturae: secundum classes, ordines, genera, species, cum characteribus, differentiis, synonymis, locis.* Stockholm: Lars Salvi, 10e druk.

9 Met e-health van wij-zorg naar ik-zorg

Hoe technologie de betekenis van gezondheid verandert

Tamar Sharon

Nieuwe digitale technologieën hebben onze opvattingen over gezondheid verschoven. Mobiele apps en sensoren zorgen voor een meer holistische visie op gezondheid. E-health en datafi-cering vergroten de mogelijkheden voor preventieve, voorspellende geneeskunde en voor patiënten als mondige, zelfsturende individuen.
Maar er zijn ook schaduwzijden.
De overdosis aan online informatie over gezondheid en de beschikbaarheid van gezondheidschecks hebben geleid tot gezond-maar-bezorgd-mensen. En het concept van de proactieve en verantwoordelijke patiënt leidt niet tot meer, maar juist tot minder autonomie en zelfsturing, stellen critici. Een publiek debat is gewenst over de waarden en normen die moeten worden beschermd bij ontwerp en invoering van technologie.

Zoals techniekfilosofen lang hebben beweerd, zijn technologieën nooit alleen maar goed of slecht, of zelfs maar neutraal.[1] Hun effect hangt af van de maatschappelijke context en hoe gebruikers ermee omgaan. Ze kunnen sommige aspecten van ons maatschappelijk bestaan positief beïnvloeden en andere tegelijkertijd weer negatief. Zo kunnen digitale gezondheidstechnologieën de gezondheid van individuen en bevolking verbeteren en tot de vurig gewenste kostenbeheersing in de gezondheidszorg leiden. Maar de alomvattende surveillance en de nadruk op individuele verantwoordelijkheid die ermee gepaard gaan, kunnen ons het gevoel geven van onmacht en onderdrukt te zijn.

Een dataholistisch concept van gezondheid

De ambitie om menselijke gezondheid werkelijk te begrijpen, te weten welke factoren een rol spelen in de kwetsbaarheid van mensen en hun vatbaarheid voor ziekte, is eeuwenlang de drijfveer geweest van artsen en gezondheidswetenschappers. In de vijfde eeuw voor Christus zag de Griekse filosoof Hippocrates – vaak beschouwd als de grondlegger van de moderne geneeskunde – gezondheid als een product van omgevings- en gedragsfactoren, een evenwicht van de vier lichaamssappen zwarte gal, gele gal, slijm en bloed. In de Romeinse tijd voegde een andere belangrijke voorloper van de Westerse geneeskunde, Galenus, het belang van de emotionele en mentale gesteldheid toe aan het Hippocratische concept van gezondheid.

In de moderne tijd, met de ontdekking van cellen, genen en andere chemische en moleculaire samenstellingen, werd de blik naar binnen gericht. Maar het idee bleef dat een uitgebreid begrip van de werking van het menselijk lichaam de sleutel is tot inzicht in menselijke gezondheid. In de vroege jaren negentig van de vorige eeuw leidde die ambitie tot een van de allergrootste medisch-wetenschappelijke projecten ooit, het Human Genome Project (HGP), dat tot doel had de structuur en sequenties van alle menselijke genen in kaart te brengen.

Een genoom bestaat uit alle genen van een organisme. Het menselijk genoom werd door vele wetenschappers gezien als de blauwdruk van het menselijk organisme, een woordenboek van het leven dat, eenmaal compleet in kaart gebracht, ons alles kon vertellen over de oorzaken van welke ziekte dan ook. Maar na de aanvankelijke opwinding toen begin jaren 2000 de volledige sequentie van het menselijk genoom in kaart was gebracht, werd duidelijk dat het HGP toch niet de onmiddellijke en verstrekkende gevolgen had waar men aanvankelijk op hoopte. Het HGP leverde waardevolle inzichten op over monogenetische ziektes zoals Huntington of Tay Sachs, ziektes die door een enkel defect gen veroorzaakt worden. Maar het maakte ook duidelijk hoe ingewikkeld menselijke gezondheid en ziekte zijn en dat een volledig begrip ervan niet alleen gestoeld kan zijn op kennis van de genen. De meeste stoornissen in de gezondheid, en zeker de veel voorkomende zoals diabetes, alzheimer of een bipolaire stoornis, bleken namelijk voort te komen uit een complexe wisselwerking van genen en omgevingsfactoren, zoals iemands achtergrond, leefstijl en sociale en natuurlijke omgeving. Men moet dus ook rekening houden met dergelijke niet-genetische variabelen. Chronische ziekten, momenteel de hoofdoorzaak van mortaliteit en morbiditeit in Europa, zijn zelfs vaak toe te schrijven aan omgevingsfactoren zoals dieet, gedrag en leefstijl.

Deze 'postgenome' opvatting van ziekte heeft gezorgd voor een uitbreiding van factoren, activiteiten en domeinen van het bestaan die men in ogenschouw moet nemen om een compleet beeld van iemands gezondheid te verkrijgen.[2] Domeinen die niet tot het klassieke takenpakket van de biogeneeskunde behoorden – zoals slaap, veroudering en emoties – en activiteiten die traditioneel geen signalen vormden voor gezondheid en ziekte – zoals iemands consumptiepatroon, dieetgewoontes en activiteit op sociale media – vormen tegenwoordig allemaal stukjes in de puzzel van gezondheid en ziekte.[3]

De heropleving van een meer holistische opvatting van gezondheid is in grote mate te danken aan de mogelijkheden die nieuwe digitale technologieën bieden om deze aspecten van het menselijk bestaan te 'dataficeren'. Dataficering is het proces waarbij sociaal handelen zich transformeert tot, of vertaald wordt in, digitale gegevens.[4] In de afgelopen vijftien jaar is er een ware explosie geweest van mobiele apps en draagbare sensoren voor consumenten, wat geleid heeft tot de dataficering van vele activiteiten. Voedselinname, fysieke activiteit, slaappatronen, menstruatiecycli en stemmingen behoren nu tot de activiteiten en toestanden die met behulp van speciaal daarvoor ontworpen apps worden getrackt, gemonitord en geanalyseerd.

Dataficeren vereist meestal de reductie tot kwantificeerbare eenheden: calorieën staan voor voedselinname, stappen voor fysieke activiteit, en de stemming kan worden aangegeven op een schaal van 1-10. Die numerieke eenheden staan niet helemaal één op één in relatie tot gezond of ongezond gedrag; een caloriearm dieet bijvoorbeeld is niet per se een gezond dieet. Maar dataficering maakt het wel mogelijk zulke activiteiten te betrekken in een holistische benadering van gezondheid. Omdat dergelijke activiteiten zich laten vertalen in data, kunnen ze worden gekwantificeerd, gemeten en vergeleken, waardoor ze ook in een medische context steeds meer betekenis krijgen. Andersom geldt dat de mogelijkheid om al deze activiteiten te dataficeren, tot een bredere opvatting van gezondheid leidt waar al deze aspecten meetellen.

Een goed voorbeeld hiervan is slaap, dat recentelijk een belangrijk aandachtspunt van gezondheid is geworden: er zijn tegenwoordig allerlei apps die de gebruiker detailanalyses bieden van slaappatronen, biologische klok en correlaties met andere activiteiten zoals voedselinname. Sommige hebben geluidsopties die je op een natuurlijke manier helpen in slaap te vallen en wakker te worden. En dan zijn er nog sensoren die de gebruiker op het lichaam draagt of onder het matras legt voor advies over slaaphouding, om zo tot optimale slaap te komen. De Sleep Cycle-app claimt bijvoorbeeld dat met de mogelijkheid om slaap te dataficeren, een betere slaap en gezondheid binnen bereik liggen.

Nu ons maatschappelijk bestaan zich steeds meer online afspeelt – denk aan winkelen, bankieren of elkaar ontmoeten – zijn onze 'digitale uitlaatgassen' tevens een waardevolle bron voor gezondheidsonderzoek. Bepaald Facebook-gebruik bijvoorbeeld kan bij jongeren een aanwijzing vormen voor beginnende psychose. Schuldopbouw blijkt te correleren met risico op hart- en vaatziekten. En Twitter-data worden steeds vaker gebruikt in onderzoek naar geestelijke gezondheid. Met big data analytics, waarin grote datasets van verschillende typen data gelinkt worden om patronen en correlaties zichtbaar te maken, kan vrijwel elk type data bepaalde informatie leveren die relevant is voor iemands gezondheid. Gekoppeld aan preventiezorg en voorspellend modelleren, leidt dit tot nieuwe mogelijkheden voor het inschatten van gezondheidsrisico's in populaties en individuen en dus voor vroegtijdige interventie.

Gezondheid als continu proces

Digitale technologieën en dataficering hebben niet alleen gezorgd voor een breder idee van gezondheidsgerelateerde activiteiten en welke data inzichten in gezondheid opleveren. Ze hebben ook onze opvatting over gezondheid veranderd: gezondheid is steeds meer een continu proces dat overal en voortdurend aan de gang is en niet beperkt is tot de grenzen van de kliniek of incidenteel contact van patiënt en medisch systeem. Deze omslag in het denken heeft tot een opvatting over gezondheid geleid als iets dat *continu* speelt. Vandaag de dag zijn er draagbare sensoren en apps die de essentiële vitale processen kunnen monitoren. Patiënten kunnen op afstand gemonitord worden met gegevens over hartslag, bloeddruk, suikerspiegels en zuurstofsaturatie en met behulp van digitale middelen zoals videoconferentie of telegeneeskunde. Na een operatieve ingreep kunnen patiënten daardoor eerder naar huis en hoeven ze minder vaak voor consult of zelfs spoedopname naar de kliniek te komen. Deze technologieën vormen in dit geval een verlengstuk van de kliniek. Met name de reductie in fysieke consulten is uitgebreid benut gedurende de COVID-19-pandemie, toen zowel patiënten als zorgverleners zich dienden te wapenen tegen mogelijke infectie.[5]

Apps voor monitoren op afstand worden ook ontwikkeld voor de thuisomgeving, waar sensoren en communicatietechnologie geïnstalleerd kunnen worden voor valdetectie en de monitoring van toiletgang, voedselinname, slaap en andere activiteiten. Hiermee kunnen ouderen of mensen met mobiliteitsproblemen langer thuis blijven wonen zonder extra inzet van zorgpersoneel.

Zeker voor chronische ziekten kan monitoren op afstand en *mobiele gezondheid* of *e-health* een nieuwe vorm zijn van continue zorgverlening. Veel gezondheidszorg heeft een incidenteel of periodiek karakter met bijvoorbeeld een jaarlijkse check-up en een behandeling wanneer zich bepaalde symptomen voordoen. Een sporadisch contact met het medisch systeem voldoet als zich een acute aandoening of toestandsbeeld voordoet die een enkele interventie vereist; denk aan een chirurgische ingreep, een medicatievoorschrift of een gebroken been in het gips zetten. Chronische ziekte vraagt echter om een complexe langetermijnrespons, die zich uitstrekt tot maatschappelijke zorg en waarbij ook de coördinatie van zorg en verschillende zorgverleners belangrijk is.

Gezondheidsapps die draagbaar zijn of zich in de directe omgeving van de patiënt bevinden, overdag en 's nachts, kunnen hierin de perfecte technologische partner zijn. Ze leveren een continue stroom van gedetailleerde realtimedata, zonder dat de patiënt belemmerd wordt in zijn of haar dagelijkse activiteiten. Behandelaars van chronisch zieken kunnen met deze data niet alleen vaststellen of een bepaalde behandeling voor de aandoening het gewenste resultaat oplevert bij de patiënt, maar ook hoe bepaalde waarden fluctueren onder invloed van medicatie, dieet en verandering in leefstijl. Bovendien kunnen ze zo in de chronische aandoening patronen en nuances zien, die ze bij het onregelmatige patiëntencontact in de kliniek wellicht zouden missen. Bij patiënten die bijvoorbeeld lijden aan een depressieve stoornis kan zo een vroegtijdige interventie plaatsvinden wanneer een verandering in mobiliteit, activiteit op sociale media of slaappatroon gesignaleerd wordt. Het zal bijvoorbeeld ook niet lang meer duren voordat een ziekenhuis kan inschatten hoe waarschijnlijk het is dat een astmapatiënt zich meldt voor de spoedeisende hulp, gebaseerd op data als: de medicatie is nooit opgehaald bij de apotheek, de patiënt heeft sigaretten gekocht, of woont in een pollenrijke omgeving. Aldus is er door processen van dataficering een ruimer idee ontstaan van wat geldt als gezondheidsgerelateerde activiteiten. Samen met de mogelijkheid om met behulp van ICT en gezondheidsapps constant op afstand data te verzamelen, leidt dit tot een opvatting van gezondheid en gezondheidszorg als een continu proces.

Naar een preventief en voorspellend concept van gezondheid

Gezondheid als iets dat continu speelt, betekent dat preventie meer op de voorgrond staat. In plaats van te reageren met een interventie als symptomen optreden of een acute toestand is bereikt, is het zaak om die fase vóór te zijn. Preventiezorg staat al langer centraal in zorgsystemen, maar dataficering en monitoren op afstand creëren nieuwe mogelijkheden om de voortekenen van ziekte op te pikken nog voordat er sprake is van symptomen. Zie het voorbeeld hierboven, waar verandering in mobiliteit of slaappatroon een voorteken van depressie kan zijn. Big data analytics en kunstmatige intelligentie (AI) die patronen in grote datasets proberen te identificeren, zijn bovendien behulpzaam bij het inschatten van de kans op een medische gebeurtenis en maken met voorspellend modelleren vroegtijdige preventiezorg mogelijk.

Met dit doel voor ogen pleiten voorstanders van continue gezondheid voor het vervaardigen van een persoonlijke gezondheidskaart, een 'digitale tweeling'. Deze digitale replica, een verzadigde dataset, wordt dan gemonitord op afwijkingen, zodat de eerste tekenen dat er zich een gezondheidsprobleem aandient, meteen in beeld komen. Een voorbeeld hiervan is het Project Baseline,[21] een ambitieus initiatief uit de koker van Verily (een zusterbedrijf van Google) en de universiteiten van Duke en Stanford in de VS. Project Baseline heeft sinds

2014 grote hoeveelheden data verzameld van duizenden gezonde vrijwilligers. Daar zitten verschillende soorten medische data bij: conventionele gezondheidsgegevens zoals bloedmonsters, genetische data, afbeeldingen van röntgenfoto's en hartslag, maar ook niet-conventionele data als monsters van traanvocht, speeksel, zweet en ontlasting, data van het aantal stappen per dag, tweets en psychologische testen. Uitgangspunt van het project is te beschikken over een digitale baseline van normale menselijke gezondheid, een ijkpunt dat gemonitord kan worden voor afwijkingen op individueel niveau en waarmee data van populaties met een ziekte of aandoening kunnen worden vergeleken. De database wordt momenteel bijvoorbeeld gebruikt om de voortekenen van kanker en hart- en vaatziekten op te sporen, maar ook voor onderzoek naar huidaandoeningen, de impact van slaap op gezondheid en hoe darmgezondheid zich verhoudt tot inflammatoire darmziekten. Voorspellend modelleren kan dan gebruikt worden om in te schatten of een gezondheidsprobleem zal optreden, zodat er kan worden ingegrepen voordat dit daadwerkelijk gebeurt.

Continue gezondheidszorg en de nadruk op preventiezorg kunnen op deze manier zeker belangrijke gezondheidsvoordelen opleveren voor individuen en populaties. Daarnaast kunnen ze sommige zorgkosten verlagen; ze helpen om gezond te blijven, er zijn minder contactmomenten nodig op locatie, en mensen kunnen langer thuis blijven wonen. Dit zijn dan ook de voordelen van e-health die regelmatig genoemd worden door beleidsmakers in de zorg.

Niettemin kan continue zorg ook een negatieve impact hebben op iemands zelfbeleving en gevoel van autonomie. Als gezondheid iets wordt dat met het oog op preventie constant moet worden bijgehouden, dan raken de grenzen tussen toestanden van gezondheid en ziekte vertroebeld. Sommige sociale wetenschappers merken bijvoorbeeld op dat de categorieën van 'patiënt' en 'gezond' zijn weggevallen en dat iedereen nu presymptomatisch ziek is, een patiënt in wording, die zich ergens in het spectrum tussen ziekte en gezondheid bevindt.[6,7] Vooral de groei in genetisch onderzoek van de laatste decennia dat erop gericht is de genetische aanleg voor aandoeningen als dementie, diabetes en longemfyseem bloot te leggen, heeft tot een nieuwe categorie prepatiënten geleid die een aandoening al of niet zullen ontwikkelen, maar die de kans daarop in de toekomst willen beperken door in het heden te handelen. Het lijkt er inderdaad op dat de focus op eventualiteit kan betekenen dat een vermoed risico zelf eigenlijk als ziekte wordt gezien.

In een veelzeggende studie die laat zien hoe gezonde mensen reageren op de (fictieve) mededeling dat ze een genetisch risico hebben, blijkt dat hoe hoger dit fictieve, random verdeelde genetische risico is, des te vaker mensen iets willen ondernemen om dit te voorkomen, zoals medicijnen slikken, preventieve operaties ondergaan en financiële zaken regelen.[8] Zo ook met het centraler staan van de eigen gezondheid. De grote hoeveelheden online informatie over gezondheid en de beschikbaarheid van gezondheidschecks en bodyscans van commerciële partijen, verzekeringsmaatschappijen en werkgevers, hebben geleid tot een nieuwe categorie *gezond-maar-bezorgd*: over het algemeen gezonde mensen die zich zorgen maken om hun gezondheid.

Er zijn ook zorgen over de constante monitoring en surveillance die een continue gezondheidszorg nu eenmaal vereist.[9,10] Surveillance heeft een disciplinerend effect op mensen. Er is huiver voor en onze autonomie wordt beperkt. Weten dat er op je gelet wordt, verandert ons gedrag en brengt aanpassing aan sociale normen en waarden met zich mee, inclusief de verwachtingen van wat gezond en goed gedrag inhoudt. In de zorg heeft het monitoren en meten met behulp van technologie al lang geleden zijn intrede gedaan. Maar de recente explosie aan mobiele apps die overal permanent data verzamelen om ze vervolgens contactloos naar de medische professie te zenden, hebben de intensiteit en reikwijdte van medische surveillance naar een ongekend niveau getild. Wat hierbij belangrijk is: surveillance met behulp van e-health en gezondheidsapps is niet meer alleen een zaak van artsen en volksgezondheidsexperts. We houden onze eigen activiteiten nauwgezet bij en controleren hiermee onszelf met een vorm van zelfsurveillance, hierin digitaal gecoacht door middel van bijsturen en corrigeren.

Voor onze algehele gezondheid mag dit gunstig uitpakken, maar het kan een negatief effect hebben op ons gevoel van autonomie en zelfsturing. Het is zelfs denkbaar dat het intensieve verzamelen van data schadelijk is voor patiënt en burger. In de eerste plaats omdat derden gebruik kunnen maken van de data op een manier waar ze niet voor bedoeld zijn: voor persoonsgerichte advertenties door commerciële partijen of het vaststellen van de premie door zorgverzekeraars. Ten tweede omdat de fijnmazige medische risicoanalyses op basis van data ook *tegen* patiënten gebruikt kunnen worden. Bedrijven in data analytics proberen nu al allerlei niet-klinische data, zoals koopgewoontes, leefstijldata en autobezit, te gebruiken om te voorspellen wat de kans is dat iemand heropgenomen moet worden in het ziekenhuis, wat de kansen zijn op complicaties na operatie en of een medische interventie überhaupt tot verbetering leidt.[11] Als dergelijke analyses gebruikt worden om kosten te reduceren in plaats van de toegankelijkheid tot zorg te verbeteren, kan het ertoe leiden dat sommige patiënten een bepaalde medische behandeling niet krijgen aangeboden vanwege niet-medische factoren waar ze zich niet bewust van zijn.

Naar een concept van gezondheid als individuele verantwoordelijkheid

De laatste dimensie in de brede, door technologie veroorzaakte verschuiving van het concept 'gezondheid' gaat om individuele verantwoordelijkheid. Nu gezondheid en geneeskunde steeds meer gezien worden als continu, preventief en voorspellend, worden patiënten en burgers steeds vaker gezien als hoofdrolspelers in hun eigen gezondheidszorg. De traditionele opvatting van de patiënt als iemand die passief zorg ontvangt, is verschoven naar de patiënt als proactief en betrokken. Hij of zij is beter in staat de gezondheid en bepaalde gezondheidsrisico's zelf te managen en om mee te beslissen over behandelingsopties. Gezondheid heeft een nieuwe invulling gekregen als de eigen verantwoordelijkheid van iedere burger. Die kan zich daarin ondersteund weten door bepaalde technologieën zoals genetisch onderzoek en andere medische profileringstechnieken, met internet als bron van medische informatie en mobiele gezondheidsapps.[12] Zoals de Europese Commissie stelde toen mobiele gezondheid aan het opkomen was: 'De oplossingen van e-health ondersteunen de veranderende rol van patiënten van vrij passief naar meer participerend, waarbij de eigen verantwoordelijkheid voor gezondheid wordt gestimuleerd met sensoren die vitale tekenen opsporen en rapporteren en met mobiele apps die hen aanmoedigen om dieet en medicatie trouw te blijven.'[13]

Een dergelijk gezondheidsbeleid dat patiënten en burgers aanmoedigt om eigenaar te zijn van hun eigen gezondheid, vindt zijn echo's in de markt voor gezondheidsgerelateerde technische slimmigheden en particuliere diensten. Advertenties voor selftracking apps vertellen gebruikers om 'zelf je slaap te controleren', 'slimmer te eten' en 'je gewicht te laten weten wie de baas is'. En een bedrijf als 23andMe verkoopt materiaal voor particulieren om bij zichzelf een genetische test af te nemen, waarmee het 'makkelijker wordt om zelf actie te ondernemen voor je gezondheid'.[14]

Deze geïndividualiseerde focus op continue gezondheid met behulp van mobiele apps en sensoren wordt wel het *Quantified Self* genoemd. Wat ooit in 2007 in Californië begon met een kleine groep zeer gemotiveerde mensen die met behulp van technologie hun eigen chronische aandoeningen gingen monitoren en zelf-experimenten gingen doen, vond al vlot wereldwijd navolging. Nu behelst het een cultureel verschijnsel waar met kwantificeringstechnieken meer bewustzijn van en controle op gewoontes, gezondheidsrisico's en welzijn mogelijk is. Een bekende exponent hiervan is Larry Smarr, een van de pioniers van het gekwantificeerde zelf. Gedurende tien jaar hield hij zijn bloed- en ontlastingswaarden bij, evenals zijn genen en microbioom. Op die manier, lang voor zijn dokters iets zagen, kwam hij erachter dat hij de ziekte van Crohn had.[15]

Veranderde relatie tussen patiënt en gezondheidsexpert

Deze nadruk op een grotere individuele verantwoordelijkheid voor de eigen gezondheid reflecteert een diepgaande herijking van de relatie tussen patiënt en gezondheidsexpert die de laatste zestig jaar in westerse samenlevingen aan de gang is. Aanvankelijk kwam de roep om individuele verantwoordelijkheid voort uit kritiek op de geneeskunde die paternalistisch zou zijn en onvoldoende oog had voor de patiënt als persoon. De kritiek luidde dat mensen met een medisch beroep, net als allerlei andere experts in de maatschappij, gewoonlijk verstrekkende besluiten namen over anderen, zonder diegenen bij het besluitvormingsproces te betrekken, onder het mom dat specialistische kennis te ingewikkeld zou zijn voor de leek. In de laatste decennia van de twintigste eeuw kwamen de hiërarchische verhoudingen tussen experts en burgers onder vuur te liggen. Diverse maatschappelijke groeperingen, waaronder de vrouwenbeweging, gehandicaptenbewegingen en aidsactivisten, zagen deze als paternalistisch en vernederend. De kritiek luidde dat mensen als zelfstandig persoon benaderd moesten worden, in staat om zelf beslissingen te nemen over hun eigen lichaam en leven. Het idee vond zijn weerklank in de slogan 'nothing about us without us'. Parallel hieraan werd patiënten steeds vaker de nodige expertise toegedicht over hun ziekte, omdat ze er immers zelf ervaring mee hadden opgebouwd.[16] Ook op dit vlak hebben digitale technologieën de maatschappelijke tendensen van de zelfsturende patiënt, lekendeskundigheid en burgerwetenschap versterkt. Eric Topol bijvoorbeeld, een bekend cardioloog en belangrijk pleitbezorger van digitale gezondheid, heeft een boek geschreven met de titel *The Patient Will See You Now*,[17] een duidelijke verwijzing naar de omwenteling in de traditioneel hiërarchische arts-patiëntrelatie. Topol legt een verband met de vijftiende eeuw, toen met de uitvinding van de boekdrukkunst leken toegang kregen tot kennis; zo ook, stelt hij, zal digitale gezondheid de geneeskunde democratischer maken, omdat de patiënt meer zeggenschap heeft over de eigen gezondheid en meer mogelijkheden om deze zelf aan te sturen. In dat licht moet ook de term waarmee Sara Riggare zichzelf aanduidt gezien worden: ze noemt zichzelf geen patiënt maar im-patiënt, ofwel on-geduldig. Als parkinsonpatiënt is ze actief in de patiëntenbeweging en sloot ze zich al vroeg aan bij de Quantified Self-beweging. In een bekende blogpost schrijft ze:

> Mijn neuroloog zie ik twee keer per jaar, ongeveer een halfuur per keer. Dus dat is per jaar één uur zorg voor mijn ziekte van Parkinson. In datzelfde jaar besteed ik 8765 uur aan zelfzorg en pas ik mijn kennis en ervaring toe, samen met wat ik van mijn neuroloog krijg, om een lastige aandoening zo goed mogelijk te managen. Ik zeg niet dat ik meer tijd wil in de gezondheidszorg [...] wat ik zeg is dat de gezondheidszorg de zelfzorg die we als patiënt doen, moet erkennen en ook dat ze open moet staan voor de kennis die we hierin zelf ontwikkelen.[18]

Dat patiënten en burgers meer betrokken worden bij hun eigen zorg en dat de arts-patiëntrelatie gelijkwaardiger wordt, kan zeker gunstige effecten hebben. Maar er zijn ook kanttekeningen te plaatsen bij een grotere verantwoordelijkheid voor de eigen gezondheid.[19] Sommige critici stellen dat het concept van de proactieve en verantwoordelijke patiënt niet tot meer, maar juist tot minder autonomie en zelfsturing leidt. In de eerste plaats omdat een concept van gezondheid als individuele verantwoordelijkheid in belangrijke mate impliceert dat gezondheid en leefstijl dingen zijn waarin we vrijelijk keuzes maken. Door het op die manier te framen, zo stellen critici, verdwijnen de sociaaleconomische omstandigheden van ziekte en aandoening uit beeld, en daarmee ook het belang van factoren als klasse, gender en etniciteit, waarvan we weten dat ze een effect op gezondheid hebben. Als bijvoorbeeld obesitas geframed wordt als het gevolg van individuele keuzes in leefstijl, dan wordt er minder aandacht besteed aan bijvoorbeeld de kosten van voedsel (hoe duur zijn biologische groenten en vlees in vergelijking tot niet-biologische) of aan het feit dat je in achterstandswijken eerder een snackbar dan een groentezaak zal tegenkomen. Of dat kanker net zo goed door luchtvervuiling als door roken veroorzaakt kan zijn. Het gevolg is, aldus de kritiek, dat het de patiënt zelf wordt aangerekend als er problemen ontstaan, terwijl het vaak om achterliggende problematiek gaat die structureel is en onbeheersbaar voor de patiënt. Dit kan leiden tot een toename van schuldgevoelens, hulpeloosheid en angstgevoelens, maar ook, steeds vaker, tot sancties als iemand geen gezonde keuzes gemaakt zou hebben, zoals hogere verzekeringspremies of niet in aanmerking komen voor een operatie.

Daarnaast stellen deze critici dat het hard werken is, deze autonomie en zelfsturing. Van verantwoordelijke patiënten en burgers wordt verwacht dat ze deelnemen aan screeningsprogramma's, informatie zoeken waarmee ze hun gezondheidsrisico's beter begrijpen, de adviezen van medische experts, diëtisten en leefstijlcoaches netjes opvolgen; dat ze letten op wat ze eten, hun hersens trainen om dementie uit te stellen, en regelmatig sporten. Maar niet iedereen is in staat om dit te doen of wil dit in gelijke mate doen. We moeten dus de vraag stellen of iedereen wel in staat is meer verantwoordelijkheid te nemen voor de eigen gezondheid.

Een laatste bezwaar is dat een grotere verantwoordelijkheid voor de eigen gezondheid leidt tot uitholling van het solidariteitsprincipe. Hoe meer ziektes en een slechte gezondheid gezien worden als een gevolg van de verkeerde keuzes, zo luidt de redenering, des te minder begrip er is voor zoiets als pech of noodlot. Het gevolg is een afnemende bereidheid om de vatbaarheid voor dit lot met elkaar te delen. Een dergelijk effect zien we al in op maat gesneden zorgverzekeringspakketten: waarom zou ik, als verantwoordelijke burger die bewust met gezondheid bezig is, betalen voor mensen die met slechte eetgewoontes of een zittend bestaan op een ongezonde manier leven? Medisch ethica Donna Dickenson stelt dat individualisering ten koste van solidariteit een wezenskenmerk is van ons huidige gepersonaliseerde en preventieve model van medische zorg: de zogenaamde *ik*-geneeskunde tegenover de *wij*-geneeskunde die ze in verband brengt met de teloorgang van de verzorgingsstaat.[20] In plaats van meer zeggenschap en controle door individuele verantwoordelijkheid, is er sprake van een herverdeling van verantwoordelijkheid die er uiteindelijk toe leidt dat de staat en collectieven de verantwoordelijkheid voor gezondheid afwentelen op de schouders van het individu.

Een publiek debat over nieuwe technologieën

Gezondheid is een zeer oud concept dat in de loop van de geschiedenis, in allerlei tijdsgewrichten en culturen, de heersende opvattingen, wetenschappelijke inzichten en technische mogelijkheden heeft weerspiegeld. In dit hoofdstuk hebben we gezien hoe de opvatting van gezondheid op verschillende manieren is verschoven en wat de rol is van nieuwe digitale technologieën in die verschuiving: naar een meer dataholistisch concept van gezondheid, naar een concept van gezondheid als continu proces dat altijd en overal aan de gang is, naar een concept van geneeskunde als preventief en voorspellend, en naar een herconfiguratie van patiënten en burgers als mondige, zelfsturende en proactieve individuen die verantwoordelijk zijn voor hun eigen gezondheid. Dit soort conceptuele verschuivingen worden nooit door nieuwe technologieën alleen veroorzaakt. Ze komen voort uit de complexe wisselwerking tussen de mogelijkheden die technologieën bieden en de vigerende maatschappelijke, culturele en politieke discoursen (over bijvoorbeeld individuele verantwoordelijkheid) in de samenlevingen waar ze worden geïntroduceerd. Deze complexe wisselwerking verklaart ook waarom nieuwe technologieën niet overal dezelfde impact hebben. Die wisselwerking ontrafelen zou moeten leiden tot een breed publiek debat over wat wenselijk is als het om technologieën gaat; zoals welke effecten wettelijk moeten worden uitgesloten en welke maatschappelijke en sectorspecifieke waarden en normen moeten worden beschermd bij ontwerp en invoering van technologie.

Literatuur & noten

1. Kranzberg, M. (1986). 'Technology and History: Kranzberg's Laws'. *Technology & Culture, 27*(3).
2. Richardson, S., & Stevens, H. (reds.) (2015). *Postgenomics: Perspectives on Biology After the Genome*, Chapel Hill, NC: Duke University Press.
3. Prainsack, B. (2017). *Personalized Medicine: Empowered Patients in the 21st Century*. New York: NYU Press.
4. Mayer-Schönberger, V., & Cukier, K. (2013). *Big Data: A Revolution That Will Transform How We Live, Work, and Think*. John Murray.
5. Webster, P. (2020). 'Virtual Health Care in the Era of COVID-19'. *The Lancet, 395*(10231), 1180-1181. DOI:10.1016/S0140-6736(20)30818-7
6. Konrad, M. (2003). 'Predictive Genetic Testing and the Making of the Pre-Symptomatic Person: Prognostic Moralities Amongst Huntington's-Affected Families'. *Anthropology & Medicine, 10*(1), 23-49.
7. Timmermans, S., & Buchbinder, M. (2010). 'Patients-in-Waiting: Living Between Sickness and Health in the Genomics Era'. *Journal of Health and Social Behavior, 51*(4), 408-423.

8. Almeling, R., & Gadarian, S.K. (2014). 'Reacting to Genetic Risk: An Experimental Survey of Life between Health and Disease'. *Journal of Health and Social Behavior, 55*(4), 482-503.
9. Lupton, D. (2013). 'Quantifying the Body: Monitoring and Measuring Health in the Age of mHealth Technologies'. *Critical Public Health, 23*(4), 393-403.
10. Sharon, T. (2017). 'Self-Tracking for Health and the Quantified Self: Re-Articulating Autonomy, Solidarity and Authenticity in an Age of Personalized Healthcare'. *Philosophy & Technology, 30*(1), 93-121.
11. Hogle, L. (2019). 'Accounting for Accountable Care: Value-based Population Health Management'. *Social Studies of Science, 49*(4), 556-582.
12. Sharon, T. (2015). 'Healthy Citizenship Beyond Autonomy and Discipline: Tactical Engagements with Genetic Testing'. *Biosocieties, 10*(3), 295-316.
13. European Commission (EC) (2014). 'GREEN PAPER on Mobile Health', *COM*, 219. Brussels.
14. 23andMe https://www.23andme.com/en-eu/
15. Smarr, L. (2012). 'Quantifying Your Body: A How-To Guide from a Systems Biology Perspective'. *Biotechnology Journal* 7(8), 980-991.
16. Epstein, S. (1995). 'The Construction of Lay Expertise: AIDS Activism and the Forging of Credibility in the Reform of Clinical Trials'. *Science, Technology & Human Values* 20(4), 408-437.
17. Topol, E. (2015). *The Patient Will See You Now: The Future of Medicine Is in Your Hands.* New York: Basic Books.
18. Riggare, S. (2014). *1 vs 8,765*. http://www.riggare.se/1-vs-8765/
19. Wyatt, S., Harris, R., & Wathen, N. (reds.) (2010). *Configuring Health Consumers: Health Work and the Imperative of Personal Responsibility.* New York: Palgrave.
20. Dickenson, D. (2013). *Me Medicine vs. We Medicine: Reclaiming Biotechnology for the Common Good.* New York: Columbia University Press.
21. Verily https://www.projectbaseline.com

10 Dierproeven voor een gezonde maatschappij?

Rigide regels remmen toepassing van alternatieve testen

Doortje Swaters, Merel Ritskes-Hoitinga & Wim van Meurs

Er is steeds meer bewijs dat de resultaten van dierproefonderzoek niet of nauwelijks vertaalbaar zijn naar de klinische praktijk – de behandeling van patiënten. Geneesmiddelen die goede resultaten laten zien op proefdieren, werken vaak veel minder goed bij mensen of geven alsnog bijwerkingen. Waarom gebruikt het medicijnonderzoek nog steeds grote aantallen proefdieren en worden de wettelijke verplichtingen niet aangepast, ondanks gerede twijfel over het nut van die regels voor de gezondheidszorg?

In de zomer van 2020 gingen wereldwijd talrijke overheden, onderzoeksinstituten en farmabedrijven naarstig op zoek naar medicijnen en een vaccin tegen het coronavirus. Zelden was de ontwikkeling van een nieuw middel zo dringend. Toch geldt ook voor potentiële coronamedicijnen en -vaccins dat ze eerst op dieren getest moeten worden. Enerzijds moet zo aangetoond worden dat zij tot resultaten leiden (effectiviteit) en anderzijds, niet minder belangrijk, dat er geen schadelijke bijwerkingen optreden die misschien wel erger zijn dan de kwaal (veiligheid).

De opkomst sinds het midden van de vorige eeuw van de moderne farmaceutische industrie die talrijke krachtige medicijnen ging produceren, heeft onmiskenbaar bijgedragen aan een gezondere maatschappij. De dierproeven die daarbij gingen horen, waren dierenbeschermers echter vanaf het begin een doorn in het oog. Dat betrof vooral de dierproeven voor de cosmetische industrie, maar zeker ook de talloze dierexperimenten in het medische onderzoek.

De afgelopen halve eeuw is het aantal dierproeven exponentieel gegroeid. In 2017 werden alleen al in de Europese Unie ruim 9 miljoen dierproeven uitgevoerd. 2 miljoen daarvan hadden als doel aan wettelijk verplichte regels te voldoen.[1] Omdat voor de toelating van medicijnen dierproeven wettelijk verplicht zijn, is het moeilijk een overgang naar alternatieve proefmethoden te bewerkstelligen. Toch zit er sinds het einde van de twintigste en met name in de eenentwintigste eeuw beweging in deze kwestie. Sinds 2013 mogen cosmetica niet meer op dieren worden getest, en het aantal wetenschappers dat zich de vraag stelt of de resultaten van dierproeven überhaupt vertaalbaar zijn naar het menselijk lichaam blijft groeien.[2, 3, 4] Mede dankzij de beschikbaarheid van alternatieven, is politieke wil en bereidheid ontstaan om verder te kijken. Ook Nederland stelt zich ten doel onderzoek met alternatieven voor dierproeven te versnellen. Het ministerie wil Nederland per 2025 zelfs internationale koploper laten zijn voor dierproefvrije innovaties, waarbij het eerste doel is om veiligheidstesten te vervangen.[5]

Hedendaagse regelgeving

Dierproeven vormen een wettelijk verplichte stap bij de ontwikkeling van nieuwe medicijnen. Farmaceutische bedrijven moeten hun medicijnen onderwerpen aan een drievoudige testprocedure. De eerste stap, de preklinische fase, betreft chemische en toxicologische testen, zowel in vitro, dus in de reageerbuis, als in vivo, met levende organismen. De informatie uit deze testen wordt vervolgens gebruikt om een schatting te maken van een veilige aanvangsdosering en een doseringsschaal voor testen op proefpersonen. Ook dienen de testen om de parameters te bepalen voor het klinisch monitoren van mogelijk nadelige effecten. Op grond van deze informatie kunnen vervolgens klinische veiligheidstesten, dus proeven op mensen, worden uitgevoerd. Zijn veiligheid en effectiviteit gegarandeerd, dan mogen medicijnen op de markt worden gebracht.[6] In Nederland zijn het Rijksinstituut voor Volksgezondheid en Milieuhygiëne (RIVM) en het College ter Beoordeling van Geneesmiddelen (CBG) verantwoordelijk voor de controles. Voor de Europese Unie vervult het European Medicines Agency, gevestigd in Amsterdam, deze rol.

In theorie kunnen de farmaceutische bedrijven andere testmethoden dan dierproeven gebruiken, mits ze aan de autoriteiten hiermee ook aan kunnen tonen dat een product zowel veilig als effectief is. De ontwikkeling van alternatieven boekt grote vorderingen, niet in het minst door het 3R-beleid in de Europese wetgeving. 3R staat voor *Replacement, Reduction* en *Refinement*, ofwel Vervanging, Vermindering en Verfijning van dierproeven. Dit systeem is niet van recente datum: het baanbrekende boek over de 3R-methode werd al in 1959 gepubliceerd, maar het duurde nog tot de jaren tachtig van de vorige eeuw voordat een bredere 3R-gemeenschap werd opgericht. Talloze alternatieven voor dierproeven zijn reeds gevalideerd en goedgekeurd, zeker ook sinds het verbod op dierproeven voor het testen van cosmetica in de EU.

In de praktijk blijven echter barrières bestaan voor ontwikkelaars van medicijnen om zonder data uit dierproeven de wetgever te overtuigen van de veiligheid en effectiviteit van hun producten. De Utrechtse onderzoekster Mary-Jeanne Schiffelers verklaart dit met de vaststelling dat dierproeven in feite nog immer de gouden standaard zijn. Veel alternatieve onderzoeks- en testmethoden worden onderzocht en gevalideerd in directe vergelijking met de resultaten van de dierproeven die zij moeten vervangen. Veel dierproeven laten geen goede voorspellende waarde voor de mens zien, maar ze hebben voor de industrie wel het voordeel dat ze meer zekerheid in de procedure bij de regelgevende instanties bieden en nog altijd veiligheid lijken te waarborgen. Zo maakt de geaccepteerde standaard van dierproeven het makkelijker om bij het vertrouwde te blijven dan om nieuwe stappen te zetten.[7]

Dierproeven worden al sinds de negentiende eeuw gebruikt om medicijnen te ontwikkelen. Wetenschappers zoals de grote Franse fysioloog Claude Bernard, pleitten destijds voor het inzetten van proefdieren bij medisch onderzoek. Hoewel in deze periode dierproeven in toenemende mate werden aangeraden, bestonden er nog geen specifieke regels voor het al dan niet gebruiken van proefdieren.[8]

Dit betekent niet dat er destijds geen regels bestonden voor de productie van medicijnen. De toenmalige regels hadden echter betrekking op andere aspecten. In Nederland stamt de eerste wet over de distributie van farmaceutica uit 1865. Deze Wet op Geneesmiddelen bevatte regels over hygiëne en handel. Inspecteurs bezochten apotheken om te controleren of medicijnen werden geproduceerd onder hygiënische omstandigheden, en om te kijken of ze daadwerkelijk de beloofde effecten teweegbrachten.[9, 10] Medicijncontrole was dus kleinschalig.

Groeiende farmaceutische industrie

In de twintigste eeuw onderging de farmaceutische industrie grote veranderingen. Medicijnen werden in toenemende mate met chemicaliën gemaakt. De aldus geproduceerde medicijnen waren effectiever dan voorheen maar brachten ook gevaren met zich mee. De samenstelling van de medicijnen veranderde en de schaal waarop werd geproduceerd nam snel toe. Medicijnen werden niet langer alleen verkocht door apothekers, maar ook door commerciële leveranciers, in verpakkingen die moeilijk te controleren bleken.

Door de schaalvergroting en de daarmee samenhangende omvang van het potentiële gevaar, groeide de wens om nieuwe wet- en regelgeving te formuleren. Lange tijd bleek het echter onmogelijk de conflicterende belangen van verschillende partijen te verenigen. Artsen, farmaceuten, apothekers en drogisten werden het niet met elkaar eens en de wet van 1865 bleef bijna een eeuw de norm. Nederland moest wachten tot 1958 voordat nieuwe wet- en regelgeving werd ingevoerd.

Ons land was hierin niet uniek. Wereldwijd waren er in die tijd soortgelijke ontwikkelingen. Waarom kwamen er juist op dat moment nieuwe regels? Waarom voelden de autoriteiten van diverse landen juist toen de behoefte om dierproeven te verplichten bij het ontwikkelen en testen van medicijnen? Onderzoek in historische literatuur en archiefbronnen laat een patroon zien in de beweegredenen en mechanismen die daaraan ten grondslag lagen.

De Code van Neurenberg

Een eerste document waarin dierproeven als verplichting worden genoemd, is de Code van Neurenberg, die geformuleerd werd na de Processen van Neurenberg. Dit waren grootschalige processen die na de Tweede Wereldoorlog werden gevoerd om nazi's te vervolgen voor hun oorlogsmisdaden, waaronder ook medische misdaden. Deze laatste werden besproken in wat bekend werd onder de naam Artsenproces. Naziartsen werden tijdens deze specifieke processen vervolgd én bestraft voor de experimenten die ze in concentratiekampen hadden uitgevoerd op mensen.[11] Gedreven door de nazi-ideologie van raciale hygiëne, hadden deze artsen experimenten uitgevoerd op Roma, Sinti, Polen, joden, krijgsgevangenen en ook een uitzonderlijk groot aantal verstandelijk beperkte mensen, om informatie te verkrijgen over bijvoorbeeld tweelingen, malaria, elektroshock en vruchtbaarheid. Toen deze experimenten – die vaak een handicap, trauma en uiteindelijk de dood tot gevolg hadden – na de oorlog aan het licht kwamen, werd dat ervaren als een van de grootste schokken in de nasleep van de Tweede Wereldoorlog. De doodstraf voor de daders zou niet afdoende zijn: men had ook de behoefte aan strenge regels om de praktijk van proeven op mensen te reguleren en dergelijke wandaden in de toekomst te voorkomen. Een commissie van tien medisch-ethici formuleerde daarom regels, die de rechters vervolgens in de Code van Neurenberg opnamen en dierproeven werden hierin expliciet als alternatief benoemd.

Na de Code van Neurenberg volgde de verplichting om dieren te gebruiken zoals vastgelegd in de Verklaring van Helsinki in 1964. Principe 12 van deze verklaring stelt dat medisch onderzoek op mensen voorafgegaan moet worden door dierproeven. Zowel de Code van Neurenberg als de Verklaring van Helsinki betroffen algemene ethische richtlijnen, géén gedetailleerde wettelijke verplichtingen. Toch hadden de principes in deze verordeningen wel degelijk een overtuigende autoriteit en sorteerden daarmee grote invloed op de regelgeving wereldwijd. Bij overtreding van de principes kan een staat namelijk voor het Internationaal Gerechtshof worden geroepen. Zo geschiedde het dus dat dierproeven in richtlijnen van veel nationale voedsel- en medicijnenautoriteiten werden opgenomen.[11]

Verschillende andere onderzoekers hebben betoogd dat de Processen van Neurenberg aan de basis stonden van de institutionalisering van medische wetgeving.[12] Robert Baker, historicus in medische ethiek, beargumenteerde dat Nederland deze regels als eerste overnam en vastlegde in de Wet op de Geneesmiddelenvoorziening van 1958.[13]

Volgens historica Noortje Jacobs had de Code juist geen invloed op medische praktijken in Nederland. Door te bekijken welke discussies de medische wereld bezighielden in de jaren vijftig, kwam ze tot de ontdekking dat de Code van Neurenberg nauwelijks besproken werd in de Nederlandse pers en volledig werd genegeerd in de twee belangrijkste publicatieorganen van de Koninklijke Nederlandse Maatschappij tot bevordering der Geneeskunst (KNMG). De handelingen van de nazimedici zagen ze niet als hun zaak, en de Nederlandse artsen werden er liever niet mee geassocieerd of vergeleken.[14] Bovendien gingen de proeven van de naziartsen niet over het ontwikkelen van nieuwe medicijnen. Ze werden uitgevoerd om de fysiologische grenzen van het mensenlichaam te leren kennen.

Maar als het niet vanwege de Code van Neurenberg was, waarom werden dan juist in de jaren zestig in Nederland en overal ter wereld nieuwe regels in het leven geroepen om dierproeven voor te schrijven voor medisch onderzoek?

Dierproeven en medische rampen

Een overtuigender antwoord is te vinden in de geschiedenis van gezondheidsrampen. Het is een patroon dat nieuwe wet- en regelgeving wordt doorgevoerd kort nadat medicijnen rampzalige effecten blijken te hebben op grote groepen mensen. Het meest beruchte voorbeeld is het medicijn thalidomide. Thalidomide werd op grote schaal gebruikt tussen 1956 en 1961. De grootste producenten waren het Zwitserse bedrijf Ciba en het West-Duitse bedrijf Grünenthal. In Nederland stond het bekend onder de naam softenon. Thalidomide werd verkocht als wondermiddel, een krachtig middel dat vele kwaaltjes kon bestrijden. Ook misselijkheid zou verdwijnen met thalidomide. Daarom slikten veel zwangere vrouwen het medicijn.[15]

Tegelijkertijd verspreidde een vreemde ziekte zich over grote delen van de wereld. Veel kinderen werden geboren met focomelie, een afwijking waarbij kinderen worden geboren met onderontwikkelde of afwezige ledematen. Dit schokte de wereld. Aanvankelijk was het onduidelijk wat de oorzaak was van deze aangeboren afwijkingen. Men droeg verschillende verklaringen aan, van blootstelling aan gevaarlijke stoffen tijdens de zwangerschap tot het drinken van onzuiver water. Er werd zelfs gesuggereerd dat de misvormingen het resultaat waren van chemische oorlogsvoering van de Sovjet-Unie, omdat met name in West-Duitsland veel kinderen werden geboren met focomelie.[16] Pas in 1961 kwamen twee wetenschappers – McBride in Australië en Lentz in Duitsland – onafhankelijk van elkaar tot de conclusie dat thalidomide de aandoening veroorzaakte.

Het duurde lang voor dit ontdekt werd omdat destijds het onderzoek naar teratogeniciteit nog in de kinderschoenen stond. Een stof is teratogeen indien deze de ontwikkeling van de foetus aantast. Dit uit zich bijvoorbeeld in zwangerschapsproblemen of aangeboren afwijkingen. Thalidomide leek aanvankelijk veilig in proeven op muizen, ratten, cavia's en konijnen, maar het middel was niet getest tijdens de dracht, of het effect op de foetussen/nakomelingen van de proefdieren was niet goed beoordeeld.[15, 17]

Het product was verkocht in 46 Europese landen en er zijn acht- tot tienduizend kinderen geboren met focomelie. In de Verenigde Staten had thalidomide echter nauwelijks effect. Hier bestond sinds 1938 een wet – ingevoerd na een gezondheidsramp in de VS met het elixir van het medicijn sulfanilamide – die farmaceutische bedrijven verplichtte om aan de FDA het bewijs te leveren dat producten veilig en effectief waren. De FDA had dan zestig dagen om te beslissen of een medicijn wel of niet op de markt kon worden gebracht. In geval van thalidomide was FDA-lid dr. Frances Kelsey verantwoordelijk voor de toelating. Zij had opgemerkt dat de gegevens van thalidomide niet voldeden aan alle eisen en slechts oppervlakkig klinisch bewijs gaven. Ze was daarnaast bang dat het medicijn neuropathische symptomen bij de gebruiker zou veroorzaken. Daarom vroeg ze de fabrikant meer bewijs te leveren, en dit veroorzaakte vertraging. Aanvankelijk zette die vertraging haar in een kwaad daglicht bij de Amerikaanse bevolking. Er was namelijk behoefte aan het nieuwe medicijn. Later bleek diezelfde vertraging cruciaal: die had voorkomen dat thalidomide in de Verenigde Staten op grote schaal focomelie kon veroorzaken.[6, 18]

Verschillende historici geven aan dat thalidomide van groot belang is voor het hedendaagse systeem van veiligheidstesten voor medicijnen. De traumatische gebeurtenis had farmaceuten, medici en andere betrokkenen namelijk bewust gemaakt van de risico's van nieuwe medicijnen. Ze realiseerden zich dat ze methoden moesten ontwikkelen om de bevolking te beschermen tegen een nieuwe, soortgelijke medische ramp. Verplichte dierproeven zijn hier het belangrijkste uitvloeisel van.

De dramatische gevolgen van het gebruik van thalidomide leidden daarnaast tot een aantal specifieke extra eisen in de regelgeving, die tot op de dag van vandaag in gebruik zijn. Elk nieuw medicijn moet bijvoorbeeld getoetst worden op teratogeniciteit en het is ook verplicht om deze reproductiviteitstesten uit te voeren in twee diersoorten, een knaagdier en een niet-knaagdier.

Publieke opinie en regelgevende autoriteiten

De thalidomideramp beïnvloedde ook de betrokkenheid van de maatschappij bij het testen van geneesmiddelen. In de Verenigde Staten had het aandringen van Kelsey en de Amerikaanse regering op het verstrekken van extra gegevens, een thalidomideramp voorkómen. Deze ervaring werd gebruikt om te pleiten voor een strenger regelgevend systeem. Het standpunt dat de overheid een centralere rol moet spelen bij de toelating en distributie van medicijnen, kreeg zo over de hele wereld meer aanhang. Ook in Nederland, waar kranten destijds de overheid bekritiseerden dat ze niet bereid was om toezicht te houden op de risico's van nieuwe medicijnen. Deze externe druk leidde ertoe dat in 1963 een regelgevende autoriteit werd geïnstalleerd die verantwoordelijk werd voor de registratie van verpakte geneesmiddelen in Nederland: het College ter Beoordeling van verpakte Geneesmiddelen.[8]

Dit voorbeeld van een ramp die leidde tot verscherpte controles, laat zien dat bij het opstellen van regelgevend beleid meer factoren een rol spelen dan alleen objectieve wetenschappelijke argumenten. Het is een proces waarbinnen meerdere actoren tot overeenstemming moeten komen. De roep om een strakker, strikter gereguleerd beleid bestond al lang, maar er was een externe gebeurtenis nodig – een gezondheidscrisis – om alle belanghebbenden bij het ontwikkelen van geneesmiddelen te overtuigen een strikt testsysteem te omarmen. Doordat de samenleving geconfronteerd was met gevaarlijke effecten, werd men zich bewust van de risico's van de moderne geneeskunde. Dit bracht autoriteiten ertoe te pleiten voor meer controle, door middel van een strak gereguleerd systeem onder hun rechtstreekse toezicht.

Farmaceut Vanda vs. de FDA

Een voorbeeld van de hierboven genoemde mechanismen is de rechtszaak van het Amerikaans biofarmaceutisch bedrijf Vanda tegen de FDA. Vanda ontwikkelde het medicijn Tradiplant als potentiële behandeling van verschillende aandoeningen, zoals gastroparesis, een aandoening waarbij zwakke spiercontracties van de maag optreden, en atopische dermatitis, een aandoening die de huid rood en jeukend maakt. De eerste treft ongeveer 600.000 Amerikaanse burgers, de laatste 18 miljoen.[19]

Om Tradiplant op de markt te brengen moest Vanda volgens de regels van de FDA een aantal dierproeven uitvoeren, zowel klinische als niet-klinische. Een bedrijf dat deze proeven niet wenst uit te voeren, heeft het recht om alternatieven te gebruiken, mits het kan bewijzen dat deze veilig en effectief zijn. De FDA moet deze alternatieven dan evalueren, daar een rapport over schrijven, en een 'case-specific, science based determination as to whether it agrees' maken.[20]

Vanda had al deze verplichte stappen ondernomen, met uitzondering van één verplichting. Het bedrijf had verschillende dierproeven uitgevoerd, zoals twee onderzoeken op ratten, één voor de duur van drie maanden en één van zes maanden. Ook deden ze een onderzoek op honden dat drie maanden duurde, waarbij de honden een hoeveelheid van driehonderd keer het menselijk equivalent toegediend kregen. Geen van deze testen had een significant teken van onveiligheid getoond. Vervolgens had Vanda het middel Tradiplant reeds getest op vijftien mensen, gedurende een periode van acht weken. Om verder te mogen gaan, verplichtte de FDA Vanda om ook een studie van negen maanden op niet-knaagdieren uit te voeren. Dit type onderzoek wordt normaliter op beagles uitgevoerd. Deze honden worden nadien geëuthanaseerd om hun weefsels te analyseren. Dit is verplicht voordat de proef langer dan negentig dagen op mensen mag worden uitgevoerd.

Vanda weigerde echter de proef met beagles en droeg daar drie redenen voor aan. Ten eerste meende het bedrijf dat de andere experimenten reeds genoeg bewijs hadden geleverd van Tradiplant's veiligheid en effectiviteit. Vanda betoogde ook dat de regels tot onnodig dierenleed zouden leiden. Tot slot wees Vanda op een 'large body of published scientific evidence which concludes that nine-month dog studies rarely, if ever, identify toxicities that were not already identified in three month studies, and do not yield new information that is important for the purpose of understanding how the drug will impact humans'.[20] Gebaseerd op deze literatuur, stond ook de International Conference on Harmonisation (ICH) achter Vanda's stellingname dat een extra onderzoek in honden geen extra toxiciteit aan zou tonen.[21] De FDA was echter niet overtuigd en vaardigde daarom een gedeeltelijke klinische stop uit op de ontwikkeling van Tradiplant.

Vanda accepteerde deze klinische stop niet en begon een rechtszaak. In februari 2019 publiceerde Vanda een open brief waarin het de bovengenoemde argumenten aanhaalde. Het bedrijf stelde bovendien met nadruk vast dat het beleid van de FDA achterhaald was. Haar regels voor toxiciteitsonderzoek waren namelijk onveranderd sinds 1997. De brief spoorde andere farmaceutische bedrijven aan om de kant van Vanda te kiezen in het gevecht om de FDA te doen afstappen van haar 'one-size-fits-all approach to animal research, including nine-month, non-rodent toxicity studies, which results in the unnecessary sacrifice of too many dogs and other animals'.[20]

Vanda speelde in op een breder gedragen roep om de wetenschappelijke noodzaak van dergelijke wettelijke vereisten diepgaander te onderzoeken en ter discussie te stellen. Deze roep is gebaseerd op zorgen over de slechte vertaalbaarheid van dierproeven naar mensen, en de bijeffecten die op basis van dierproeven goedgekeurde medicijnen nog steeds kunnen veroorzaken. Bovendien blijken alternatieven met humane weefsels beter vertaalbaar dan de klassieke methoden en leveren de investeringen in nieuwe medicijnen in de farmaceutische wereld gevaarlijk weinig op.[3]

Een jaar later, in februari 2020, koos het gerechtshof echter de kant van de FDA, omdat Vanda niet aan kon tonen dat 'FDA's interpretation of the study is "unreasonable", and so its argument fails'.[22] Het verhaal van Vanda, dat nog niet ten einde is, toont aan dat hedendaagse farmaceutische bedrijven de *tickbox approach*, dus de overregulering in de ontwikkeling van medicijnen ervaren als barrière om veilige medicijnen te ontwikkelen. Het dwingt hen namelijk om onnodig dierenlevens op te offeren, omdat de proeven niet altijd aantoonbaar wetenschappelijk nut hebben. Ze vertragen echter wel de snelheid waarmee nieuwe medicijnen op de markt kunnen worden gebracht. Bovendien laat dit voorbeeld zien dat dierproeven volledig zijn ingebed in de regels. Ze hebben nog steeds de status een gegarandeerde weg naar veiligheid te zijn.

Zodra een partij de gevestigde praktijk ter discussie stelt, leidt dit tot wantrouwen – en in het geval van Vanda zelfs tot een klinische stop en een verloren rechtszaak. Als farmaproducent heeft Vanda ingespeeld op de lage vertaalbaarheid van dierproeven, en daarvoor ook wetenschappelijk bewijs aangevoerd. Zoals vaker in de geschiedenis, werd degene die opkomt voor een verandering in het systeem, daarvoor op korte termijn niet beloond maar bestraft.

Een (te) rigide testsysteem

Het testsysteem is door de jaren heen wetenschappelijk ontwikkeld, maar weerspiegelt toch een aantal ideeën die voortkwamen uit specifieke historische gebeurtenissen. In de jaren zestig wisten gezondheidsrampen de publieke opinie, de staat en de farmaceutische industrie te overtuigen van het belang van een rigide testsysteem – dat tevens een gevoel van veiligheid verleende. Dierproeven vormden in dat systeem een methode die garant stond voor de veiligheid van mensenlevens.

Dezelfde rigiditeit die destijds werd gewenst, wordt vandaag de dag juist als barrière ervaren om alternatieve testmethoden te ontwikkelen. Historisch onderzoek wijst op de belangrijke rol van maatschappelijke en institutionele, niet-wetenschappelijke factoren bij het uitbreiden van het regelgevende systeem en de rigiditeit van dat systeem. Door de druk van COVID-19 is wederom een sterke wens van de samenleving ontstaan, nu om het systeem en het proces van vaccinontwikkeling te versnellen. Het is dus de vraag wat voor aanpassingen van regels en praktijken zich zullen ontwikkelen in deze coronacrisis en welke rol het wetenschappelijk bewijs daarbij zal spelen: nog nooit zijn vaccins zó snel ontwikkeld en goedgekeurd.

Literatuur & noten

1. European Commission (2020). '2019 Report on the Statistics on the Use of Animals for Scientific Purposes in the Member States of the European Union in 2015-2017'. *Report from the Commission to the European Parliament and the Council.* https://eur-lex.europa.eu/legal-content/EN/TXT/?qid=1581689520921&uri=CELEX:52020DC0016
2. Ram, R. (2019). 'Extrapolation of Animal Research Data to Humans: An Analysis of the Evidence'. *Animal Experimentation: Working Towards a Paradigm Change*, 341-375. DOI:10.1163/9789004391192_016
3. Pound, P., & Ritskes-Hoitinga, M. (2018). 'Is it Possible to Overcome Issues of External Validity in Preclinical Animal Research? Why Most Animal Models Are Bound to Fail'. *Journal of Translational Medicine, 16*(304). DOI:10.1186/s12967-018-1678-1

4. Leenaars, C., et al. (2019). 'Animal to Human Translation: A Systematic Scoping Review of Reported Concordance Rates'. *Journal of Translational Medicine* 17(223). DOI:10.1186/s12967-019-1976-2
5. Nationaal Comité advies dierproevenbeleid (NCad) (2016). 'Transitie naar proefdiervrij onderzoek. Over mogelijkheden voor het uitfaseren van dierproeven en het stimuleren van proefdiervrije innovatie'. https://edepot.wur.nl/401406
6. Kille, J.W. (2017). 'Regulatory Toxicology'. *A Comprehensive Guide to Toxicology in Nonclinical Drug Development,* 499-539. DOI:10.1016/B978-0-12-803620-4.00019-0
7. Schiffelers, M.-J. (2016). 'Animal Testing, 3R Models and Regulatory Acceptance – Technology Transition in a Risk-Averse Context'. Doctoral Thesis, Utrecht.
8. Jacobs, N. (2018). 'Ethics by Committee, Governing Human Experimentation in the Netherlands, 1945-2000'. Doctoral Thesis, Utrecht.
9. Goudsmit, C.J. (1963). 'De totstandkoming van de wet op de geneesmiddelenvoorziening'. *Pharmaceutisch Weekblad,* 98, 792-796. https://en.calameo.com/read/003248228ede2c3a182f9
10. Theunissen, H.P. (1954). 'Octrooibescherming voor geneesmiddelen'. *Pharmaceutisch weekblad,* 89(23/24), 393-428. https://en.calameo.com/read/003248228cff032395790
11. Greek, R., Pippus, A., & Hansen, L.A. (2012). 'The Nuremberg Code Subverts Human Health and Safety by Requiring Animal Modeling'. *BMC Med Ethics,* 13(16). DOI:10.1186/14726939-13-16
12. Crouch, R.A., Lie, R.K., Miller, F.G., & Wrendler, D. (reds.) (2008). *The Oxford Textbook of Clinical Research Ethics.* Oxford: Oxford University Press.
13. Baker, R. (1998). 'Transcultural Medical Ethics and Human Rights'. In: U. Tröhler & S. Reiter-Theil (reds.), *Ethics Codes in Medicine. Foundations and Achievements of Codification Since 1947,* 312-331. Aldershot: Ashgate Publishing Ltd.
14. Jacobs, N. (2012). 'Which Principles, Doctor? The Early Crystallization of Clinical Research Ethics in the Netherlands, 1947-1955'. Master Thesis, Utrecht.
15. Botting, J. (2015). 'The History of Thalidomide'. In: *Animals and Medicine: The Contribution of Animal Experiments to the Control of Disease.* Cambridge: Open Book Publishers.
16. Avorn, J. (2011). 'Learning about the Safety of Drugs – A Half-Century of Evolution'. *The New England Journal of Medicine,* 365, 2151-2153. DOI:10.1056/NEJMp1110327
17. Timmermans, S., & Leiter, V. (2016). 'The Redemption of Thalidomide:

Standardizing the Risk of Birth Defects'. *Social Studies of Science, 30*(1), 41-71. https://www.jstor.org/stable/pdf/285769.pdf

18. Siu, M. (2019). 'This Is Dr. Frances Kelsey's Story'. *The Globe and Mail.* https://www.theglobeandmail.com/news/national/one-canadian-doctor-kept-thalidomides-harm-from-america/article34961202/
19. Vanda Pharmaceuticals Inc. (2021). '2021 Corporate Presentation'. https://www.vandapharma.com/pdfs/vanda_corporate_presentation.pdf
20. Vanda Pharmaceuticals Inc. (2019). 'Open letter to the Food and Drug Administration'. *PR Newswire.* https://mma.prnewswire.com/media/818251/Open_Letter.pdf
21. Koblitz, S.W., Gibbons, D.C., & Livornese, D.L. (2019). 'Vanda Has A Bone to Pick with FDA: Dog Studies'. *Hyman, Phelps & McNamara PC.* http://www.fdalawblog.net/2019/02/vanda-has-a-bone-to-pick-with-fda-dog-studies/
22. Gilgore, S. (2020). 'Court Rules Against Vanda, in Favor of FDA on Clinical Trials Suit'. *Washington Business Journal,* https://www.bizjournals.com/washington/news/2020/02/03/court-rules-against-vanda-in-favor-of-fda-on.html

III De kracht van verhalen

11 Levens verhalen

De u-bochten van ons bestaan

Ellen van Wolde

De plot van het verhaal voor een gezonde samenleving? Dat je jezelf en andere mensen niet kunt vastleggen op één scenario? Is dat misschien de clou van ieders levensverhaal? Dat we ontdekken dat het leven niet op noodzakelijkheden gebaseerd is, maar op mogelijkheden. Op gemiste en benutte kansen, toevalligheden en omstandigheden. Onder ogen ziende dat onze mogelijkheden beperkt zijn, maar dat we gelukkig samen met anderen meer zien dan alleen. Welke verhalen zouden we dan willen vertellen?

De luxe auto kwam hard aanrijden. Was het een Ferrari, of toch een Maserati? Ze hadden het linnen dak omlaag gedaan. De man achter het stuur en de vrouw ernaast – ze waren rijk, dat kon je zo zien. En gelukkig leken ze ook. Hij keek er jaloers naar. Sommige mensen zat het wel erg mee in het leven. Terwijl hijzelf… nee, klagen helpt niet. Hij wist het.

Verschrikt keek hij op toen hij een oorverdovende knal hoorde. De betonwagen die uit de kleine zijstraat kwam, had de snelrijdende sportwagen over het hoofd gezien. Het kleine autootje was tegen de zijkant geplet, de inzittenden leken bijna onthoofd. Hij moest er niet aan denken dat hij hen daarnet benijd had. Wiens lot was nu ineens veranderd? Met één klap? En hoe moesten die kinderen nu verder leven zonder ouders? Tenminste, als ze kinderen hadden, die mensen. Zij met die vrolijk wapperende haren, en hij met zijn design zonnebril. Betrapte hij zichzelf erop dat hij stiekem 'net goed' bij zichzelf dacht?

Hij schudde zijn hoofd net als een hond, alsof hij die kwade gedachten wilde verdrijven. Niemand had zo'n lot toch verdiend? Zelfs de bevoorrechten niet. Zij die nooit ziek waren, geen gehandicapt kind hadden, en die in een landhuis woonden en een Ferrari reden. En de arme sloebers dan? Hadden die het wel verdiend? Of hijzelf, de gemiddelde blanke man? Een zwarte vrouw dan? Een Syrische vluchteling? Of Poolse gastarbeider? Tja, wat is verdiend eigenlijk? Alsof er ergens een goddelijke weegschaal stond, waarop de porties leed en geluk gelijkelijk werden afgewogen. Hij wist wel beter. De duivel schijt altijd op dezelfde hoop, zei zijn moeder al. De wet van Murphy noemen ze dat tegenwoordig. Of het mattheuseffect. Wie geeft zal gegeven worden, wie heeft zal nog meer krijgen. En wie het noodlot eens treft, wordt vaker getroffen.

Zie hemzelf. Voor de zoveelste keer moet hij naar het ziekenhuis. Maar iedereen heeft het nu over corona. Voor hem als kankerpatiënt is even geen plaats, want het coronavirus beneemt iedereen de adem. Hij is bang voor wat komen gaat. Voor zijn vrouw, zijn kinderen. Als hij maar niet doodgaat, niet moederziel alleen doodgaat. Als hij maar niet... Die onzekerheid is ondraaglijk. Hij wil, moet wel zijn eigen deplorabele situatie onder ogen zien. Maar hoe?

Hij herinnert zich het verhaal van Job. Vroeger had hij nog les gehad over Bijbelverhalen. Wel stoere verhalen. Die Job, die had het niet gepikt toen hij van de ene op de andere dag alles verloor. Hij was rijk geweest; geen Ferrari maar wel een paar snelle kamelen. Veel kinderen, zeven zonen en drie dochters. En toen, als uit het niets, kwamen al die kinderen om door een natuurramp. En verloor Job al zijn dieren en werden door overvallers ook zijn knechten gedood. Al zijn bezit in één klap weg.

Het verhaal van Job

Het vreemde van het verhaal van Job is dat het meer vragen oproept dan antwoorden geeft. Er wordt verteld hoe God in de hemel in een hof, een gerechtshof, bijeenkomt met zijn dienaren. Een ervan is de satan, een soort officier van justitie. In dat hemelse hof, het hemels gerecht, is God de opperrechter en heeft de satan de taak om mensen aan te klagen, te vertellen aan de rechter wat ze fout doen en goed. Welnu, in die hemelse setting ontrolt zich een gesprek tussen God en de satan. Ze praten over mensen. Waarom mensen goed leven. Wat ze verwachten van het leven. Wat ze waardevol vinden in hun eigen leven. Of wat ze gemist denken te hebben. En God zegt: 'Kijk nou naar Job. Hij is perfect: leeft goed, is rijk en heeft het volste vertrouwen in mij. Een volmaakt mens en gelovige.'

'Ja,' zegt de satan. 'Dan kan ik het ook. Als het mij zo goed ging in het leven, dan zou ik ook mijn vertrouwen in u stellen en dan zou ik ook volmaakt leven.' 'Ja, maar nu draai je de zaken om,' zegt God. 'Je wilt toch niet zeggen dat mensen alleen maar rechtvaardig zijn en in mij geloven, omdat ze denken dat ik hen dan bescherm en dat zij dan beloond worden met een goed leven? Alsof het hele leven een optel- en aftreksom is, een boekhoudbalans? Dat kun je toch niet menen?' 'Tuurlijk wel,' zegt de satan. 'Zo'n naïeveling als u ben ik niet vaak tegengekomen. Natuurlijk draait het hele leven op aarde om voor-wat-hoort-wat. Het leven is een weegschaal: je handelt goed en wordt beloond. Je handelt slecht en wordt gestraft. Kijk naar Job: hem gaat het goed, dus hij gelooft in u. Hij gelooft dat het terecht is dat het hem goed gaat. Hij heeft het verdiend.'

Maar denken alle mensen zoals hij, vraagt God zich vertwijfeld af. Denken ze dat het leven verloopt volgens hun ideeën van wat rechtvaardig is of niet? Geloven ze bijvoorbeeld alleen maar in mij om er beter van te worden? Omdat ze denken dat ik hen dan beloon? Maar dan ben ik toch niet meer dan een soort boekhouder? Weliswaar een goddelijke boekhouder, maar in elk geval iemand die fouten bestraft en goed gedrag beloont, die bij elkaar optelt en aftrekt en zo hun leven bepaalt? Maar dat is toch belachelijk! Dat ze denken dat ik daartoe te reduceren ben? Dan bepalen ze toch indirect hoe ik mij moet gedragen? En wat gebeurt er dan als ik iets doe wat ze niet verwachten? Als ik een goed iemand toch een slecht leven geef? Laat zo iemand me dan in de steek? Omdat ik niet doe wat hij (of zij) van mij verwacht? En me niet houd aan de regels van rechtvaardigheid die zij voor mij hebben opgesteld?

Dan hervindt God zich weer. Genoeg getwijfeld. Hij geeft de satan de opdracht om uit te zoeken hoe het zit op aarde. Hij neemt Job als testcase. Zijn goede, brave dienaar Job. Als hij niet op hem kan vertrouwen, op wie dan wel? 'Neem hem alles maar af,' zegt hij tegen de satan. 'Eens zien of hij me daarna nog looft en prijst, of dat hij me in de steek laat.' En zo kwam het dus, dat Job zijn kinderen verloor, zijn huis en haard. Hij verloor alles wat hij kort tevoren nog als heel vanzelfsprekend had aangenomen. Maar hij bleef rotsvast op God vertrouwen. Hij dacht bij zichzelf, je kunt toch niet alleen maar in God geloven als het je goed gaat? En wanneer het je niet meer meezit, kieper je hem overboord? Tot nu toe heb ik niet te klagen gehad. Dus, flink zijn, even flink zijn.

'Zie je wel,' zei God intussen tegen de satan. 'Je hebt het helemaal mis. Mensen geloven niet in mij omdat het ze goed gaat, omdat alles precies gaat zoals ze verwachten. Ze geloven in mij, omdat ze vertrouwen hebben in mij.' 'Haha,' zegt de satan. 'Die God. Nog niet veranderd. De meeste mensen veranderen wel van gedachten als je aan henzelf komt. Aan hun eigen lijf. U heeft geen lichaam, dus u weet niet hoe mensen eigenlijk samenvallen met hun lichaam. Met hun botten, hun vlees, hun bloedvaten, hun hart, hun huid. Tast hen daarin aan, en ze zijn verloren. Zo kwetsbaar zijn ze. Laat me Job daar treffen, eens zien wat hij dan doet.' Zonder protest gaat

God akkoord met zijn voorstel. Hij wil testen of mensen alleen maar in termen van oorzaak en gevolg kunnen denken en leven. Interpreteren zij alles echt zo? Denken zij dat als ze ziek worden, dat het gevolg is van een slechte leefwijze? Denken ze dat ze met een gezonde leefwijze en goed gedrag ook een gezond en gelukkig leven verdienen? En dat mensen die ziek zijn dat daadwerkelijk zelf veroorzaakt hebben?

Verhalen in een gezonde samenleving

Twee verhalen. Een oud verhaal over Job en een nieuw verhaal van een kankerpatiënt in coronatijd. Verhalen met veranderkracht. Tenminste voor degene die van verhalen houdt of die onder druk van de omstandigheden zijn of haar eigen levensverhaal moet formuleren. Dan kunnen oude verhalen gaan resoneren met de eigen ervaringen. Ze kunnen helpen ordening aan te brengen in wat in het eigen leven aan orde ontbreekt. Maar ook kunnen verhalen mensen samenbinden. Een gezonde samenleving kan niet zonder gedeelde verhalen. Verhalen van de bezetting in de oorlog, van de bevrijding uit de oorlog. Verhalen over sportkampioenschappen, die Nederland of andere landen hebben verenigd in vreugde of verdriet. Verhalen over helden, of juist over gewone mensen. Al deze verhalen kunnen helpen om woorden te vinden om gedeelde emoties en denkbeelden uit te drukken.

Een van de thema's die de fatale botsing en de lotgevallen van Job ter sprake brengen, is of we wel voorbereid zijn op leed dat ons treft. Het blijkt meestal van niet. Het overvalt ons meestal. Nadat hij alles verloren heeft wat hem dierbaar is, begint Job te twijfelen aan alles wat hij eerder dacht en waarin hij eerder geloofde. Hij dacht dat er een zekere orde in zijn leven was, dat het hem goed ging omdat hij een goed mens was. Zijn levensvisie zou je kunnen samenvatten met een levensgevoel gebaseerd op een redelijke orde en een morele samenhang. Een opeenvolging van oorzaak en gevolg. Maar verlopen levensverhalen niet veeleer langs de lijnen van toeval?

Dat begint al bij je geboorte. Puur toeval is het dat je niet in Afrika geboren wordt, in een gebied met honger en droogte. Je kiest vanaf het allereerste moment al niet je ouders, of hoe je eruitziet. Of je blauwe of bruine ogen hebt, mooi of lelijk bent. Anders zou iedereen wel mooi zijn. Orde – een mooie, rechte, verklaarbare lijn van a naar b – of een logische samenhang tussen oorzaak en gevolg is misschien goed voor de wetenschappen, maar dat wil niet zeggen dat dat voor alles geldt. Neem nu ieders leven. Daar zit toch geen strakke lijn in? Alsof er een verklaarbare reden zou moeten zijn waarom het coronavirus de ene mens wel treft en de andere niet. Zeker, het treft vaak de kwetsbaren, maar soms toch ook ineens een jonge, sterke meid die veel aan sport doet en nu op de intensive care ligt. Die er levend uitkomt, maar zeer veel klachten overhoudt. Zo'n virus opent ons ineens de ogen voor wat we allemaal nog niet weten, voor wat ons ontglipt en waarop we geen grip hebben. Met wat pech loop je een besmet iemand tegen het lijf die net op dat moment hoest en je met zijn besmette hoestdruppels infecteert. Gezondheid treft je, ziekte ook. Leven alsof alles niet je goed recht is, vergt een andere levenshouding. Een goed verhaal kan zo'n andere levenshouding teweegbrengen. In individuen, en in een samenleving.

Van bovenaf bekeken

In een verhaal kan de verbeelding aan de macht zijn. Je kunt God aan het woord laten en als het ware met zijn ogen naar de wereld kijken. In het verhaal van Job gebeurt dit. Uit de mond van God horen we een heel betoog. Hij praat vanuit de storm over sterrenbeelden, over het begin van de wereld, en stelt het voor alsof de oerzeeën de wereld baren. Hij laat ons naar de dieren kijken: grote dieren die niet te temmen zijn, maar wel voor hun jongen zorgen. Kleine dieren, die soms in hun gedrag, en volgens menselijke normen, nogal stom bezig zijn. Zoals de struisvogel die zijn eieren legt en verbergt op plaatsen, maar vergeet dat anderen er zomaar op kunnen stappen. Hij praat over wilde ezels en strijdpaarden, over het nijlpaard en Leviathan, een machtig oerbeest. Over van alles en nog wat. Maar God spreekt niet over de mens. Niet over de logische samenhang der dingen zoals de mens die graag zou zien. Wreed vinden we het als een wolf schapen verscheurt, als een ekster in onze tuin het nest van die kleine vogeltjes plundert, en wreder nog het koekoeksjong dat alle eieren van andere vogels uit het nest knikkert en zelf alles opeet dat hem door de gevleugelde pleegouders wordt aangereikt. In ons idee van natuur zou dit alles anders zijn. Maar in het beschreven antwoord van God komen de mensen niet voor in zijn wereldbeeld, laat staan dat ze hun ideeën kunnen opleggen aan de dieren en de wereld rondom hen.

Verhalen die oproepen tot reflectie

Als je de wereld van bovenaf zou bekijken, zou je al die krioelende mensen zien met hun vragen. Misschien zijn de mensen niet veel anders dan mieren in een groot leger, rondkruipend over de aarde. Of lijken ze vooral op sprinkhanen die slechts gedreven door vraatzucht afsterven na het kaalvreten van de velden. Zo zou het ook de mensen kunnen vergaan. Na het plunderen van de oerwouden, de verwoesting van de leefgebieden van alle wilde dieren en het vol plastic gooien van de oceanen zal de wereld met hen vergaan.

Ze gaan zich pas vragen stellen wanneer de zekerheid van het bestaan verloren is gegaan. Zekerheid die ze alleen maar hadden omdat alles op rolletjes liep – althans voor degene die gezond was en gezegend met een gezin, kinderen en een zekere welstand. Maar een gezonde samenleving bestaat niet alleen uit gezonde mensen. Nee, een gezonde samenleving bestaat uit mensen die oog hebben voor de onzekerheid, de dosis geluk of pech die iemand kan treffen. En die er in onderling verband uit proberen te komen.

Een gezonde samenleving is er een waarin de bewoners niet denken dat hun ideeën over de wereld een soort blauwdruk vormen waar alles en iedereen op die wereld aan moet voldoen. Een programma waarin sommige mensen er meer bij horen dan anderen. Een wereldbeeld waarin God zich helemaal aan onze planning van recht en gerechtigheid moet houden, anders is hij ons vertrouwen niet meer waard.

Misschien is vertrouwen het hoofdthema in dit soort verhalen. De vraag die je je kunt stellen is of je alleen vertrouwen hebt in andere mensen, in de wereld, in de natuur, in God, als die zich aan onze voorstellingen houden; als het leven biedt wat we ervan verwacht hadden.

Dit zou de plot van het verhaal kunnen zijn voor een gezonde samenleving. Dat je jezelf en andere mensen niet kunt vastleggen op één scenario. Een scenario dat zich zo móet voltrekken, want anders stort onze wereld in. Alsof er maar één vaste route zou zijn, waarin alles noodzakelijkerwijs op elkaar volgt. Zou dat de clou zijn van ieders eigen levensverhaal? Dat we ontdekken dat het leven niet op noodzakelijkheden gebaseerd is, maar op mogelijkheden? Op kansen, op gemiste en benutte kansen, toevalligheden en omstandigheden. Op de genetische aanleg die we ook maar toevallig gekregen hebben via onze ouders, op onze intelligentie en de talenten die we zomaar bleken te hebben. Onder ogen ziend dat onze mogelijkheden beperkt zijn, maar waarbij we beseffen dat we gelukkig samen met anderen meer kunnen zien dan alleen. Welke verhalen zouden we dan willen vertellen?

12 Maakt de literatuur ons gezonder?

En hoe dan (niet)?

Alicia C. Montoya

Al vanaf Plato vragen denkers zich af welke rol de literatuur kan spelen in de maatschappij. Boeken helpen ons pandemieën te doorstaan en psychische nood te bezweren. Literatuur biedt troost, voedt het empathisch vermogen en kan zelfs bijdragen aan de verwerking van slavernij of Holocaust.
Maar is literatuur altijd zo heilzaam? Ook als empathie wordt opgewekt voor moordenaars of folteraars? Plato vond fictie leugenachtig, Rousseau zag literatuur als een bron van morele corruptie. En wat als de literatuur vanwege haar zeggingskracht wordt aangewend voor dubieuze ideologische doeleinden? Hoe dan te lezen?
'Wij schrijvers zijn niet de geneesheren, wij zijn de pijn zelf.'

Toen Nederland op 13 maart 2020 voor het eerst in lockdown ging, zochten 17 miljoen Nederlanders plots naar manieren om deze dramatische wending in hun leven een plek te geven. In een poging het eerste ongeloof te verwerken, grepen velen naar boeken en literatuur om vat te krijgen op de situatie. Al snel ontstonden op social media initiatieven om elkaar te steunen in de nieuwe werkelijkheid. Velen ontvingen die dagen een kettingbrief met als titel 'poëzie-uitwisseling', die opriep een gedicht te sturen aan een tiental andere poëzieliefhebbers en daarmee te helpen met 'het verspreiden van de stille kracht van gedichten'. Boeken vlogen over de toonbank en internetreuzen als Amazon en bol.com boerden uitzonderlijk goed dankzij de pandemie.

Vooral grepen mensen in die eerste, bange dagen naar romans.

De meest aangehaalde titel was de uit 1947 daterende klassieker *De pest* van Albert Camus, die op de internationale bestsellerlijsten met stip naar nummer één schoot. Maar ook andere, meer of minder bekende werken, zoals het nog oudere *The Last Man* van Mary Shelley (1826), over een pandemie die de wereldbevolking langzaam uitroeit, het klassieke *Liefde in tijden van cholera* (1985) van Gabriel García Márquez, of recente dystopische romans zoals Emily St. John Mandels *Station Elf* (2014) of *Quarantaine* (2015) van Wytske Versteeg, werden veel genoemd.[1]

Ter ondersteuning van deze nieuwe leesdrang verschenen in de media artikelen over de boeken die men lezen moest om de coronapandemie het hoofd te bieden. Deze varieerden van eenvoudige coronaleeslijstjes in de grote landelijke dagbladen tot een uitvoeriger beschouwing van Harvard-historica Jill Lepore in de Amerikaanse *The New Yorker* over de betekenis van het aloude genre van pestliteratuur.[2]

Op het kruispunt van medische en geesteswetenschappen

Kennelijk leefde in een breed segment van de samenleving de opvatting dat literatuur mensen kon helpen om deze onbegrijpelijke tijd tegemoet te treden. Boeken maken onze samenleving wellicht niet gezonder, ze stellen in ieder geval mensen in staat hun psychische nood te bezweren. Literatuur biedt troost, of op zijn minst een manier om onszelf te positioneren in een moeilijk grijpbare werkelijkheid.

Nu is dit geen nieuwe opvatting. Niet alleen literatuurliefhebbers en professionele letterkundigen delen de overtuiging dat boeken een heilzame werking kunnen hebben. Ook in andere vakgebieden is deze opvatting gemeengoed geworden. Zo is sinds de jaren zeventig een nieuw, bloeiend wetenschapsgebied ontstaan, op het kruispunt van de geestes- en medische wetenschappen, de zogenaamde *medical humanities*. Doel hiervan is inzichten uit de literatuur aan te wenden om artsen te helpen morele keuzes te maken en zich te kunnen verplaatsen in de ervaringen van zieken, om zo bij te dragen aan een gezonde samenleving. De medical humanities heeft inmiddels een eigen literaire canon aangelegd, bestaande uit een aantal klassiekers zoals Lev Tolstojs verhaal *De Dood van Ivan Iljitsj* (1886), dat vanuit een ik-perspectief de ontreddering van het sterven beschrijft.[3]

Maar is de werking van literatuur altijd wel zo heilzaam? Welke andere functies en gevolgen kan het hebben? En wat doet literatuur precies, hoe werkt het om de verschillende aan haar toegeschreven effecten te bereiken? Geesteswetenschappers zijn eraan gewend om positieve verhalen te vertellen over de constructieve bijdrage van literatuur aan de samenleving. Maar in de loop van de geschiedenis zijn er ook andere stemmen geweest – en niet de minste – die een meer kritische blik wierpen op het verschijnsel literatuur. Al vanaf Plato hebben vooraanstaande denkers zich afgevraagd óf literatuur een rol kan spelen in de maatschappij, en zo ja, welke precies. Welke argumenten pleiten voor een heilzame werking van de literatuur, en welke ertegen? En als literatuur zowel een opbouwende als destructieve potentie in zich draagt, hoe dan te lezen?

Literatuur als manier van zijn in de wereld

Toen lezers naar pestromans grepen tijdens de eerste lockdown, was dat niet zozeer omdat ze een oplossing boden voor de ontstane situatie, maar omdat ze situaties beschreven die plotseling herkenbaar leken. In dit opzicht zouden literaire werken door lezers worden gebruikt als een soort zelfhulpboeken. Door te kijken hoe bepaalde situaties zich ontvouwen in fictieve vertellingen, en door te kijken hoe andere mensen daarop reageren, kunnen we onszelf een houding aanmeten in een nieuwe, onvoorspelbare context. Literatuur leert ons ‘hoe het spel van het leven te spelen’ (‘how to play the game of life’), zoals een geïnspireerde lezer in koloniaal Ghana ooit treffend opschreef in een essaywedstrijd over het lezen.[4]

Deze opvatting is door de Amerikaanse literatuurtheoretica Rita Felski omschreven als *recognition*, het gevoel van herkenning dat bepaalde teksten bij lezers kunnen oproepen. Of breder gesteld, in de woorden van de Franse filosoof Paul Ricoeur, zou literatuur, en met name romans, ons een 'manier van zijn in de wereld' aanreiken, die niet te vatten is in een stel regels maar een geestelijke instelling inhoudt, die ons in staat stelt een onvoorspelbare werkelijkheid tegemoet te treden.

Vaak is ook gewezen op de rol van literatuur als middel om tot persoonlijke groei te komen, of om jezelf te vormen. Al sinds de achttiende eeuw bestaat een lange traditie van autobiografieën geschreven door voormalig tot slaaf gemaakten, waarin leren lezen en vervolgens zelf schrijven als ultieme stap fungeert in het juridische en mentale bevrijdingsproces van de auteur. Van Olaudah Equiano's *The Interesting Narrative of the Life of Olaudah Equiano, or Gustavus Vassa, the African* (1789) tot aan Frederick Douglass' *Levensverhaal* (1845), hebben deze literaire teksten een dubbele functie. Enerzijds vertellen ze over de verschrikkingen van de slavernij, maar anderzijds getuigen ze – juist door hun gebruik van literaire stijlmiddelen – van de menselijke waardigheid van de auteurs, en dus in potentie ook van andere tot slaaf gemaakte lotgenoten.

In de twintigste eeuw heeft deze traditie van zwarte bevrijdingsliteratuur een nieuwe wending gekregen in de vorm van autobiografieën van Afro-Amerikanen, die steevast memoreren hoe de hoofdpersoon dankzij een leesprogramma in de gevangenis aan een terugval naar het getto ontsnapt. Wellicht het beroemdste voorbeeld van dit genre is de autobiografie van Malcolm X, die dankzij zijn onderdompeling in de wereldliteratuur en -filosofie in de Charlestown State Prison, het schopte van kruimeldief tot leider van een van de invloedrijkste burgerrechtenbewegingen van de jaren zestig. Dit soort ervaringen, evenals het enorme succes dat leesprogramma's in gevangenissen nog altijd hebben, brengt boekwetenschapper Jonathan Rose ertoe te schrijven dat 'het lezen altijd de meest wezenlijke uitdrukking is geweest van de menselijke vrijheid, zelfs in repressieve samenlevingen'.[5]

Literatuur als middel om samenleving te bouwen

Tot nu heb ik vooral gewezen op de rol die literatuur kan spelen voor het individu. Bij de laatst besproken categorie – die van gevangenislezers – lijkt het evident dat literatuur kan bijdragen aan het psychisch welzijn van gevangenen. Dat dit tot een gezondere samenleving kan leiden, is aannemelijk. Maar literatuur kan van meet af aan ook een collectief doel of effect hebben, namelijk wanneer literatuur wordt ingezet als instrument om de samenleving te vormen, of zelfs een nieuwe samenleving op te bouwen. Ook deze opvatting heeft vele aanhangers. Zo is gewezen op de rol die journalistiek en romans hebben gespeeld bij de totstandkoming van een nationaal wij-gevoel. Door verhalen te lezen over mensen die de lezer niet zelf kan ontmoeten, bijvoorbeeld omdat ze in andere delen van het land leven, ontwikkelen lezers toch een gevoel van gedeelde ervaringen en van gezamenlijke participatie in de cultuur en instituties van het eigen land. Deze fictieve, denkbeeldige gemeenschappen ('imagined communities') zouden zo de basis vormen voor échte politieke gemeenschappen.[6]

Een andere theorie is dat boeken een motor van verandering zijn geweest op belangrijke momenten in de Europese geschiedenis – of, zoals de titel van een invloedrijk werk het stelt, zijn boeken een onmisbaar 'middel van verandering' ('agent of change') geweest.[7] Volgens deze opvatting heeft de boekdrukkunst voor het eerst de verspreiding van nieuwe ideeën op grote schaal mogelijk gemaakt, en aldus mede de grondslag gelegd voor bewegingen zoals de Reformatie en de Verlichting. De opvattingen van Luther zouden niet alleen zo succesvol zijn geweest omdat ze bestaande kritiek op de katholieke kerk verwoordden. Hij zou vooral erin zijn geslaagd, door slim gebruik te maken van hun verspreiding dankzij de boekdrukkunst, om een succesvol 'merk Luther' neer te zetten waarmee mensen zich graag identificeerden.[8]

Hetzelfde geldt voor de ideeën van de Verlichting, die uiteindelijk zouden uitmonden in de drie Atlantische revoluties: de Amerikaanse Revolutie (1776), de Franse Revolutie (1789) en ten slotte de Haïtiaanse Revolutie (1791). Bij alle drie zouden nieuwe concepten van gelijkheid, politieke representatie en individuele mensenrechten voor het eerst in filosofische en literaire geschriften zijn uitgewerkt, en van daaruit als inspiratie hebben gediend om een nieuwe, gezondere samenleving vorm te geven. Deze stelling gaat overigens terug tot het einde van de achttiende eeuw, toen de uitdrukking 'Het is de schuld van Voltaire, het is de schuld van Rousseau' ('C'est la faute à Voltaire, c'est la faute à Rousseau') – tegenwoordig vooral bekend dankzij het gelijknamige lied van Gavroche in de musical *Les Misérables* – gemeengoed werd in het populaire discours over de Franse Revolutie.

De opvatting dat er een causaal verband bestaat tussen boeken en revoluties, ligt tevens ten grondslag aan een stroming binnen de geschiedschrijving, de zogenaamde boekgeschiedenis of *histoire du livre*. Deze gaat terug tot het werk van de Franse literatuurwetenschapper Daniel Mornet aan het begin van de twintigste eeuw en is voortgezet door onderzoekers zoals de Amerikaan Robert Darnton.[9] Beiden hebben in hun werk geprobeerd de oorzaken van de Franse Revolutie te doorgronden door een antwoord te geven op een andere, schijnbaar eenvoudige vraag: wat lazen mensen precies in de jaren voorafgaand aan de revolutie, welke boeken gaven de aanzet tot verandering?

Narratieve technieken

Maar hoe doet literatuur dit dan, een nieuwe, gezondere samenleving vormgeven? De meest voor de hand liggende manier is natuurlijk door abstracte argumentatie. Door middel van een direct, op de lezer gericht vertoog, zoals in Luthers pamfletten, kan een auteur zijn lezers proberen te overtuigen van een bepaalde zienswijze. Zijn overtuigingskracht wordt groter naarmate hij meer gebruikmaakt van literaire stijlmiddelen die behoren tot het domein van de retorica, ofwel de kunst van het overtuigen. Maar nog effectiever wellicht is het inzetten van fictie als middel om een nieuwe zienswijze zo dicht bij de lezer te brengen dat het letterlijk voelbaar wordt. Met name romans en narratieve genres spelen hierbij een sleutelrol. Zo heeft de Russische literatuurwetenschapper Mikhail Bakhtin gewezen op de polyfonie of meerstemmigheid als een van de kenmerken van romans. Romans laten verschillende personages aan het woord en geven daarmee inzicht in verschillende zienswijzen, zonder daarbij een eenduidige lijn te kiezen. Ze kunnen niet worden gereduceerd tot een boodschap, want romans zijn geen betogen, ze zetten een wereld neer. Daarmee zetten ze de lezer aan tot reflectie op het gepresenteerde, zonder dat de uitkomst van die persoonlijke reflectie vaststaat of volledig door de auteur kan worden bepaald.

Een concreet voorbeeld van de effecten van fictie heeft historica Lynn Hunt uitgediept in haar *Inventing Human Rights: A History* (2007), waarin ze betoogt dat fictie ten tijde van de Verlichting een beslissende rol heeft gespeeld in het denken over individuele mensenrechten. Het waren namelijk romans die het innerlijke leven beschreven van een grote verscheidenheid aan mensen uit verschillende sociale klassen, van verschillende seksen, en in verschillende situaties. Door middel van levensechte beschrijvingen maakten deze romans empathie mogelijk, waardoor lezers zich gingen verplaatsen in het leven van andere mensen die op het eerste gezicht totaal anders waren dan zijzelf. 'Romans benadrukten dat alle mensen fundamenteel op elkaar lijken vanwege hun innerlijke gevoelens,' schrijft zij, 'en veel romans brachten vooral hun drang naar autonomie voor het voetlicht.'[10] Wanneer je andere mensen – dus ook mensen van het andere geslacht, vreemdelingen of mensen uit een ander sociaal milieu – gaat beschouwen als autonome wezens met dezelfde gevoelens en verlangens als jezelf, dan wordt het lastig hen de rechten te onthouden die je zelf graag hebt. Er loopt volgens Hunt daarom een directe lijn vanaf de succesvolle romans van de achttiende eeuw, die de geesten rijp maakten voor een nieuwe opvatting van individuele mensenrechten, tot aan de eerste Verklaring van de Rechten van de Mens, die in 1789 in Frankrijk werd geopenbaard.

Iets soortgelijks zien we ook in onze eigen tijd, met de opkomst van bewegingen als Black Lives Matter. Dat deze beweging juist nu opkomt, is geen toeval. Niet alleen is de verspreiding van beelden van het geweld dat Afro-Amerikanen ondergaan, explosief gegroeid door de komst van nieuwe media. Mensen zijn ook vatbaar gemaakt voor deze geweldsbeelden, doordat ze van literatuur hebben geleerd zich te identificeren met de Afro-Amerikaanse slachtoffers ervan. Net zoals er een lijn zou lopen van achttiende-eeuwse romans naar de Franse Revolutie, zou er een lijn lopen van de persoonlijke, aangrijpende woordkunst van hiphopartiesten als Rakim, Nas en Kendrick Lamar, naar een beweging van vooral jonge mensen die opkomen voor een sociaal meer rechtvaardige samenleving. Zo memoreerde in 2018 de jury van de prestigieuze Pulitzerprijs bij de bekendmaking dat de prijs dat jaar naar Lamar ging, het belang van storytelling in zijn muziek. In de woorden van muziekcriticus Matthew Trammell: 'Het vertellen van verhalen (storytelling) is Lamars grootste kunst en voornaamste missie geweest. Om in woorden om te zetten hoe het is om op te groeien zoals hij dat deed, om in menselijke termen de intieme, specifieke details van een dagelijkse zelfverdediging tegen zijn omgeving tot uitdrukking te brengen.'

Literatuur en trauma

Lamars persoonlijke teksten over zijn ervaringen als Afro-Amerikaanse man, wijzen op weer een ander – al dan niet gewild – effect van literatuur, namelijk haar potentie om ingezet te worden bij het verwerken van een trauma. Grofweg zijn er twee wijzen te onderscheiden waarop literatuur hierbij een rol kan spelen: door het oproepen van directe herkenning, of door als symbool te fungeren voor andere waarden die met literatuur worden geassocieerd.

Het meest directe is wanneer literaire teksten gebruikmaken van hun nabootsende of mimetische werking, door traumatische ervaringen te omschrijven en deze ervaringen op die manier een objectief bestaan te geven, buiten de persoon die ze ondergaan heeft. De zogenaamde bibliotherapie speelt in op deze mimetische eigenschappen van literatuur. In een therapeutische setting wordt aan lezers gevraagd te reflecteren op teksten die een gevoel van herkenning kunnen oproepen ten opzichte van hun eigen traumatische ervaringen. Het biedt een middel om hierover te praten en zich te spiegelen aan de manier waarop andere, fictieve personages hebben gehandeld in soortgelijke situaties. Dit kan aan de hand van zorgvuldig geselecteerde teksten, die vooraf door een therapeut zijn gekozen omdat ze de geestelijke kwaal van de beoogde lezers thematiseren. Het kan ook via een vrijere benadering, waarin lezers in groepen wordt gevraagd ter plekke een tekst hardop te lezen en door vrije associaties erop te reflecteren. Vaak, zo leert de ervaring, pikken lezers dan juist díe elementen eruit die een aanknopingspunt bieden voor hun eigen situatie. Deze praktijk van groepslectuur is ontwikkeld op basis van het werk van psychiaters, zoals de Hongaarse Michael Balint en de Engelse Wilfred R. Bion, en in de praktijk uitgewerkt door literatuurwetenschappers die binnen de medical humanities werkzaam zijn.[11]

Dat literatuur kan helpen bij het omgaan met individuele trauma's behoeft nauwelijks argumentatie. Bekend zijn de vele verhalen van Holocaustoverlevenden die zich vastklampten aan fysieke boeken of literaire werken als manier om de gruwelijkheden om hen heen te kunnen duiden. Wellicht het meest aansprekende is het verhaal van Primo Levi, die in *Is dit een mens* (1947) – zijn getuigenissen over zijn gevangenschap in Auschwitz – de literatuur inzet om het trauma van het concentratiekamp te bezweren. Daarbij gebruikt hij de Hel van Dante uit *De goddelijke komedie* als metafoor voor het leven in Auschwitz, én als symbool voor het mooiste wat de menselijke geest kan voortbrengen. Levi put daaruit hoop, en het citeren van verzen uit Dante's meesterwerk wordt zo een ritueel dat hem in staat stelt structuur en betekenis te geven aan zijn huidige situatie. Met het werk van Levi en anderen is een rijke literatuur ontstaan, geschreven door Holocaustoverlevenden, waarbij literatuur als middel bij uitstek fungeert, niet alleen om een getuigenis te leveren van de traumatische gebeurtenissen, maar ook om ze in te kaderen.[12]

Want ook collectief kan literatuur een middel zijn om trauma's te verwerken. Een recent voorbeeld zijn de vele romans uit Centraal-Amerika die handelen over de cyclus van politiek geweld van de laatste decennia van de vorige eeuw, toen guerrillaoorlogen, ontvoeringen, martelingen en staatsterreur dagelijkse realiteit waren voor veel bewoners van de regio. In deze romans worden personages ten tonele gevoerd die slachtoffer zijn geworden van het geweld, en die de heftige psychische gevolgen daarvan ondergaan, in de vorm van psychoses en waanbeelden. In dit geval maakt literatuur gebruik van haar empathisch vermogen om de lezers zich te laten identificeren met de gruwelijkheden die zijn ondergaan door bepaalde groepen uit de maatschappij.

Deze romans laten echter niet alleen de slachtoffers van het politiek geweld aan het woord, ze voeren dikwijls ook personages op die zelf geweld gebruiken. Zo vervagen de grenzen tussen slachtoffer en dader, want in een heden waarin vrijwel iedereen aan het geweld heeft deelgenomen, moeten beiden nu verder samen zien te leven. Literatuur kan dan weliswaar een bijdrage leveren aan het verzoeningsproces, maar alleen ten koste van het inzetten van empathie om ook het perspectief van de folteraars en moordenaars te laten zien.[13] Dit werpt op z'n minst morele vragen op, waarop ik hieronder verder inga.

Literatuur als instrument van repressie

Het voorbeeld van de Centraal-Amerikaanse romans die het perspectief innemen van martelaars en moordenaars staat niet op zichzelf. In een omstreden, bekroonde roman van de Frans-Amerikaanse auteur Jonathan Littell, *De welwillenden* (2006), vertelt een voormalige Einsatzkommandant en kampbeul tot in de kleinste details het verhaal van zijn oorlogsjaren. De gruwelen van de Holocaust worden uitvoerig beschreven, terwijl de hoofdpersoon geen berouw toont. De doden zijn per definitie stemloos, en de verteller is de enige die in staat is zijn kant van het verhaal te vertellen. Dat wijkt ook nog in een aantal opzichten af van de historische feiten, zoals critici hebben aangetoond. Van Bakhtins polyfonie of meerstemmigheid is dus, althans binnen de roman, geen sprake. Omdat de roman echter is gepubliceerd in een historische context waarin de gruweldaden van het naziregime maar al te bekend zijn bij het beoogd lezerspubliek, mag worden verondersteld dat Littells roman wordt geïnterpreteerd tegen de achtergrond van teksten zoals het bovengenoemde Holocaustrelaas van Primo Levi. Desalniettemin heeft de publicatie en de waardering die Littells roman oogstte, geleid tot een controverse die nog altijd niet is geluwd. Is empathie nastrevenswaardig wanneer het de lezer toegang geeft tot het perspectief van moordenaars en folteraars? En draagt het wel bij aan een gezonde samenleving wanneer de lezer deelgenoot wordt gemaakt van de voyeuristische fascinatie van de hoofdpersoon voor de fysieke details van het moorden en martelen van andere mensen?

Dat literatuur zowel een positieve als een negatieve bijdrage kan leveren aan de samenleving is geen nieuw inzicht. Al vanaf Plato's verkondiging dat er geen plaats voor dichters zou zijn in de ideale staat, zijn er filosofen geweest die zich tegen de verleidelijke macht van het geschreven woord keerden. Daarvoor hebben ze diverse redenen aangevoerd. Voor Plato was het leugenachtig karakter van fictie een zorg. Vele eeuwen later wees Jean-Jacques Rousseau op het gemak waarmee een slimme auteur met woorden kan manipuleren. Literatuur zou vervreemdend werken door lezers allerlei onechte verlangens aan te praten, en door de rede in te zetten als instrument om kwade impulsen achteraf te legitimeren. Literatuur, en de beschaving waarvan ze deel uitmaakt, draagt volgens Rousseau niet bij aan medemenselijkheid of moreel goed gedrag. Integendeel, het is een bron van morele corruptie. Het lezen van literatuur en empathie voelen voor romanpersonages biedt geen enkele garantie op ethisch gedrag.

Daarmee heeft Rousseau ongetwijfeld een punt. Zo is bekend dat de grootste dictators vaak ook liefhebbers waren van literatuur. Stalin beschouwde zichzelf graag als een literatuurcriticus die dikwijls jonge auteurs van advies voorzag. Mussolini was de president van de internationale Mark Twain vereniging.[14] Hitler rekende het bevorderen van leesclubs en het aanleggen van nieuwe boekencollecties tot zijn missie. En in ons eigen zoomtijdperk zijn er ineens best wat politieke leiders met antidemocratische ideeën op het scherm te zien, bij hen thuis, met een rijkgevulde boekenkast achter zich.

Succesvolle dictators hebben hun macht dan ook niet alleen te danken aan politieke en fysieke repressie, maar evenzeer aan hun geraffineerde inzet van de media voor propagandadoeleinden. Repressieve regimes houden het langst stand wanneer ze ook een ideologie ontwikkelen waarmee in ieder geval een deel van de bevolking kan instemmen. Hierbij valt ook literatuur – niet ondanks, maar dankzij haar zeggingskracht – onder de media die aangewend kunnen worden voor ideologische doeleinden. Het naziregime keerde zich niet tegen kunst, cultuur of literatuur, maar presenteerde zich juist graag als voorvechter ervan, bijvoorbeeld door populaire boekenclubs te steunen. Het door de nazi's gecontroleerde

Büchergilde Gutenberg had in 1933 een ledenbestand van rond de 25.000 leden, maar groeide in korte tijd uit tot 330.000 leden. Doel ervan was om het lezen van de grote literaire klassiekers als Goethe en Schiller, of meer recent het werk van de dichter Rainer Maria Rilke, te bevorderen, dit teneinde de eigen Duitse identiteit verder te verstevigen. Met overheidssteun werden bepaalde, vooraf geselecteerde werken in grote oplages herdrukt, zoals een roman van voormalig koloniaal ambtenaar Hans Grimm, *Volk zonder ruimte* (*Volk ohne Raum*) uit 1926, waarvan in de jaren dertig een half miljoen exemplaren werden verkocht. In deze roman putte de auteur inspiratie uit middeleeuwse IJslandse saga's om een beeld neer te zetten van een Duits volk dat behoefte heeft aan ruimte, zoals in de voormalige kolonies in Zuidwest-Afrika (het hedendaagse Namibië) die Duitsland na de Eerste Wereldoorlog was kwijtgeraakt. Zo vond de pan-Germaanse ideologie die door de nazi's werd uitgewerkt, haar oorsprong in literaire werken die enkele decennia eerder het licht hadden gezien. Hun erkenning van het belang van literatuur in het verstevigen van de eigen politieke ideologie drukten de nazi's dan ook uit in het aanleggen van nieuwe, immense boekencollecties, die samengesteld werden met boeken die ze uit bibliotheken elders in Europa hadden geroofd.[15]

Nu kunnen er wellicht vraagtekens worden gezet bij de literaire diepgang van de door de nazi's geprezen romans van Hans Grimm. Problematischer wordt het wanneer het gaat om de liefde van dezelfde nazilezers voor het werk van Goethe en Schiller. Gelden de pan-Germaanse ideeën die de eersten hierin zagen als kanttekening bij de literaire waarde van deze werken? En wat te doen met een auteur als de grote literaire vernieuwer Louis-Ferdinand Céline, die naast zijn twintigste-eeuwse epos *Reis naar het einde van de nacht* (1932) ook nog de meest verwerpelijke antisemitische pamfletten schreef? Schrijvers blijken, net als hun lezers, net mensen te zijn, en hun werken getuigen dikwijls van een morele gelaagdheid, zo niet van moreel-problematische aspecten die twijfels kunnen doen ontstaan over hun bijdrage aan een gezonde samenleving.

Lezen en de toename van individualisme

Ik wijs ten slotte op een laatste aspect van de omgang met literatuur die door critici als problematisch is aangeduid. Dit betreft de mogelijkheid die boeken bieden om je als lezer af te zonderen van de wereld. Literatuur kan weliswaar bijdragen tot processen van intellectuele bevrijding, zoals bij de gevangenisliteratuur die eerder is aangehaald, maar doet dat juist doordat het lezers stimuleert om zelf te reflecteren op datgene wat ze hebben gelezen. Door de uitvinding van de boekdrukkunst en de toegenomen beschikbaarheid en betaalbaarheid van gedrukt werk als gevolg daarvan, ontstond een nieuwe vorm van lezen, in stilte en alleen, in tegenstelling tot het collectieve lezen dat tot dan toe gangbaar was. Dit bevorderde op haar beurt een nieuw ik-gevoel en nieuwe opvattingen over persoonlijke ruimte en autonomie, evenals het recht op privacy.[16] De nieuwe mensenrechten waarover in de achttiende eeuw werd nagedacht, waren in eerste instantie individuele rechten.

Maar deze lezersautonomie zou ook een explosie aan nieuwe, kritische opvattingen met zich meebrengen die soms tot openlijk conflict konden leiden. Met name op religieus gebied is er een onbetwiste relatie tussen de nieuwe interpretatieve vrijheid die het individueel lezen met zich meebracht en ideologisch conflict, uitmondend in een spiraal van opstand, geweld en bloedige onderdrukking. Dit was ook reden voor sommige katholieke auteurs om de boekdrukkunst tot instrument van de duivel te bestempelen, die meer schade had aangericht dan goeds had gebracht.

Het probleem dat ze signaleerden blijft nog altijd actueel, zij het in een iets aangepaste vorm. Waar de zestiende- of achttiende-eeuwse lezer zich met een boek afzonderde, doet de moderne lezer dat binnen een eigen mediabubbel, waarbij in beide gevallen de lezer een eigen werkelijkheid betreedt, omringd door gelijkgestemden, met soms bizarre wereldbeelden en complottheorieën als gevolg. Literatuur kan nieuwe, al dan niet denkbeeldige gemeenschappen helpen bouwen, dat staat vast. Maar het kan net zo goed ingezet worden om gemeenschappen af te breken.

Tot slot: gezond lezen?

De potentiële gevaren van individuen die zich afzonderden met een boek, en daarmee de rug keerden naar de gemeenschap, is een van de redenen dat in de achttiende eeuw een debat woedde over de plek die lezen moest hebben in de samenleving. Critici wezen op de gevaren van boeken voor niet-geschoolde lezers, vaak met name jonge vrouwen, die de wereld zoals in romans voorgesteld als voorbeeld zouden kunnen nemen voor hun eigen handelen. Verhalen over liefde en jonge mensen die de adviezen van hun ouders trotseerden om zelf uit te maken wie ze beminden, zouden het gezag ondermijnen. Maar ook voorstanders van literatuur begrepen dat het ongebreideld lezen tot onwenselijke situaties zou kunnen leiden. Daarom pleitten ze voor het samen lezen en benadrukten ze de sociale functie die literatuur idealiter zou moeten hebben. Boeken zouden in groepsverband moeten worden gelezen, hardop, zodat lezers samen konden discussiëren over datgene wat ze hadden gelezen. Net als in moderne therapeutische leesgroepen, zou literatuur het meest effectief zijn wanneer de lezer het tot zich zou nemen in een directe, mondelinge vorm. En net als in moderne therapeutische groepen, zou het samenzijn zelf als middel werken om heftige, verdrietige of controversiële thema's een plek te geven. Lezen zonder reflectie en zonder toetsing aan de hand van de ervaringen van medelezers, zou weinig nut hebben voor de samenleving.[17]

Tot slot kom ik op deze kwestie van het nut van het lezen terug, ditmaal in relatie tot het begrip gezondheid en in het licht van de coronapandemie. Want wellicht is de krachtigste bijdrage van literatuur aan de samenleving niet haar veronderstelde helende werking, maar een kritische kijk op het concept 'gezondheid' zelf. Literatuur toont de mens in al zijn zwakte en falen. De zieke of onvolmaakte mens is in de literatuur geen afwijking, maar juist de norm. Het therapeutisch groepslezen herinnert lezers eraan dat ook verdriet bij een gezonde samenleving hoort. Daarin schuilt een van de krachten van Mary Shelley's *The Last Man*, een van de romans die tijdens de pandemie opnieuw in de belangstelling stond. Dit uiterst deprimerende relaas over het langzaam uitsterven van de mensheid schreef Shelley toen ze zelf achtereenvolgens de grote liefde van haar leven, haar man Percy Bysshe, daarna een zoon en ten slotte haar enige dochter zag doodgaan. Het boek schetst dan ook een verontrustend, maar bij vlagen lyrisch beeld van een beschaving die uitdooft, totdat er slechts één mens – de verteller, een alter ego voor Mary zelf – nog leeft.

Mary Shelley confronteert ons aldus met de menselijke sterfelijkheid, en daarvoor biedt ze geen enkele oplossing. Zoals een andere romanschrijver, de Russische balling Alexander Herzen zou hebben gezegd: 'Wij schrijvers zijn niet de geneesheren, wij zijn de pijn zelf.'[18] Het is misschien een schrale troost, maar literatuur biedt wel een manier om die pijn met anderen te delen.

Literatuur & noten

1. Wanneer er een Nederlandse vertaling bestaat van het besproken boek, geef ik de Nederlandse titel. In andere gevallen citeer ik de titel in de oorspronkelijke taal. Alle citaten vertaal ik verder in het Nederlands.
2. Lepore, J., 'What Our Contagion Fables Are Really About', *The New Yorker*, 23 maart 2020.
3. Field, M.J., & Cassell, C.K. (reds.) (1997). *Approaching Death: Improving Care at the End of Life*. Washington: National Academy Press, 2.
4. Newell, S. (2002). *Literary Culture in Colonial Ghana: 'How to Play the Game of Life'*. Manchester: Manchester University Press.
5. Rose, J. (2018). *Readers' Liberation*. Oxford: Oxford University Press, VII.
6. Anderson, B. (1983). *Imagined Communities*. Londen: Verso.

7. Eisenstein, E. (1980). *The Printing Press as an Agent of Change*. Cambridge: Cambridge University Press.
8. Pettegree, A. (2016). *Brand Luther*. Harmondsworth: Penguin.
9. Mornet, D. (1933). *Origines intellectuelles de la révolution française, 1715-1787*. Parijs: Armand Colin; Darnton, R. (1996). *The Forbidden Best-Sellers of Pre-Revolutionary France*. New York: Norton.
10. Hunt, L. (2007). *Inventing Human Rights: A History*. New York: Norton.
11. Billington, J. (2016). *Is Literature Healthy?* Oxford: Oxford University Press.
12. Dresden, S. (1991). *Vervolging, vernietiging, literatuur*. Amsterdam: Meulenhoff.
13. Haije, M. La (2020). *Memorias loca: Una lectura de la ficción centroamericana (de los años noventa a la actualidad) desde la conexión entre locura y trauma*. Nijmegen: proefschrift.
14. Kalder, D. (2018). *The Infernal Library: On Dictators, the Books They Wrote, and Other Catastrophes of Literacy*. New York: Henry Holt.
15. Rydell, A. (2017). *De grote boekenroof. Een zoektocht naar Europa's verdwenen bibliotheken*. Amsterdam: Atlas Contact.
16. Jagodzinski, C.M. (1999). *Privacy and Print: Reading and Writing in Seventeenth-Century England*. Charlottesville: University Press of Virginia.
17. Williams, A. (2017). *The Social Life of Books: Reading Together in the Eighteenth-Century Home*. New Haven: Yale University Press.
18. Geciteerd in Rose, *Readers' Liberation*, 25.

13 Verhalen in tijden van corona

Strategic storytelling in de gezondheidscommunicatie

José Sanders & Kobie van Krieken

Als de samenleving geschokt of in de war is, gaan mensen als vanzelf verhalen maken die hen nieuwe structuur en betekenis geven. Verhalen scheppen orde en geven richting. Dat principe is bruikbaar in alle tijden, onder alle omstandigheden. Ook, of juist in tijden van corona. Het ordenende en richtinggevende effect van verhalen kan namelijk een sterke werking hebben. De zorg kan die werking goed gebruiken. Verhalen kunnen in de gezondheidscommunicatie helpen om verantwoorde meningen en gedragingen te versterken.

Storytelling[1] leek een aantal decennia geleden zijn beste tijd gehad te hebben. Toen het internet opkwam was het idee dat objectieve informatie steeds gemakkelijker beschikbaar en gedeeld zou worden, ten koste van subjectieve verhalen. Inmiddels kunnen we constateren dat verhalen alleen maar aan invloed lijken te winnen. Niet alleen zien we de opkomst van fake news waarin allerlei onware verhalen worden verteld, ook de journalistiek, reclame en gezondheidscommunicatie lijken steeds meer gebruik te maken van persoonlijke verhalen. Dat is goed te verklaren: door de informatieovervloed van onlinemedia verdwalen mensen gemakkelijk en gaan ze op zoek naar herkenbare, persoonlijke ervaringen van anderen. Een aantrekkelijk en begrijpelijk verhaal kan heel overtuigend werken: het biedt een rolmodel, en misschien nog belangrijker, het biedt een simulatiemogelijkheid die het publiek de verhaalgebeurtenissen 'virtueel' laat meebeleven. De oerfunctie van verhalen is dat we door plezier te hebben in het meebeleven van andermans ervaringen, er tegelijk iets van kunnen leren.[2]

Zo scheppen verhalen orde en duiden ze richting. Dat principe is bruikbaar in alle tijden en alle omstandigheden: ook, of júist in tijden van corona. Het ordenende en richtinggevende effect van verhalen kan namelijk een sterke werking hebben. Voor communicatie in de gezondheidszorg is die werking iets dat goed gebruikt kan worden, om de meningen en het gedrag van mensen bij te sturen in een verantwoorde richting, bijvoorbeeld in de richting van vaccinatie. Maar die werking kan ook een ongewenst effect hebben. Zo kunnen verhalen in de media de mening van mensen sterk beïnvloeden, bijvoorbeeld wantrouwen in vaccinatie veroorzaken.

Verhalen die het leven structureren

Nieuwe media bieden aan gebruikers meer mogelijkheden dan voorheen om zelf een verhaal op schrift te stellen en in beeld te brengen. Zo worden ze de verteller van het eigen verhaal[3] en gebruiken ze de eigen digitale omgeving om dit verhaal te delen met anderen.[4] Dankzij de digitale mediatechnologie kunnen medegebruikers onderdeel van het verhaal worden door er zelf actief aan mee te doen en dat kan tegenwoordig bij uitstek door social media. Hun opkomst heeft storytelling alleen maar invloedrijker gemaakt: veel mensen bouwen in hun sociale omgeving en op social media als Facebook en Instagram, zorgvuldig aan de story van hun eigen leven waarin zij zelf de hoofdrol spelen. Jonge mensen lezen niet veel verhalen meer en vertellen minder verhalen in woorden; ze communiceren hun *digital stories* veelal (ook) in beelden. De storyfunctie van social media netwerken staat gebruikers toe razendsnel via beeld een 'verhaal' te vertellen dat in één oogopslag zegt waar jij op dat moment bent, wat je bezighoudt, en, in zekere zin, wie je bent.[5]

Waar we vroeger elkaar achteraf opzochten of opbelden om te vertellen wat we meegemaakt hadden, kunnen we nu realtime uitwisselen *what's happening*. Eén beeld is al genoeg om de rest van het verhaal te kunnen projecteren. Een beeld van de gebruiker met een mondkapje op in de supermarkt zegt impliciet: ik ben boodschappen aan het doen/gaan doen. Bij interactie tussen gebruikers van verschillende generaties worden dat soort inferenties vaak nog geëxpliciteerd, want het beeld is niet genoeg als verhaal en moet met woorden bevestigd worden: 'Waar ben je? In de supermarkt?' Bij jongere gebruikers is dat vaak al niet meer nodig, zij becommentariëren het verhaal liever ('Goeie mondkap'), of sturen een tegenverhaal (waar ze zelf zijn/waar iemand anders is/met een ander mondkapje op). Ze interacteren de hele dag met dit soort beeldverhalen. Een storyline wordt dan een stroom van opeenvolgende beelden of een collage van gelijktijdige beelden, die tezamen de contouren uitzetten van het leven dat iemand wil uitbeelden. De andere gebruikers mogen dan zelf de rest van het verhaal afleiden. Zo worden mensen via de media verdubbeld en vallen ze in zekere zin minder samen met zichzelf in het hier en nu; ze worden een personage in hun eigen verhaal en projecteren op zichzelf, nodigen andere gebruikers uit om met hen te kijken naar het mediaverhaal dat ze over zichzelf neerzetten.[6]

Collectieve heldenverhalen

Van het leven een verhaal maken is algemeen menselijk en zeker niet nieuw. Mensen zullen vaak trachten hun ervaringen zo te modelleren dat deze optimaal geschikt zijn om ze, individueel en gezamenlijk, te beleven in het eigen narratief dat ze gaandeweg 'schrijven'. Als de samenleving geschokt of in de war is, gaan mensen als vanzelf verhalen maken die hen nieuwe structuur en betekenis geven. De waarheid van de geleefde werkelijkheid van mensen en van de samenleving is immers dat deze vaak helemaal niet op een mooi afgerond verhaal lijkt, maar nogal rommelig is, en dat we daarbij vaak erg afhankelijk zijn van anderen. In de door media bepaalde samenleving wordt dat besef steeds minder als aantrekkelijk ervaren. Het autonoom vormgeven van het eigen levensverhaal is een dominante waarde geworden. Studie, werk, relaties en gezin, heel het leven inclusief het levenseinde wordt steeds vaker op deze manier 'narratief' gemaakt: veel mensen verlangen zelf te kunnen bepalen, bij volle bewustzijn en onafhankelijk, hoe zij hun leven inrichten en wanneer dit als voltooid wordt geacht. Kenmerkend is dat steeds meer mensen het sterven wensen te regisseren en liefst ook op voorhand de eigen uitvaartdienst vormgeven. Het onthutsende van de recente coronacrisis ligt voor een aanzienlijk deel in het volledig onderuithalen van die eigen regie. Plotseling werd de samenleving geconfronteerd met chaos en dreiging. Met inperking van vrijheden en sociale contacten, met plotselinge dood zonder enige vorm van keuze. Ineens bleek het te ontbreken aan de mogelijkheid om zelf aan het roer van het eigen verhaal te staan.

Kenmerkend is dat in zulke machteloze situaties vaak een collectief verhaal naar voren treedt, waarin degenen die nog wél aan het roer staan en van wie de samenleving afhankelijk blijkt, de hoofdrol spelen.[7] Dit mechanisme werd goed zichtbaar in de gebeurtenissen in de VS na 9/11, toen de schijnwerpers gericht waren op de moedige brandweerlieden die als enigen de smeulende Twin Towers mochten betreden om mensen te redden.[8] Zij vertelden toen letterlijk het verhaal, want niemand anders kon van binnenuit verslag doen. Iets dergelijks was zichtbaar in de Frontberichten die in de eerste coronagolf maandenlang elke avond op tv werden uitgezonden en in de tweede golf terugkeerden: via de nieuwe media stuurden zorgmedewerkers zelf de beelden van het 'front' de wereld in. Zij waren daarmee letterlijk en figuurlijk verhalenvertellers die houvast boden om het ongrijpbare bevattelijk te maken. Zo viel het licht op de zorgverleners die *hun leven waagden* voor de geïnfecteerde patiënten en die in de *frontlinie* van de IC-kamers stonden, vooropgaand in de *strijd* tegen het virus. Onze *helden*.

Dergelijke collectieve heldenverhalen geven zin, omdat ze schijnbaar willekeurige en chaotische ervaringen zó vormgeven dat zij passen in een betekenisvol verband: een verhaal waarin iedereen een zinvolle rol heeft, zelfs degenen die, thuis afwachtend en op media aangewezen, niet méér kunnen doen dan deze opofferingsgezindheid bewonderen en met aanmoediging of gebed ondersteunen. Deze idealisatie maakt het mogelijk om de publieke energie toch, vanaf een veilige afstand, te mobiliseren, totdat de pijn en machteloosheid worden overwonnen door collectief de strijd aan te gaan – met de terroristen, met het virus.[7] Zo kan een heldenverhaal overgaan in een strijdverhaal. Dergelijke verhaalmetaforen zijn dus begrijpelijk en nuttig, maar ze zijn niet vrijblijvend: ze kunnen effecten oproepen die grote consequenties hebben, zoals de opschorting van individuele vrijheden in de 'strijd'.[9] Een effectief verhaal is dus niet alleen aantrekkelijk en begrijpelijk, maar ook *creatief*: het schept orde in geleefde ervaringen door verbanden te leggen en richting te geven aan emoties, energie en handelen.

In de coronatijd en andere perioden van crisis hebben verhalen de functie van *symbolic universes*, waarbij mensen in verschillende levensfasen een eigen focus op de betekenis van het leven ontwikkelen, zo toont recent onderzoek naar ervaringen van Italiaanse mensen uit de eerste coronagolf.[10] Het blijkt dat hun verhalen konden worden geordend aan de hand van twee dimensies: de gezondheidsdreiging en de herordening van prioriteiten. In beide gevallen had de dimensie een persoonlijk en een maatschappelijk aspect. Opmerkelijk is dat de verhalen van jonge mensen en studenten de focus meer leken te leggen op het maatschappelijk dreigingsaspect in termen van het 'overleven van een oorlogssituatie', terwijl de verhalen van mensen van middelbare leeftijd die tijdens de lockdown hun normale werksituatie behielden in veel gevallen juist een focus legden op het 'herzien van persoonlijke prioriteiten'. Dit illustreert hoe storytelling mensen de ruimte geeft om hun eigen, onderling heel verschillende ervaringen te verwoorden en in een zinvol groter geheel te plaatsen waardoor ze betekenis krijgen. Maar het maakt ook zichtbaar hoe belangrijk het is om de verbinding tussen verschillende verhalen te blijven zoeken om elkaar niet kwijt te raken.

Nederlandse coronaverhalen uit de zorgverlening

Recent is ook een collectie Nederlandse coronaverhalen verzameld van mensen met uiteenlopende achtergronden, waaruit eveneens blijkt hoe mensen aan het denken zijn gezet over wat corona betekent voor de wereld en voor henzelf en hoe dit zou moeten leiden tot verandering.[11] Het is goed verklaarbaar dat mensen vanuit de regielockdown de behoefte voelen hun eigen verhaal weer 'terug te pakken': zij formuleerden de betekenis van de coronacrisis voor hun eigen leven om weer perspectieven te zien. Speciaal van belang zijn de ervaringsverhalen van mensen die te maken hebben gehad met zorg vanwege corona, zowel vanuit zorgverleningsperspectief als vanuit het perspectief van zorgontvangers: patiënten, maar ook naasten van patiënten. Opvallend zijn de machteloosheid en schuldgevoelens die veel zorgverleners uiten. De verhalen uit de eerste golf laten hiervan voorbeelden zien. De zorgmedewerkers vertelden dat ze in verwarring raakten doordat ze niet in staat waren – door gebrek aan capaciteit, overzicht en tijd – om zorg te leveren op de wijze die hen vertrouwd is en die ze voor professioneel houden. Vooral de uiterst beperkte mogelijkheid om persoonlijke aandacht te geven aan patiënten werd als stressvol ervaren. Zowel zorgmedewerkers als naasten van patiënten vertelden dat ze de onmogelijkheid om dicht bij patiënten in hun meest benarde of zelfs laatste ogenblikken aanwezig te zijn, als moeilijk te verdragen hebben gevoeld. Een geïnterviewde vatte deze frustratie als volgt samen:

> Ik werk in de gehandicaptenzorg en gisteren zag ik een filmpje op Facebook van een verstandelijk beperkte jongen van 25 die voor het eerst na tien weken zijn ouders weer ziet. Nu schiet ik meteen weer vol; ik heb in tijden niet zo gehuild als toen ik dát filmpje zag.

> Daar zit bij mij ook best frustratie – in dat humane: dat mensen elkaar niet mogen zien, elkaar niet mogen aanraken. Daar heb ik ongelooflijk veel last van. Toen ik dat filmpje gisteren zag, dacht ik: hoe kán dat nou, dat zo'n jongen tien weken zijn ouders niet mag zien! Hij snapt dat ook helemaal niet. Dat is wat mij het meeste raakt. Het inhumane aan deze maatregelen.[12]

Psychologen vergelijken deze frustraties bij zorgverleners in de door corona veroorzaakte omstandigheden met die van militairen in oorlogssituaties: net als soldaten lopen ze een reëel risico om getraumatiseerd te raken. Niet door werkdruk, maar door *moral injury*.[13, 14, 15] Net als soldaten worstelden de zorghelden van de coronafrontlinie met heel ingewikkelde ervaringen, waarin zij zich machteloos voelden door gebrek aan mogelijkheden om lijden te voorkomen of verlichten. Een zorgmedewerker, die om moest gaan met de vraag van familie van een stervende coronapatiënt met dementie, verwoordde het als volgt:

> Die zoon zei: 'Ik wil niet naar mijn moeder als zij ligt te slapen en niet meer aanspreekbaar is en doodgaat. Ik wil er nú voor haar zijn. Ik wil dat zij voelt dat ik haar steun.' En toen dacht ik: 'Ja jeetje, dit is toch gewoon de menselijke maat. Hier gaat het toch over!' [...] Ik ben dit meteen gaan bespreken met de arts en heb gezegd dat ik niet meer voor dit dilemma wil staan. Ik ga niet meer met mensen in gesprek om te zeggen dat mensen mogen komen als hun ouder terminaal is. Ik wil ervoor zorgen dat die mensen in de fase ervóór er kunnen zijn. [...] Dat heeft mij wel veel lucht gegeven maar ook veel indruk op me gemaakt. Achteraf waren we met deze mevrouw wel echt te laat. [...] Dat heeft me diep geraakt en het team ook. Dat getouwtrek over familie wel of familie niet.[16]

Dit zijn ervaringen die diepe indruk maken en die vragen om verwerking voordat de draad weer opgepakt kan worden. Het delen van ervaringen door persoonlijke verhalen te vertellen en te luisteren naar die van lotgenoten is daarin een heel belangrijk instrument.[17]

Storytelling in de media over ziekte en gezondheidszorg

Het ordenende en richtinggevende effect van verhalen is dus bruikbaar in allerlei maatschappelijke en professionele omstandigheden, zeker in coronatijden. Een verhaal dat in die zin 'goed werkt' is gebaseerd op waarachtige ervaringen, en een waarachtig verhaal leidt op zijn beurt tot goede ervaringen. Zulk strategisch gebruik van herkenbare en relevante verhalen wordt vaak aangeduid als storytelling. Overal worden verhalen op die manier ingezet, op de werkvloer, in de marketing, in de journalistiek en ook in publieke gezondheidscampagnes. Strategisch ingezette verhalen zorgen ervoor dat mensen als medewerkers, als patiënten, als klanten en als burgers hun eigen handelingen en ervaringen kunnen benoemen en in een groter, zinvol geheel kunnen plaatsen. Daardoor krijgt hun eigen handeling of ervaring (werk, aankoop, gezondheidssituatie) een betekenis en krijgen mensen een handelingsperspectief aangeboden: wat je kunt doen en wat je beter niet kunt doen. *Verhaal* verwijst dan naar de maatschappelijk gedeelde basis van kennis en waarden onder de ervaringen.

De nieuwe media voegen daar een dimensie aan toe, in die zin dat mensen al tijdens hun ervaringen, of bij het plannen van ervaringen, steeds meer rekening houden met het verhaal dat ze online willen neerzetten: hoe zal het er online uitzien als ik dit doe, dit zeg, dit meemaak? Het hier en nu wordt gecreëerd met het oog op mediatie, waardoor mensen hun verhaal niet zozeer met, als wel in media leven.[6] En we mogen dit leven in media letterlijk nemen. Mensen worden geboren in media, zijn ziek in media, sterven in media. Juist existentiële ervaringen zijn zelfdefiniërend en nodigen bij uitstek uit tot creatieve mediatie. Zij delen in de media hun geleefde ervaringen waarop andere mensen kunnen projecteren. Zo kunnen blogverhalen van patiënten over hun ziekte bijdragen aan hun identiteitsvorming: bijvoorbeeld mensen die een stoma hebben gekregen na een ernstige ziekte gebruiken verhalen om hun identiteit vorm te geven en zo een rolmodel te bieden aan andere lezers in een soortgelijke situatie.[18]

Bekende mensen kunnen met hun verhalen veel invloed uitoefenen. Zo vertelde Wendy van Dijk een aantal jaren geleden in de media dat zij de ruggenprik tijdens haar bevalling had ervaren als de uitvinding van de eeuw omdat ze daardoor energie overhield en meteen kon gaan genieten.[19] Veel aanstaande moeders namen deze ervaring als voorbeeld, en de voorzichtig geuite bedenkingen van verloskundigen en gynaecologen dat zo'n verdoving toch wel meer kans op complicaties geeft, riepen veel weerstand op.[20] Die deskundigen waren uitgepraat; ze hadden, letterlijk, geen verhaal meer. Wat hier speelt is dat de gezondheidszorg aan mensen steeds meer de ruimte laat om zelf keuzes te maken.[21] Niet alleen bij een behandeling van een ziekte, maar ook bij zaken die vroeger vanuit het oogpunt van volksgezondheid collectief bepaald werden. Zoals bevallen zonder ingrepen en pijnstilling, aangezien die vanuit medisch oogpunt niet nodig zijn. Of vaccinatie, aangezien dat vanuit publiek standpunt nodig is. Dergelijke zaken zijn nu onderwerp van individuele keuzes, die mensen verondersteld worden zelf en autonoom te maken, al dan niet in overleg met hun zorgverlener. Maar zelf kiezen is helemaal niet gemakkelijk of vanzelfsprekend in een sociale media omgeving die razendsnel wordt gevuld met verhalen die heel sturend werken op keuzes, en die mensen ongevoeliger maken voor de argumenten van zorgverleners en andere autoriteiten over onderwerpen als bevalling of vaccinatie.[22]

Verhalen over gezondheid, ziekte en zorg zijn immers overal te vinden, in de sociale omgeving, in de journalistieke media en online. Op websites en in social media verenigen mensen zich rond gezondheidsthema's als vaccinatie. De afgelopen jaren zijn steeds meer twijfelende ouders zich online gaan verenigen in een narratief van natuurlijk leven, eigen keuzes en wantrouwen jegens wetenschap en farmaceutische industrie.[23] Zo'n narratief verwoordt aantrekkelijke waarden als autonomie en zelfredzaamheid en wordt nog versterkt door krachtige ik-ervaringsverhalen rond vermeende bijwerkingen of gevaren van de vaccins. Op antivaxwebsites plaatsen ouders persoonlijke ervaringsverhalen waarin zij zelf in een verhaalplot 'heldenrollen' vervullen, door zich te verzetten tegen de veronderstelde misleiding en door hun kinderen te beschermen tegen de veronderstelde gevaren van vaccins.[24] Zo positioneren zij zichzelf als het ware in de archetypische rol van 'De Goede Moeder', die zorgzaam, beschermend en intuïtief handelt,[25] terwijl zorgmedewerkers in dergelijke verhalen doorgaans de archetypische rol van 'Heerser' krijgen toebedeeld die enkel uit is op macht en controle, en die dit uitoefent door spuiten te zetten. In zo'n verhaalplot is het 'verslaan' van de Heerser de enige manier voor ouders om verantwoordelijke ouders te zijn, en luidt de boodschap voor de lezers: neem de controle over en weiger je kinderen te laten vaccineren.

Een folder met zakelijke feiten en richtlijnen van artsen kan mensen niet gemakkelijk uit zo'n verhaal trekken, want met cijfers kunnen twijfelende lezers zich niet identificeren: ze zoeken echte ervaringen om hun keuzes te bepalen.[26] Extra bemoeilijkend is dat mensen zich in hun opvattingen en gedrag vooral laten leiden door informatie die hun reeds bestaande opvattingen bevestigt. Mensen die zich aarzelend of negatief opstellen tegenover vaccinatie, zullen het sterkst worden beïnvloed door antivaccinatieverhalen; die verhalen beschouwen zij als geloofwaardiger en betrouwbaarder dan provaccinatieverhalen.[27] Om hen vervolgens uit zulke *echo chambers* te halen, waarin mensen enkel nog maar eenzijdige, vaccinatiekritische informatie ontvangen waardoor verdere polarisatie van het vaccinatiedebat ontstaat,[28] is méér nodig dan alleen argumentatieve, op statistieken gebaseerde voorlichting.[29] De gezondheidscommunicatie heeft *tegenverhalen* nodig.

Strategische verhalen in de gezondheidscommunicatie

Voor overheid en gezondheidsorganisaties bestaat de uitdaging erin om het eigen verhaal te vertellen. Hoe kan op waarachtige wijze worden uitgebeeld dat ouders die kiezen voor vaccineren een verantwoorde keuze maken voor hun eigen kind en bovendien een maatschappelijk beschermende rol hebben? Het Minnesota Department of Health maakt reeds veelvuldig gebruik van dergelijke verhalen. Op de website staan tientallen persoonlijke verhalen die het belang van vaccinatie benadrukken en ouders oproepen hun kinderen te laten vaccineren. Zo schrijft Laura het verhaal op van haar vijfjarige zoon Ben, die al drie jaar lang zware medische behandelingen ondergaat omdat hij leukemie heeft:

> During one of Ben's routine inpatient treatments in March 2011, he was exposed to a child who was later diagnosed with measles. His exposure wasn't because they shared a room but because Ben might have breathed air the other child exhaled. We were shocked when they told us that Ben could get measles because of this. After his potential exposure, Ben was given shots to boost his immune system. How could anyone ask him to fight more than leukemia? His life is challenging enough and now he might be asked to fight for his life against a preventable disease. Ben couldn't be around other people for 21 days because of the risk that he could expose other innocent children who were too young to be vaccinated or children whose parents chose not to vaccinate them. It was ironic for me to think of the pain we have taken to shelter our child from sick kids and now he was the one placed in quarantine. Because of

> someone's conscious choice to take a risk on their child's behalf, we were forced to further alter our son's life. [...] As you think about vaccinating your child, please keep in mind how an unvaccinated child can impact other children, particularly infants and those children who are already fighting for their lives.[30]

In het verhaal over Ben krijgen lezende ouders de mogelijkheid zichzelf als held in het verhaal te projecteren door hun kind(eren) te laten vaccineren en daarmee de levens van andere kinderen te beschermen. De rol van Goede Moeder krijgt hier dus een andere invulling dan in antivaccinatieverhalen: je kinderen wél laten vaccineren is de enige juiste manier om uiting te geven aan je zorgzaamheid en beschermende rol.

In andere verhalen op de website van het Minnesota Department of Health staat het beschermen van je éigen kind(eren) centraal. Zo beschrijft Shannon hoe haar dochter Abigale overleed aan pneumokokken – een ziekte die het kind niet zou hebben opgelopen als haar ouders haar hadden laten inenten. Dit verhaal probeert te overtuigen door te laten zien wat er kan gebeuren als ouders de rol van Goede Moeder invullen door hun kinderen niet te laten vaccineren. De overtuigingskracht wordt geoptimaliseerd door het gebruik van narratieve technieken en structuren die het verhaal herkenbaar en meeslepend maken. Als lezer worden we uitgenodigd ons te identificeren met moeder Shannon en vanuit haar perspectief een dag te beleven die in alle onschuld begint:

> That Sunday started out as a normal day taking the children to church and Sunday school. Then, back home again playing outside and unwinding to some games and books when Abby started to complain of a headache. The illness came on very quickly and then progressed even quicker to vomiting, diarrhea and fever with chills. [...] The night was horrible with many trips to the bathroom

> and consoling Abby as she sat shivering in the tub working through her fever. My husband, DuWayne, was up with her early in the morning when he yelled, 'Shannon we need to bring her in to the emergency room.' He didn't like her lethargy or purple blotches that were appearing on her legs. He knew something just wasn't right. [...] We hurriedly drove to the our hospital 21 miles away in freezing rain with me sitting in the back with the two kids and calling the hospital on the way saying we were coming. I prayed for the best but felt as I held her in my arms while she was buckled in her car seat that she was leaving me. Her last words to me were 'mommy I hurt all over'.[31]

Dit verhaal nodigt ons uit ons te verplaatsen in Shannon, de ik-verteller die haar dochter verliest en ons haar emoties te laten voelen. Door het opwekken van deze emoties wint het verhaal aan overtuigingskracht.[32]

Het gaat er echter niet alleen om dat voorbeeldpatiënten hun verhaal vertellen, maar ook dat medici en beleidsbepalers zelf als vertellers en als verhaalpersonages naar voren treden en verhalender gaan communiceren. Huisartsen kunnen bijvoorbeeld in hun spreekkamer praten over hun eigen ervaringen met het vaccineren van (hun eigen) kinderen, en zo twijfelende ouders een alternatief verhaal bieden dat even meeslepend, emotionerend en overtuigend kan zijn als antivaccinatieverhalen.[33] En beleidsmakers kunnen bijvoorbeeld influencers – mensen die invloedrijk zijn in online netwerken – uitnodigen om relevante verhalen uit te wisselen. Zulk strategisch gebruik van herkenbare en relevante verhalen wordt aangeduid als *interventie via storytelling*.

Waarachtig, relevant en herkenbaar

Belangrijk voor interventie of beïnvloeding via storytelling is dat de vertelde gebeurtenissen en ervaringen heel specifiek zijn: ze moeten gaan over iemand met een eigen persoonlijkheid in een eigen sociaal-culturele omgeving. Dat maakt het verhaal aantrekkelijk en herkenbaar.[34] Als we verschillende soorten gezondheidsverhalen met elkaar vergelijken, valt op dat ik-verhalen sterker werken dan dezelfde verhalen in de derde persoon met hij/zij.[35] Voorbeelden hiervan zien we in de verhalen van Laura en Shannon hierboven. De gezondheidscommunicatie maakt dus volop gebruik van strategische verhalen: bij een lastige boodschap kan de narratieve vorm een belangrijk deel van het werk doen om lezers in het verhaal te trekken en tot identificatie met de verhaalpersonages te verleiden, zélfs als de verhaalpersonages en hun belevenissen aanvankelijk vreemd zijn voor de doelgroep. De identificatie met verhaalpersonages roept gevoelens op die blijven hangen. Als lezers zich het verhaal voorstellen nemen ze ook deel aan diepe ervaringen en vertalen die naar hun eigen ervaringswereld.

Cruciaal voor de effectiviteit van interventieverhalen is dat de doelgroep zelf meewerkt aan de constructie van de interventieverhalen; deze moeten gebaseerd zijn op hun eigen ervaringen, waardoor ze waarachtig, relevant en herkenbaar zijn.[36] Herkenbaarheid van verhalen wordt niet alleen door de gebeurtenissen veroorzaakt, maar vooral door de manier waarop de ervaringen en ideeën van mensen in de verhalen, worden weergegeven. De verhalen over vaccinatie en infectieziekten die we hierboven citeerden, zijn voorbeelden van zogenoemde *invasieve* verhalen.[37] Deze verhalen kenmerken zich door de weergave van de binnenwereld van verhaalpersonages: lezers kunnen het innerlijk bewustzijn van verhaalpersonages binnengaan. In overtuigende gezondheidsverhalen worden vaak zulke invasieve verhaaltechnieken gebruikt, omdat deze de identificatie met personages stimuleren. Lezers kunnen zich voorstellen hoe de mensen in het verhaal de gebeurtenissen hebben ervaren en kunnen de conclusies die zij trekken navoelen.[38]

Minder gemakkelijk is identificatie met zogenaamde *demonstra-*

tieve verhalen, waarin vooral acties en situaties worden getoond. Een invasief verhaal waarin de conclusies van het personage zichtbaar zijn, kan de narratieve boodschap dus directer verwoorden. Dat is om te verwerken eenvoudiger dan het afleiden van conclusies op grond van een demonstratief verhaal. Welk type verhaal het meest geschikt is om lezers van gezondheidsboodschappen te overtuigen hangt af van de doelgroep. Demonstratie kan voor laaggeletterde doelgroepen te moeilijk zijn, terwijl invasie weerstand kan oproepen als de attitudes van de doelgroep tegengesteld zijn aan die van het verhaalpersonage.[38] Zo kan iemand die al zeer overtuigd is van de nutteloosheid of zelfs het gevaar van vaccineren, een verhaal vol emoties als dat van Laura hierboven te confronterend vinden. Een zakelijk verhaal dat alleen maar vertelt wat er gebeurd is, zonder gedachten of gevoelens die de personages erbij hadden, kan dan effectiever zijn.

Hoe dan ook zijn verhalen een veelbelovende strategie om doelgroepen te informeren over de voordelen van vaccinatie voor henzelf en het belang ervan voor anderen en de volksgezondheid in het algemeen.[29] Gelukkig dringt dit besef steeds meer door in de publieke gezondheidscommunicatie: zo zagen we begin januari 2021 *live* beelden van de eerste Nederlandse vaccinatie tegen het coronavirus[39] en konden de eerste gevaccineerde zorgmedewerkers in alle media, van tv tot krant, vertellen over hun ervaringen.[40] Een heel nuttige, zelfs onmisbare toepassing van strategische verhalen in coronatijd.

Literatuur & noten

1. We danken Annet Scheringa (https://www.thestoryconnection.nl/) en Pauline Seebregts (http://www.paulineseebregts.nl/home) voor hun waardevolle inbreng bij de totstandkoming van dit hoofdstuk (deel 'Nederlandse coronaverhalen').

2. Boyd, B. (2009). *On the Origin of Stories: Evolution, Cognition, and Fiction.* Harvard University Press.
3. Borger, M., Hoof, A. van, & Sanders, J. (2016). 'Expecting Reciprocity. Towards a Model of the Participants' Perspective on Participatory Journalism'. *New Media and Society 18*(5), 708-725. DOI:10.1177/1461444814545842
4. Sanders, J. (2017). *We hebben een verhaal nodig* (oratie). Nijmegen: Radboud Universiteit. http://repository.ubn.ru.nl/handle/2066/178626
5. Page, R.E. (2013). *Stories and Social Media: Identities and Interaction.* Routledge.
6. Deuze, M. (2011). 'Media Life'. *Media, Culture & Society 33*(1), 137-148. DOI:10.1177/0163443710386518
7. Goren, E. (2007). 'Society's Use of the Hero Following a National Trauma'. *The American Journal of Psychoanalysis, 67*(1), 37-52. DOI:10.1057/palgrave.ajp.3350013
8. Zelizer, B. (2002). 'Finding Aids to the Past: Bearing Personal Witness to Traumatic Public Events'. *Media, Culture & Society, 24*(5), 697-714. DOI:10.1177/016344370202400509
9. Somers, M., & Dupuy, L. (1 april 2020), *NRC*. 'Rechtsfilosoof: met de oorlogsmetafoor rechtvaardigt een politicus verregaande maatregelen.' https://www.nrc.nl/nieuws/2020/04/01/oorlog-zeker-nu-een-handige-metafoor-a3995636. Zie ook: Rosén, F. (2015). *Collateral Damage: A Candid History of a Peculiar Form of Death.* Hurst Publishers.
10. Venuleo, C., Marinaci, T., Gennaro, A., & Palmieri, A. (2020). 'The Meaning of Living in the Time of COVID-19. A Large Sample Narrative Inquiry'. *Frontiers in Psychology, 11*, 577077. DOI:10.3389/fpsyg.2020.577077
11. Scheringa, A., Seebregts, P., & Sanders, J. (in voorbereiding). *Verhalen van deze tijd. Corpus-analyse van Nederlandse Corona-verhalen 2020-2021.* Zeist/Nijmegen: TheStoryConnection/Storywise/Radboud Universiteit.
12. Scheringa, A., et al. (in voorbereiding). Verhaal AS11KA, voorjaar 2020. Geanonimiseerd.
13. Borges, L.M., Barnes, S.M., Farnsworth, J.K., Bahraini, N.H., & Brenner, L.A. (2020). 'A Commentary on Moral Injury Among Health Care Providers During the COVID-19 Pandemic'. *Psychological Trauma: Theory, Research, Practice, and Policy, 12*(S1), S138-S140. DOI:10.1037/tra0000698
14. Williamson, V., Murphy, D., & Greenberg, N. (2020). 'COVID-19 and Experiences of Moral Injury in Front-Line Key Workers'. *Occupational Medicine, 70*(5) 317-319. DOI:10.1093/occmed/kqaa052
15. Lesley, M. (2021). 'Psychoanalytic Perspectives on Moral Injury in Nurses on the Frontlines of the COVID-19 Pandemic'. *Journal of the American Psychiatric Nurses Association, 27*(1) 72-76. DOI:1078390320960535

16. Scheringa, A., et al. (in voorbereiding). Verhaal PS25EB, voorjaar 2020. Geanonimiseerd.
17. Liebert, E. (2019). 'Accessible Spiritual Practices to Aid in Recovery from Moral Injury'. *Pastoral Psychology, 68*(1), 41-57. DOI:10.1007/s11089-018-0825-1
18. Lamerichs, J.M.W.J., & Hooijdonk, C. van (2019). 'Mijn stoma is een #superstoma: Een discursieve analyse van blogs over stoma's'. *Tijdschrift voor Taalbeheersing, 41*(3), 461-484. DOI:10.5117/TVT2019.3.003.LAME
19. RTL Boulevard, 22-2-2010, zie: https://www.rtlboulevard.nl/entertainment/artikel/2746186/wendy-van-dijk-groot-voorstander-ruggenprik, geraadpleegd 7-9-2017.
20. Sanders, J. (2019). 'Sharing Special Birth Stories. An Explorative Study of Online Childbirth Narratives'. *Women and Birth, 32*(6), e560-e566. DOI:10.1016/j.wombi.2018.12.009
21. Sanders, J., & Meijman, F. (2012). '"Jouw keuze." Media en voorlichting over bevalling'. *Tijdschrift voor Taalbeheersing, 34*(3), 229-250. DOI:10.5117/TVT2012.3.JOU431
22. Sanders, J., Vries, R. de, Besseling, S., & Nieuwenhuijze, M. (2018). '"Such a Waste" – Dutch Midwifery Students about Childbirth Communication and Decision Making'. *Midwifery, 64*, 115-121. DOI:10.1016/j.midw.2018.06.007
23. Biss, E. (2014). *On Immunity: An Inoculation*. Graywolf Publishers.
24. Sanders, J., Krieken, K. van, & Vandeberg, L. (2019). 'Ouders als helden: De moeilijkheden en mogelijkheden van vaccinatieverhalen in gezondheidscommunicatie'. *Tijdschrift voor Taalbeheersing, 41*(3), 485-513. DOI:10.5117/TVT2019.3.004.SAND
25. Jung, C. (1916). *The Archetypes and the Collective Unconsciousness*. Princeton, NJ: Princeton University Press.
26. Dubbeldam, I., Sanders, J., Spooren, W., Meijman, F., & Haak, M. van den (2018). 'Motives for Information Behavior of Health Consumers'. *Journal for Consumer Health on the Internet, 22*(2), 1-16. DOI:10.1080/15398285.2018.1425071
27. Meppelink, C.S., Smit, E.G., Fransen, M.F., & Diviani, N. (2019). '"I Was Right about Vaccination": Confirmation Bias and Health Literacy in Online Health Information Seeking'. *Journal of Health Communication, 24*(2), 129-140. DOI:10.1080/10810730.2019.1583701
28. Schmidt, A.L., Zollo, F., Scala, A., Betsch, C., & Quattrociocchi, W. (2018). 'Polarization of the Vaccination Debate on Facebook'. *Vaccine, 36*(25), 3606-3612. DOI:10.1016/j.vaccine.2018.05.040
29. Cawkwell, P.B., & Oshinsky, D. (2016). 'Storytelling in the Context of Vaccine Refusal: A Strategy to Improve Communication and Immunisation'. *Medical Humanities, 42*(1), 31-35. DOI:10.1136/medhum-2015-010761

30. https://www.health.state.mn.us/people/immunize/basics/stories/laura.html, geraadpleegd op 4-1-2021.
31. https://www.health.state.mn.us/people/immunize/basics/stories/shannon.html, geraadpleegd op 4-1-2021.
32. Hoeken, H., & Sinkeldam, J. (2014). 'The Role of Identification and Perception of Just Outcome in Evoking Emotions in Narrative Persuasion'. *Journal of Communication, 64*, 935-955. DOI:10.1111/jcom.12114
33. Shelby, A., & Ernst, K. (2013). 'Story and Science: How Providers and Parents Can Utilize Storytelling to Combat Anti-Vaccine Misinformation'. *Human Vaccines & Immunotherapeutics, 9*(8), 1795-1801. DOI:10.4161/hv.24828
34. Norrick, N. (2005). 'The Dark Side of Tellability'. *Narrative Inquiry, 15*, 323-344. DOI:10.1075/ni.15.2.07nor
35. Graaf, A. de, Hoeken, H., & Sanders, J. (2016). 'Characteristics of Narrative Interventions and Health Effects: A Review of the Content, Form, and Context of Narratives in Health-Related Narrative Persuasion Research'. *Review of Communication Research, 4*, 88-131. https://nbn-resolving.org/urn:nbn:de:0168-ssoar-460654
36. Boeijinga, A., Hoeken, H., & Sanders, J. (2017). '"Storybridging" – Four Steps for Constructing Effective Health Narratives: A Case Study Application'. *Health Education Journal, 76*(8), 923-935. DOI:10.1177/0017896917725360
37. Krieken, K. van, & Sanders, J. (2021). 'Storytelling on Oral Grounds: Viewpoint Alignment and Perspective Taking in Narrative Discourse'. *Frontiers in Psychology*. 12:634930. DOI:10.3389/fpsyg.2021.634930
38. Graaf. A. de, Putte, B. van den, Nguyen, M., Zebregs, S., Lammers, J., & Neijens, P. (2017). 'The Effectiveness of Narrative Versus Informational Smoking Education on Smoking Beliefs, Attitudes and Intentions of Low-Educated Adolescents'. *Psychology & Health, 32*(7), 810-825. DOI:10.1080/08870446.2017.1307371
39. https://nos.nl/artikel/2363218-eerste-vaccinatie-live-te-zien-bij-de-nos.html, geraadpleegd op 6-1-2021.
40. https://www.omroepbrabant.nl/nieuws/3322029/sanna-kreeg-als-allereerste-de-coronavaccinatie-ik-heb-er-helemaal-niets-van-gevoeld, geraadpleegd op 6-1-2021.

14 De scherpe kanten van een gezonde samenleving

Academische ervaringen vanuit een grenspositie

Cesar E. Merlín Escorza, Dawit Tesfay Haile, Kolar Aparna, Naomi Wijnen & Saba Hamzah

'Ik heb het idee dat je niet onzeker hoort te zijn op een universiteit. De universiteit is bedoeld voor gezonde, productieve, zelfverzekerde lichamen. Onzekerheden worden als contraproductief beschouwd.'
In vijf portretten spreken *migrant scholars* vanuit een grenspositie over de onmogelijke keuze tussen integreren of buitengesloten worden, en nemen ze afstand van heersende paradigma's.
'Ik wilde mijn principes niet opgeven, namelijk dat lesgeven bedoeld is voor sociale transformatie in plaats van, zoals Freire het noemt, het deponeren van kennis in de hoofden van studenten.'

Wat verstaan we onder een gezonde samenleving? Wat kan een gezonde samenleving aan? Wie mogen eraan deelnemen? Hoe inclusief kunnen we worden? De vragen over een gezonde samenleving doen ons denken aan een scherpe scheidslijn die zich door ons lichaam klieft en open wonden veroorzaakt, om Gloria E. Anzaldúa te citeren.[1] Deze scheidslijn rijt wonden open waardoor de uiterst ongemakkelijke keuzes zichtbaar worden die wij als migrant scholars moeten maken: integreren of buitengesloten worden. Tegelijkertijd spreken we vanuit een gebied waar we weigeren om die keuzes te maken, vanuit een collectieve vlucht, naar het voorbeeld van Harney & Moten.[2] Volgens hen betekent vluchten niet ontsnappen of vertrekken, maar afstand houden, en in ons geval, afstand tot de heersende aannames en de keuzes waarmee men in het dagelijks leven in instellingen wordt geconfronteerd.

We zijn verhalen gaan schrijven, gebaseerd op persoonlijke ervaringen die we hebben gedeeld met elkaar. Tijdens deze gesprekken viel ons een gemeenschappelijk ongemak op, dat verbonden is aan ideeën over een gezond lichaam en maatschappij. Samen hebben we dit gebundeld tot vijf portretten. We nodigen de lezers uit om de verhalen te vergelijken met hun eigen levenservaringen en zich bewust te zijn van de emoties die de verhalen bij hen oproepen.

Portret 1
De weigering om Orde te houden en de Universiteit als zorgplek voor Gekte

Mijn contract als promovendus werd uitgebreid met meer lesuren. Daarom mocht ik gaan lesgeven aan eerstejaarsstudenten van de bacheloropleiding Geografie, Planologie en Milieu. Ik begon er enthousiast aan, ook al had ik maar weinig tijd om de cursus voor te bereiden. Ik was onzeker omdat ik les moest geven in het Nederlands. Bovendien was ik als enige teamlid geen professor en ook nog eens de enige gekleurde vrouw, met alle hiërarchische consequenties van dien. Het zou voor het eerst zijn dat ik in mijn eentje lesgaf aan een groep van zo'n 150 studenten.

Tegelijkertijd veroorzaakte de geestelijke gezondheidstoestand van mijn vader steeds meer problemen. Ik overlegde met mijn moeder of ik hem zou vragen een paar weken bij mij en mijn gezin te komen logeren, zodat zij even ontlast zou worden. Een paar weken later begonnen de colleges en kwam mijn vader bij ons logeren. Zijn toestand was bijna ondraaglijk, voor hemzelf, maar tot op zekere hoogte ook voor ons. Voordat ik het wist, bereidde ik 's nachts de colleges voor en stond ik 's morgens vroeg op om mijn zieke vader en mijn dochter van 2,5 jaar te verzorgen. Mijn vader weigerde op te staan en wilde zelfmoord plegen, terwijl mijn dochtertje zich over de grond liet rollen en wilde dat ik meer aandacht aan haar besteedde. We brachten haar elke dag naar de kinderopvang, maar mijn vader kon niet alleen thuisblijven. Daarom moest ik hem elke dag overhalen en erop staan dat hij per trein met me meereisde naar de universiteit en niet van mijn zijde zou wijken. Dit betekende dat mijn vader, die aan een 'Zware Depressie' leed, me overal op de universiteit vergezelde, hoe vermoeiend en onuitstaanbaar hij ook was. Het was geen goed doordachte actie, maar achteraf kon ik mijn dagelijks leven aan de universiteit vanuit een ander perspectief bekijken, juist omdat ik mijn depressieve vader bij me had.

In plaats van mijn vader als gek of ziek te beschouwen, drong het langzaam tot me door hoe belachelijk de universiteitsruimten er eigenlijk uitzagen in de precoronatijd. 'Gezonde productieve lichamen' waren alom aanwezig: studenten haastten zich naar de sportruimtes, de collegezalen of bibliotheken, collega's snelden door de gangen op weg naar vergaderingen of colleges. Schoonmakers liepen op hun tandvlees maar probeerden toch te glimlachen, terwijl ze zich van het ene naar het andere toilet begaven in een tempo dat alleen ruimte liet voor een glimlach en een kort, beleefd gesprekje.

Te midden van deze bedrijvigheid zat mijn vader. Hij weigerde te glimlachen en antwoord te geven wanneer mensen vroegen hoe het met hem ging. Meestal sliep hij tijdens mijn colleges, was hij in gedachten verzonken tijdens afdelingsvergaderingen. Hij volgde slechts flarden van één seminar van een gastprofessor over affectieve atmosferen. De kantine was de enige plek die hem kortstondig boeide terwijl hij zijn soep en brood pakte. Het was duidelijk dat hier niemand was zoals hij, ook al wist ik dat zich elders collega's bevonden met een burn-out.

Met een burn-out op de universiteit verzorgd

Ik was aan het overleven en probeerde het hoofd te bieden aan de uitdagingen die gepaard gaan met het geven van een introductiecursus. Ik moest in korte tijd de inhoud van het (Engelse) tekstboek onder de knie krijgen en toegankelijk maken voor studenten in een taal

(Nederlands) die ik nog niet goed beheerste. Ik wilde mijn principes niet opgeven, namelijk dat lesgeven bedoeld is voor sociale transformatie in plaats van, zoals Freire het noemt, het deponeren van kennis in de hoofden van studenten en te dienen als 'banking' model van onderwijs. Dit betekende dat ik voor enorme collegezalen stond met rijen studenten boven elkaar die letterlijk op mij neerkeken, maar die ik toch aan het begin van elke les een vraag stelde waarop een lange stilte volgde. Dit betekende ook dat ik de trappen aan weerszijden van de collegezaal opliep om dichter bij de studenten te kunnen zijn. Het was voor alle aanwezigen duidelijk dat ik me weigerde te conformeren aan de opzet en zaalinrichting waarbij een deskundige voor een groep eerstejaarsstudenten staat om hun les te geven in het kader van een bacheloropleiding.

Aan het begin van elk college vroeg ik of de studenten het goed vonden dat mijn vader aanwezig was. Terwijl ik hun uitlegde dat het moeilijk was om hem alleen thuis te laten, vroeg ik me altijd af hoeveel studenten uit deze groep zelf iemand achterlieten die hun zorg nodig had. Ik stond er versteld van hoe goed mijn vader zijn beperkingen kon maskeren. Hij sufte weg of was in gedachten verzonken, maar verstoorde de les nooit. Dit stond in schril contrast met zijn gedrag thuis, want daar kon hij zich niet in toom houden. Hoe kwam het dat hij stil was tijdens een les, workshop of seminar, terwijl dat op geen enkele andere plek het geval was, zelfs niet in een ziekenhuis, psychiatrische instelling of verzorgingstehuis? Op de universiteit genas hij niet en ging hij ook niet vooruit. Zijn toestand bleef hetzelfde tijdens en ook na zijn verblijf bij mij en duurde uiteindelijk meer dan een jaar.

Zijn aanwezigheid liet zien dat onderwijs en de instellingen voor geestelijke gezondheidzorg volledig gescheiden van elkaar zijn. Wat zou er gebeuren als de universiteiten ook werden bewoond door mensen uit verzorgingstehuizen, psychiatrische instellingen en asielzoekerscentra? Wat zou er gebeuren als collega's met een burn-out op de universiteit werden verzorgd? Welk effect zou dit hebben op het dagelijks leven en de inhoud van de wetenschappelijke kennis die wordt gegenereerd?

Professioneler en efficiënter

Ik had me eindelijk met veel pijn en moeite door de cursus heen geworsteld. Mijn vader ging weg, ook al was zijn toestand hetzelfde gebleven. Het was tijd voor de studentevaluaties. Hoewel de opmerkingen niet representatief waren voor de hele groep, raakten ze me diep en brachten ze me volledig van mijn stuk. Eén student verzocht me om me professioneler op te stellen en stelde zelfs voor dat ik dezelfde dia's ging gebruiken als mijn witte, mannelijke collega die professor was, omdat hij professioneler en efficiënter overkwam dan ik. Een andere student verzocht me om het Radboud-logo bij mijn presentaties te gebruiken. De opmerking die mij het meest heeft getroffen, was dat ik er niet in was geslaagd om orde te houden tijdens de colleges. Nu ben ik volkomen bereid te accepteren dat de manier waarop ik deze cursus heb gegeven in veel opzichten voor verbetering vatbaar was. Wat me echter trof toen ik de opmerkingen las, was de vraag me te conformeren aan het heersende beeld van 'een professionele professor/docent' in plaats van me de ruimte te bieden om mijn eigen specifieke manier van lesgeven te ontwikkelen.

In feite betekent onze gemeenschappelijke vlucht en weigering om orde te houden een aantal dingen. Het is een poging ons los te maken van de structuren die sociale individuen reduceren en beheersen zodat zij in specifieke categorieën passen en vooraf omschreven rollen op zich nemen. Indien een student zich als consument gedraagt en de docent zelfs verzoekt om dia's te voorzien van het universiteitslogo om zo de leskwaliteit te garanderen, dan weigeren we ons aan deze regel te houden. Indien van een docent wordt verwacht dat hij een dominante, professionele, bij voorkeur mannelijke, witte deskundige is die als enige spreekt en wordt gehoord in de collegezaal, dan weigeren we ons aan deze regel te houden. De aanwezigheid van mijn vader met psychische problemen in de gangen en collegezalen vol gezonde lichamen die aan de norm voldoen, illustreerde dat het verzoek om orde te houden de opkomst van een nieuwe samenleving op basis van niet-vaststaande ideeën en het continu stellen van vragen in de weg staat. De aarzelende, wankele gang van mijn vader op de trappen van het Nijmeegse Elinor Ostromgebouw liet zien dat de roep om orde juist tot lichamen leidt die het sluipende gevaar van beroepsmatigheid niet kunnen zien of voelen.

Portret 2
Gods wil

Als eerste vrouw in de familie die naar de universiteit ging, moest ik een prijs betalen. Ik nam mijn zoon elke dag mee naar de universiteit. Hij maakte niet alleen deel uit van mijn academische en sociale leven, maar ook van het leven van mijn vrienden. Ik ging naar mijn eerste les toen hij drie maanden oud was en studeerde af toen hij vier werd. In het begin waren alle vragen op mij gericht; hoe moeilijk het was om een student-moeder te zijn, hoe oud ik was, waar mijn familie was, waarom ze me niet wilden helpen, waarom ik moest studeren, op welke plek in de keuken ik mijn certificaat zou zetten. Maar na een paar maanden gingen de vragen over mijn zoon. Waarom hij niet groeide, waarom hij mager was, waarom hij laat was met lopen en praten. Ik moest al die vragen beantwoorden, waar ik ook ging, maar het pijnlijkste was dat ik die vragen ook voor mezelf moest beantwoorden.

Zo vaak twijfelde ik aan wat ik aan het doen was. Ik vroeg mezelf altijd af waarom ik dit moest doormaken, waarom ik zou worstelen om te krijgen wat mijn vrienden als vanzelfsprekend beschouwden. Maar toen maakte ik een draai en ging antwoorden zoeken op de vraag waarom mijn zoon zich niet 'normaal' ontwikkelde. Ik heb alle specialisten bezocht, op zoek naar antwoorden of medicijnen. Niemand kon me vertellen waarom hij zo anders was. Ik ging op internet zoeken hoe ik hem gezond kon voeden, hem kon trainen om te lopen, hem kon aanmoedigen om te praten. Niets leek echter te werken. Ik moest mezelf doof houden voor de argumentatie van al die mensen om me heen die geloofden dat het Gods wil was, en dat ik moest ophouden me ertegen te verzetten.

Ik dacht altijd dat niemand meer gemarginaliseerd of uitgesloten was in mijn samenleving dan vrouwen, maar toen ik mijn zoon kreeg, begreep ik meer dimensies van uitsluiting. Het leven was te zwaar voor mij. Als tienerechtgenote en moeder moest ik zelfs vechten voor mijn basale rechten. Mijn echtscheiding was een enorme stap voorwaarts. Het kostte me drie jaar om mezelf te bevrijden, maar ik kon nu eindelijk zelf beslissen wat ik voor mijn zoon moest doen en wat hij nodig had, zonder op toestemming te wachten of eindeloze discussies over Gods wil te moeten voeren. Desondanks begon ik een nieuwe oorlog, nu met het onderwijssysteem dat de behoeften van mijn zoon niet herkende. Ik heb jarenlang gevochten om formeel toestemming van het ministerie van Onderwijs te krijgen om hem regulier onderwijs te laten volgen.

De eerste klas was een uitstekende ervaring voor hem, zijn leraar was erg creatief en behulpzaam. Maar in de tweede klas schopte de lerares hem de klas uit en sloot de deur met de woorden dat ze er niet was om op kinderen te passen, maar om les te geven. In haar ogen was hij niet in staat haar instructies op te volgen zoals de andere kinderen en hoorde hij daarom niet thuis in de klas.

Die gesloten deur was illustratief voor het leven in een samenleving waarin niet wordt onderkend dat kinderen verschillend zijn. De hoop wordt opgegeven en interesses en verlangens worden opgedrongen, allemaal in Gods naam.

Hoewel ik me bewust ben van de culturele en economische verschillen tussen hier en daar, tussen nu en toen, waardeer ik als moeder de voorrechten die mijn zoon nu geniet. Wanneer ik bij hem op school kom en zie hoe de kinderen met elkaar optrekken en het goed met elkaar kunnen vinden, dan heb ik het gevoel dat dat de gezondste vorm van samenleving is, niet vanwege de instelling zelf maar vanwege degenen die erop zitten.

Portret 3

Is 'GREATNESS' wat we nodig hebben? Een reflectie van een promovendus op tegenstrijdige berichten.

Ik ben werkzaam als PhD-kandidaat bij de Faculteit Managementwetenschappen van de Radboud Universiteit. Mijn onderzoek richt zich op de interacties tussen personen die geen reguliere migratiestatus hebben en de organisaties die hen ondersteunen. De hulp betreft bijvoorbeeld voeding, zorg of het vinden van onderdak.[3] Voordat ik aan dit project begon, twee jaar terug, woonde ik een conferentie bij ter viering van de twintigste verjaardag van het Nijmegen Center for Border Research (NCBR). De presentaties en discussies gaven een somber toekomstbeeld van het migratiebeleid in verschillende delen van de wereld. Eén van de oprichters van het NCBR vroeg aan het einde aan het publiek of ze mogelijke oplossingen konden bedenken voor de fundamentele problemen die ons te wachten staan. Ik heb toen voorgesteld om afstand te nemen van het huidige paradigma van grenzen, dat nationalistisch en controversieel is en uitsluiting impliceert; het zou beter zijn een nieuw paradigma te ontwikkelen. Als voorbeeld gaf ik het Ecuadoraans beleid. In 2008 heeft de regering ervoor gekozen om een nieuw paradigma aan te houden, dat de 'natuur' grondwettelijke rechten toekent.[4] Uiteraard kan dit voorbeeld niet direct worden overgenomen en zijn er nuances. Maar de reden dat ik het toch noem, is om te laten zien hoe schijnbare starre opvattingen over werkelijkheden als 'natuur' of 'nationale grenzen', altijd ter discussie gesteld en veranderd kunnen worden. De reactie die ik ontving van de voorzitter van de afdeling Geografie was echter niet positief. Zo zou mijn suggestie naïef en praktisch onhaalbaar zijn. Ondanks de (on)geldigheid van zijn argumenten, gaf het feit dat iemand in zijn positie mijn opmerking niet wilde erkennen als een serieus uitgangspunt voor discussie, mij op de een of andere manier een ontmoedigd gevoel.

Een jaar later, tijdens een bespreking om mijn werk te evalueren, vroeg dezelfde persoon me hoe ik ervoor kon zorgen dat mijn 'activisme' geen invloed had op mijn academisch werk, impliciet dus een noodzakelijke scheiding tussen deze twee veronderstellend. Ik herinner me dat ik antwoordde dat ik niet inzag hoe mijn buitenacademische interesses en bezigheden mijn academisch werk konden belemmeren. Integendeel, ik geloof dat veel van mijn werk als promovendus alleen zin heeft door het juist te verbinden met politieke praktijken die op maatschappelijk niveau plaatsvinden. Daarom wordt het werken aan sociale rechtvaardigheid voor ongedocumenteerden in Nederland en elders, niet alleen intellectueel stimulerend maar ook politiek noodzakelijk.

Gevoelens van tegenstrijdigheden doemen op wanneer ik zie hoe mensen worden afgewezen voor asiel en de mogelijkheden op een waardig leven worden ontnomen, terwijl sommige stemmen mij doen weifelen over het belang om de paradigma's te veranderen die sociale transformatie tegenhouden.

Ik ervaar ook tegenstrijdigheid wanneer ik in mijn werkomgeving word uitgenodigd om te breken met de regels.

Bovenstaande afbeelding is onderdeel van een behang dat in de personeelskamer van de Faculteit der Managementwetenschappen hangt. Met de boodschap ervan word ik al geconfronteerd sinds ik hier werk. Er staat een blanke, sexy jonge vrouw op, met een half bedekt gezicht, die met de ene hand een spuitbus en met de andere een sjabloon vasthoudt. Het beeld roept een associatie op met *urban art*, waarbij de kijker wordt aangezet tot discussie en verzet met de boodschap: IF YOU WANT TO ACHIEVE GREATNESS STOP ASKING FOR PERMISSION, alsof individuele prestaties en het streven om groter te worden dan anderen, iets nastrevenswaardigs zou zijn. Ik heb me afgevraagd wie heeft besloten een dergelijke poster in onze stafkamer te hangen, en wat het doel ervan is.

Met de vragen die ten grondslag liggen aan dit essay in mijn achterhoofd, vraag ik me af of een gezonde werkomgeving zich op deze manier verhoudt tot een gezonde samenleving. Zonder concrete antwoorden op deze vragen, verwacht ik dat ze verontrustend genoeg zijn om uzelf en anderen in uw omgeving de tegenstrijdigheden die in uw leven en uw omgeving aanwezig zijn, te laten overdenken.

De poster is geenszins representatief voor de dagelijkse beslommeringen van sommigen van hen die voor de universiteit werken. Voor mij spreekt de boodschap tegenstrijdigheid uit, omdat zij aanzet tot ongehoorzaamheid in een instelling waar jonge onderzoekers wordt gevraagd hun academisch werk te scheiden van actie(s) die verband houden met sociaal engagement en transformatie buiten de grenzen van de instelling. Het decoratieve doel van een dergelijk beeld is eerder gewelddadig en onderdrukkend, omdat het de scheiding tussen eigenbelang en collectief engagement versterkt. In een samenleving die diepgaande veranderingen nastreeft ten gunste van gemarginaliseerde, bezitloze en gedehumaniseerde mensen, moeten we ons afvragen of een uitnodiging om grootheid te bereiken niet beter een roep kan zijn om een sociale dynamiek te bestrijden. Een dynamiek die de scheidingen voortzet tussen degenen die geen toestemming meer hoeven te vragen en degenen die geen andere keuze hebben.

Portret 4
Sociaal burgerschapscontract gebaseerd op Liefde

Ik ben onlangs begonnen aan de Engelstalige masteropleiding Human Geography aan de Radboud Universiteit. Ik had nooit gedacht dat ik samen met mensen die ik academisch gezien hoger acht dan mezelf, een essay zou schrijven over wat een gezonde samenleving inhoudt. Dit baart mij zorgen. Ik ben ervan overtuigd dat ik niet de enige student aan deze universiteit ben die een beetje onzeker is of zich er niet thuis voelt. Helaas heb ik het idee dat je niet onzeker hoort te zijn op een universiteit. Zoals ook uit de andere portretten naar voren komt, is de universiteit bedoeld voor gezonde, productieve, zelfverzekerde lichamen. Onzekerheden worden als contraproductief beschouwd. Toen ik de bacheloropleiding culturele antropologie aan de Universiteit Leiden volgde, was ik onzeker over mijn eigen kunde. Ik kreeg angstaanvallen en had het gevoel dat mijn lichaam en geest niet meer met elkaar waren verbonden. Ik ervaar de academische ruimte als een plek met ambiguïteiten. Het was een plek waar ik leergierig werd, benieuwd raakte naar de wereld en gestimuleerd werd om grensverleggende onderzoeken te lezen. Het leek echter ook een plek die mij psychische klachten bezorgde.

Deze disconnectie tussen lichaam en geest is een gevolg van een ongezonde relatie tussen de academische wereld en mijzelf. Ik ben mij gaan afvragen hoe dit komt en ben erachter gekomen dat het neutraal ogende karakter van een universiteit een illusie is. De universiteit staat als instelling niet los van de maatschappij, dus mijn relatie met de Nederlandse maatschappij is verbonden aan mijn relatie met de universiteit. Een kritische blik op mijn relatie met de maatschappij is dus van belang.

Een actor binnen deze sociale relatie is de staat. De staat is er voor de burgers, maar de burgers dienen haar ook te gehoorzamen. Dit noemt men ook wel het sociale contract. Om deel te kunnen uitmaken van dit sociale contract is van mij verwacht om mij los te maken van mijn Boliviaanse roots. Zo heb ik een ander idee bij het stereotype beeld van de tolerante Nederlander. Ik vraag me af wat er tolerant is aan de verwachting je te ontdoen van je eigen cultuur. Zou dit niet een eigen keuze moeten zijn? Blijkbaar wordt dit gezien als iets waar je automatisch voor kiest wanneer je naar Nederland migreert. Toch wordt dit niet van alle migranten gevraagd.

Hoe eerlijk is het om van bepaalde migranten te vragen zich te ontdoen van hun oorspronkelijke identiteit, terwijl ze vervolgens nooit helemaal tot de Nederlandse behoren. Betitelingen zoals 'tweedegraads allochtoon', of verwijzingen naar het land van origine zijn gebruikelijk in het Nederlandse discours, zelfs voor mensen die hier geboren zijn maar er toch net 'anders' uitzien. Dit is zo genormaliseerd, dat het kwetsende aspect hiervan onzichtbaar wordt voor de meeste mensen.

Men dient zich af te vragen hoe het komt dat er onderscheid wordt gemaakt tussen migrantengroepen en wie uiteindelijk wel als Nederlander wordt gezien en wie niet. Na het lezen van Wekkers boek *Witte onschuld* zie ook ik verschil op basis van kleur.[5] Er wordt weinig rekening gehouden met de gevoelens van gekleurde burgers. Een ander voorbeeld is de zwartepietdiscussie. Een discussie die al jaren aan de gang is, omdat het veranderen van deze traditie blijkbaar gevoelig ligt. De antizwartepietactivisten kunnen zonder volharding en veerkracht geen verandering brengen, want sprake van wederzijds begrip, acceptatie of liefde is er niet. Nee, de gekleurde burger dient van Nederland te houden, andersom hoeft daar niet per se sprake van te zijn. Nederland is het land dat moeite heeft haar eigen slavernijgeschiedenis onder ogen te zien, maar vraagt wel aan gekleurde burgers om hun geschiedenis te verloochenen. Hoe kan dit een gezonde relatie zijn, vraag ik mij af.

Mocht een partner van een vriend of vriendin aan hen vragen zich te ontdoen van diens identiteit of mocht een dierbare in een relatie zitten waar de liefde eenzijdig is, dan is het eerste advies wat ik zou geven: ontsnappen uit die ongezonde relatie. Om de relatie te laten slagen, moet er sprake zijn van op zijn minst wederzijdse liefde en acceptatie. Het verbinden van de staat, de academische wereld en burgerschap met begrippen als liefde, acceptatie, en onproductiviteit is niet vanzelfsprekend en wellicht een tikje subversief. Daarom stel ik mij een ruimte voor waar hier wel plek voor is, zodat men kritisch kan zijn op wie wel worden geliefd en geaccepteerd in een samenleving en wie buiten de boot vallen.

Portret 5
Bespiegelingen vanaf het grensgebied

In mijn hoedanigheid als recent gearriveerde vluchteling en beginnend academicus heb ik nagedacht over de vragen uit de inleiding. Vanuit welke positie moet of mag ik deze vragen benaderen? Moet ik mezelf beschouwen als onderdeel van de 'gezonde samenleving'? Of moet ik mezelf juist buiten de samenleving positioneren en gaan de grenzen alleen voor me open als mijn lichaamstemperatuur overeenkomt met de temperatuur van de gezonde samenleving? Het werd me duidelijk dat geen van beide opties aansluit bij waar ik me daadwerkelijk bevind. Ik bevind me – en vorm mijn gedachten – in een *grensgebied*. Dit zijn mijn 'grensgedachten'. Het grensgebied is de plaats waar ik denk, waar ik me bevind, waar ik me op mijn gemak voel en waar ik altijd zal zijn. Het is dus noch aan de binnenzijde, noch aan de buitenzijde.

Deze positie kan ik alleen innemen door het bestaan van de vanzelfsprekende opvatting van de samenleving als een begrensde homogene eenheid. Deze opvatting van de samenleving is net zo onzichtbaar voor menselijke subjecten als water is voor de vis. De verbeelding van een samenleving en de onderliggende logica zijn onlosmakelijk verbonden met het 'nationale'. In andere woorden, de natiestaat. In dit geval gaat het om de verbeelding van de *Nederlandse samenleving* binnen het politieke debat en de sociale praktijk van de integratie van migranten.

De samenleving wordt voorgesteld als een *begrensd en onproblematisch*,[6] dus 'gezond' geheel waar haar migranten in de marge wachten. De integratie van immigranten wordt beschouwd als een maat om te bepalen in hoeverre het gezonde lichaam van de gezonde samenleving het hoofd kan bieden aan de 'sociale pathogenen' van buitenaf. Elk element dat het lichaam probeert binnen te dringen wordt gescreend: de temperatuur en het welzijn wordt gecontroleerd om zeker te weten dat niets wordt binnengesmokkeld wat het gezonde lichaam niet aankan.

In mijn pogingen en gretigheid om de *logica van de verbeelding*[7] te begrijpen, werd ik geconfronteerd met mijn integratie en raakte ik hierdoor geobsedeerd. Tijdens deze expeditie ging ik inzien dat de logica van de verbeelding niet vaststaat, maar veranderlijk is.

De verbeelding van een samenleving is altijd in beweging, maar wordt lamgelegd door de praktijk en mentaliteit verbonden met de integratie van immigranten. Een samenleving die zich heeft bevrijd van de sociaal-politieke verzuiling en er prat op gaat zich altijd in te zetten voor de vrijheid van 'de mensen in de samenleving' verstijft plotseling en wordt rigide tegenover 'mensen buiten de samenleving', zodat *zij* (de immigranten/vluchtelingen) weten waar de samenleving (voor) staat.

Het is de logica van de verbeelding van een samenleving die zichzelf ziet als gezond en dynamisch wanneer het gaat over de 'eigen ik' en als ongezond en statisch als het gaat om elementen buiten zichzelf.[8] Als de samenleving en haar gezondheid worden voorgesteld als het menselijk lichaam, is het *voorbestemd* om een onderscheid te maken tussen een binnenzijde en een buitenzijde. De samenleving beschermt zich tegen wat van buiten komt, maar in feite is ze ziek vanbinnen.

Maar gelukkig beschikt de samenleving ook over haar eigen medicijn, namelijk diezelfde eigen verbeelding. Vanuit het grensgebied bezien, zijn de grenzen tussen de binnenzijde/buitenzijde en gezond/ongezond onbepaald en ontbreken de ijkpunten die hun bestaan markeren. In het grensgebied waar transnationale lichamen en alledaagse gebeurtenissen elkaar doorkruisen, wordt de noodzaak voor *alternatieve verbeeldingen*[9] duidelijker.

De samenleving herstelt wanneer zij alle lichamen toestaat de beperkte ruimte van het menselijk lichaam en de ruimte waar men woont en denkt, te ontstijgen. Wanneer de logica van de verbeelding van een samenleving niet langer een *vanzelfsprekende harmonie* tussen nationale, territoriale, culturele en sociale grenzen veronderstelt, dan kan de samenleving stellen dat zij gezond is.

Tot slot: hoe ziet een gezonde samenleving eruit vanaf 'de grens'?

De verhalen hierboven illustreren dat we moeten kijken naar wat en wie afwezig of gewist zijn uit de voorstelling van een gezonde samenleving. Centraal staat de noodzaak om relaties over de grens aan te gaan zodat kwetsbare lichamen voor elkaar gaan zorgen. We moeten ons niet afvragen wie tot een gezonde samenleving mag toetreden, maar welke herstelmechanismen kunnen worden gebruikt om het geweld en de ongelijkheid in de maatschappij te beëindigen en welke rol liefde hierbij kan spelen.

De portretten nodigen ons uit om na te denken over hoe ons academisch werk hier erin resulteert dat mensen hier blijven en mensen van elders worden buitengesloten.

We moeten ons dringend afvragen in hoeverre we ons kunnen losmaken van ons werk en dergelijke relaties kunnen veranderen. Verder moeten we ons afvragen welke deuren gesloten zijn, voor wie, ten koste van wiens gezondheid en in wiens naam.

De portretten wijzen ons op de noodzaak en het verlangen om te ontkomen aan sociale controle, waarbij bijvoorbeeld wordt aangehaald dat iets gebeurt in naam van God, uit naam van de universiteit of uit naam van het integratieproces.

Ze benadrukken dat iedereen het recht heeft om grenzen over te steken. Vaak moet men gevechten leveren die niet worden opgemerkt en moeilijk kunnen worden aangetoond met documenten.

De noodzaak komt naar voren om gemeenschappelijkheid te verbeelden die niet is gebaseerd op een veronderstelde homogeniteit die geen veranderingen duldt, maar juist op veranderingen.

De portretten illustreren het ziekteproces met aanhoudende angst voor een gecontroleerde samenstelling van de samenleving, bijvoorbeeld door het integratieproces van immigranten en het eisen van standaardisatie en beroepsmatigheid. Kortom, de portretten illustreren hoe een gezonde samenleving vanaf 'de grens' eruit kan zien.

Met dank aan Joris Schapendonk voor zijn hulp bij de vertaling en redactie van de teksten.

Literatuur & noten

1. Anzaldúa, G. (1987). *Borderlands: The New Mestiza.* Aunt Lute Books.
2. Harney, S., & Moten, F. (2013). *The Undercommons: Fugitive Planning & Black Study.* Wivenhoe/New York: Minor Compositions.
3. Merlín-Escorza, C.E., et al. (2020). 'Sheltering as a Destabilising and Perpetuating Practice in the Migration Management Architecture in Mexico'. *Third World Quarterly,* 105-122. DOI:10.1080/01436597.2020.1794806
4. Ga voor meer informatie naar: http://www.environmentandsociety.org/arcadia/constitution-republic-ecuador-pachamama-has-rights
5. Wekker, G. (2016). *White Innocence: Paradoxes of Colonialism and Race.* Duke University Press.
6. Schinkel, W. (2017). *Imagined societies: A critique of immigrant integration in Western Europe.* Cambridge University Press.
7. Taylor, C. (2004). *Modern Social Imaginaries.* Duke University Press.
8. Santos, B.d.S. (2007). Beyond abyssal thinking: From global lines to ecologies of knowledges. *Binghamton University Review,* 30(1), 45-89.
9. El-Tayeb, F. (2011). *European others: Queering ethnicity in postnational Europe.* University of Minnesota Press.

IV Pleidooi voor dialoog

15 Praten helpt

Wat retorica kan bijdragen aan een gezonde samenleving

Bé Breij & Yvette Linders

Een gezonde samenleving voert op een gezonde manier het gesprek, met een goede balans tussen zenden en ontvangen, feiten en meningen, ratio en emotie. Wanneer die balans ontbreekt, ontsporen de gesprekken. Er wordt niet meer gepraat maar geschreeuwd, of bokkig of juist bedremmeld gezwegen. Zo ontstaan polarisatie en uitsluiting.
Het gesprek is een levensvoorwaarde voor een gezonde maatschappij. Retorica biedt het gereedschap om het gesprek gaande te houden en constructief en productief te maken. Wie retorisch wijs is, kan en durft te luisteren, te verstaan en te begrijpen. Die kan argumenten en drogredenen wegen, de betrouwbaarheid van een bron bepalen en een beroep op emotie op waarde schatten. Zij of hij kan en durft al deze middelen ook zelf in te zetten en een actieve rol in dat gesprek op te eisen.

Wanneer we spreken van argumenten, betrouwbare bronnen en appelleren aan emoties, hebben we het over de drie overtuigingsmiddelen. Dit zijn de elementen van de retorica die standaard optreden in situaties waar overtuiging of discussie plaatsvindt, of zelfs alleen communicatie. Want het eerste (argumenten) heeft betrekking op het onderwerp, het tweede (betrouwbare bronnen) op de spreker of schrijver, en het derde (emoties) op het oordelende publiek. Aristoteles, in zijn *Retorica*,[1] was de eerste die ze onderscheidde en benoemde.

Voor alles wat bij de zaak betrokken is en met argumenten te maken heeft, gebruikte hij de term logos. Dit is het element dat het meeste appelleert aan de ratio en om die reden favoriet; bij de strenge Griekse filosoof zelf, maar ook bij ons, want wij zijn geneigd te geloven dat we onze oordelen en besluiten baseren op puur rationele gronden. Dat is echter een illusie,[2] zoals ook Aristoteles al besefte, en daarom maakte hij naast logos ook plaats voor ethos en pathos.

Ethos hoort bij de spreker of schrijver. Het heeft te maken met diens karakter en attitudes en de indruk die hij hiermee maakt op het oordelend publiek. Aristoteles stelde hieraan een drievoudige eis, die voor ons nog niet aan relevantie heeft ingeboet: om vertrouwen te wekken moet een spreker 'gezond verstand, voortreffelijkheid van karakter en goede wil' aan de dag leggen.[3] Hij moet laten zien dat hij deskundig en integer is en dat hij spreekt en handelt in het algemeen belang, of in ieder geval in het belang van zijn publiek. Hiermee is ethos een hybride overtuigingsmiddel: het appelleert aan ratio (spreekt deze persoon met kennis van zaken? Heeft hij zich in eerdere gevallen betrouwbaar betoond?) maar ook aan gevoel (een witte jas suggereert deskundigheid, een Twents accent wekt meer vertrouwen dan een Brabants[4]).

Ethos is het belangrijkste overtuigingsmiddel van de drie. Op het eerste gezicht kan dit verrassend zijn: we zijn misschien geneigd te denken dat de meeste mensen ofwel door argumenten, ofwel door emotie worden beïnvloed. Maar ethos is voor beide een conditio sine qua non: je moet worden aanvaard en vertrouwd door je publiek voordat het zich laat overtuigen of overreden.

Anders dan ethos heeft pathos geen rationele component. Het heeft uitsluitend betrekking op de emoties van het oordelend publiek. Om die reden is het een overtuigingsmiddel waarmee critici van de retorica zich niet op hun gemak voelen en daar zit wel iets in. Zo richten de retorici van de Oudheid zich, hoewel ze een heel scala aan emoties bespreken, van wanhoop en haat tot hoop en liefde, in hun aanwijzingen voornamelijk op methoden om negatieve emoties op te wekken, zoals angst, rancune, woede en medelijden. Dat is niet zo verwonderlijk, omdat mensen die bang worden gemaakt of het gevoel krijgen dat ze tekort worden gedaan, sneller in beweging komen dan zij die intens tevreden zijn. Het was pathos dat de redevoeringen van Hitler, Goebbels of Enoch Powell zo effectief maakte. Toch kennen we gelukkig mooie voorbeelden van redenaars die positieve emoties wisten op te wekken: denk aan Martin Luther King (*I have a dream*) of Barack Obama (*Yes we can*), die massa's mensen op de been wisten te brengen met een boodschap van hoop en saamhorigheid.

Ontwrichtende retorica

Omwille van de duidelijkheid zijn de drie overtuigingsmiddelen hierboven afzonderlijk besproken. In werkelijkheid treden ze echter samen op. In iedere overtuigingssituatie, zelfs in iedere vorm van communicatie, speelt een mix van logos, ethos en pathos een rol – al zijn de onderlinge verhoudingen natuurlijk steeds anders. Bovendien werken de drie vaak op elkaar in. Wanneer bijvoorbeeld een arts betoogt dat men in tijden van corona zijn medemensen kan beschermen door anderhalve meter afstand in acht te nemen en een mondkapje te dragen in publieke ruimtes, gebruikt hij niet alleen logos (argumentatie op basis van verondersteld gevolg: handeling x leidt tot situatie y), maar ook, door zijn autoriteit als arts, ethos. Wanneer een regeringsleider dergelijke maatregelen juist afwijst en bespot, zet hij pathos in, omdat hij ergernis en hilariteit oproept over de maatregelen. Dit heeft ingrijpende gevolgen voor zijn ethos: voor zijn aanhang bewijst hij zijn 'gezond verstand en voortreffelijkheid van karakter', maar voor zijn tegenstanders faalt hij op de eisen van 'gezond verstand' en vooral 'goede wil'.

Overigens is het belangrijk om te beseffen dat niet alleen logos, maar ook ethos en pathos in beginsel waardeneutraal zijn en niet bij voorbaat verkeerd. Wel kunnen ze alle drie worden ingezet om te manipuleren: een verkeerd gebruik van logos kan bijvoorbeeld een drogredenering opleveren, overdreven aandacht voor ethos kan afleiden van de boodschap, pathos kan worden ingezet om haat te zaaien. We kennen voldoende voorbeelden van ontspoorde retorica – van antieke demagogen tot een 'minder Marokkanen'-speech of de ruim dertigduizend leugens die de voormalige president van 's werelds machtigste democratie tijdens zijn presidentschap te berde bracht.[5] Daarom is het van essentieel belang dat de drie middelen niet worden ingezet voor manipulatie, geweld of haatzaaien maar in het belang van publiek en maatschappij, en dat ze worden toegediend op een deskundige en ethische manier, in een verhouding die past bij de boodschap.

De regels van de retorica kunnen helpen om te analyseren wat goed gaat en wat juist niet. We bespreken aan aantal voorbeelden. Eerst een gesprek dat ontspoort door verkeerd gebruik van de retorica. We gaan naar de Tweede Kamer. In de Algemene Politieke Beschouwingen, 16 september 2020, luidt de tweede alinea van de bijdrage van Geert Wilders, die als fractievoorzitter van de grootste oppositiepartij het debat mocht openen, als volgt:

> Voorzitter. Nederland is geen rechtsstaat meer. De willekeur heerst. De scheiding der machten bestaat alleen nog op papier en het Openbaar Ministerie en de rechters zijn het verlengstuk van het kabinet geworden. Premier Rutte heeft een grote mond over het functioneren van de rechtsstaat in Polen en Hongarije, maar hij is zelf de premier van een intens corrupt land. Mensen met een onwelgevallige mening worden niet meer beschermd door de vrijheid van meningsuiting, maar moeten verplicht meedraaien in de politiek correcte dictatuur van de links-liberale meerderheid. En iedereen die dat niet doet, is vogelvrij verklaard, wordt, zoals ik, aangepakt in een politiek proces of moet, zoals eerder bij die dappere blokkeerfriezen het geval was, DNA afstaan, omdat ze de traditie van Sinterklaas en Zwarte Piet probeerden te beschermen, of krijgt het leger op zich afgestuurd, omdat ze hun vak als hardwerkende

boer en boerin willen beschermen tegen de klimaat- en stikstofterreur.

In dit fragment lijkt logos de boventoon te voeren. Een stelling – Nederland is geen rechtsstaat meer – wordt onderbouwd met een serie andere stellingen, die samen dienen als *tekenargumentatie*. Deze stellingen worden namelijk opgevoerd als onmiskenbare tekens dat de rechtsstaat ten onder is gegaan. Doordat de stellingen op zijn zachtst gezegd tendentieus zijn, hoort een retorisch kritisch publiek natuurlijk een drogredenering. In feite zijn de andere twee overtuigingsmiddelen dan ook belangrijker. Het schrikbeeld van de gesneuvelde rechtsstaat, die door termen als 'intens corrupt', 'dictatuur' en 'vogelvrij' in gitzwarte tinten wordt geschilderd, zorgt voor pathos: het roept verontwaardiging, haat en afkeer op. En doordat de spreker een strenge scheiding aanbrengt tussen de dictatuur van de meerderheid en de 'dappere … hardwerkende' minderheid, versterkt hij het ethos van de laatste, maar vooral ook van zichzelf: hij spreekt met gezond verstand, want hij geeft een analyse van het failliet van de rechtsstaat; hij toont zowel voortreffelijkheid van karakter als goede wil door tegen de corrupte elite op te komen voor de rechtsstaat en de gewone, fatsoenlijke Nederlander.

Natuurlijk is een dergelijke strategie alleen overtuigend voor Wilders' achterban, maar niet voor de andere deelnemers aan het debat, en dat is een eerste aanwijzing dat het de spreker niet om een werkelijk gesprek te doen is, of sterker, dat hij het gesprek onmogelijk wil maken. Een tweede aanwijzing hiervoor is de ontkenning van de rechtsstaat (later: 'bananenrepubliek'). De neiging om zich als integere buitenstaander te presenteren is om te beginnen een retorisch cliché waarmee politici zich willen onderscheiden van hun zogenaamd pluchеplakkende collega's; bovendien zou je kunnen tegenwerpen dat de spreker in kwestie al 22 jaar kamerlid is en daarmee impliciet de rechtsstaat erkent. Maar wie niet retorisch wijs is, zal aanvallen op de rechtsstaat gemakkelijk letterlijk opvatten, waardoor polarisatie en afwijzing op grote schaal kunnen ontstaan.

Tot slot is er nog een derde manier waarop Wilders' bijdrage het gesprek smoort. Bij aanvang van de Algemene Beschouwingen was immers juist duidelijk geworden dat de tweede golf van corona zich had aangediend. Iedereen zou gebaat zijn geweest bij een constructieve discussie over de inrichting van de maatschappij in en post coronatijden, en de meeste van Wilders' collega's wijdden zich daar dan ook aan. Maar hijzelf liet corona slechts zijdelings langskomen toen hij de blunder van minister Grapperhaus[6] aanhaalde als voorbeeld van het vermeende verval van de rechtsstaat. Dat laatste was, met het vermeende Marokkanenprobleem en het vermeend politieke proces tegen Wilders, het enige thema van de inbreng van de PVV-politicus, die ruim twee uur duurde.

Het pathos van de koning

Een tweede voorbeeld is het gesprek rond de coronacrisis dat de premier via de pers voert met de bevolking, en dat we kunnen volgen tijdens de regelmatig live uitgezonden persconferenties. Deze communicatie verliep toen de eerste golf op haar hoogtepunt was, over het algemeen succesvol. Daar zijn verschillende redenen voor te bedenken, maar de belangrijkste is wellicht dat de bevolking in die periode, van maart tot juni 2020, zeer ontvankelijk voor het gesprek was en bijzonder bereid om te luisteren. De ontvankelijkheid werd zeker gestimuleerd door een aantal externe factoren: angst en onzekerheid over de impact van het virus enerzijds, en anderzijds een sterke behoefte aan saamhorigheid en solidariteit en waardering voor de duidelijke bereidheid van de regering om concrete steun te bieden aan gedupeerden. Maar ook de manier waarop de premier via de journalisten de andere Nederlanders benaderde had een positief effect.

Logos was steeds een belangrijk overtuigingsmiddel voor Rutte. De nadruk hierop kwam tot uiting bij de vele redeneringen gebaseerd op gunstige gevolgen: de bevorderlijke effecten van afstand houden en handen wassen, het belang van het bereiken van groepsimmuniteit, de lancering en beargumentering van de zogenoemde intelligente lockdown. Een enkele keer ging het verkeerd, bijvoorbeeld toen duidelijk werd dat de vermeende nutteloosheid van mondkapjes vooral werd gepredikt met het oog op het gebrek eraan. Veel bleef lange tijd onzeker: behalve de mondkapjesdiscussie valt bijvoorbeeld te denken aan de vraag hoe besmettelijk de ziekte voor jonge kinderen is. Onzekerheid en inconsistentie leverden soms verontwaardiging op en indringende dialogen, maar er was geen sprake van vijandigheid en het gesprek werd niet afgebroken.

Voor emotie had Rutte minder ruimte. Zeker sprak hij zijn medeleven uit met allen die onder de situatie leden, zijn dankbaarheid jegens alle hulpverleners en andere beoefenaars van vitale beroepen en zijn trots op allen die zich aan de maatregelen hielden. Maar het pathos liet hij aan anderen over, zoals bijvoorbeeld de koning, die in zijn coronaspeech van 20 maart uitgebreid aandacht besteedde aan de vele manieren waarop eenzaamheid huishield in Nederland en die opriep tot handhaving van de kernwaarden van alertheid, solidariteit en warmte: 'Het coronavirus kunnen wij niet stoppen. Het eenzaamheidsvirus wel.'

Ruttes ethos

Kijkend naar de drie criteria voor ethos – gezond verstand, voortreffelijkheid van karakter en goede wil – kunnen we concluderen dat ethos wel een voorname rol speelde in Ruttes communicatie. Op de eerste plaats toonde de premier zijn gezond verstand door keer op keer erop te hameren dat de deskundigheid van wetenschappers leidend is bij de besluitvorming. Hieruit, en uit de nadruk op het algemeen belang, blijkt tevens zijn voortreffelijkheid van karakter. Maar voor het tonen van goede wil geeft de liberale premier duidelijk aan dat er grenzen zijn aan de betrokkenheid van de overheid: hij vindt niet dat de laatste de verantwoordelijkheid moet overnemen. Op 31 maart zegt Rutte dan ook, in antwoord op een vraag van journalist Albert Bos over de zorgen van de bevolking: 'Ik zeg tegen mensen, tegen ons allemaal: we gaan door een van de zwaarste periodes in onze geschiedenis, buiten oorlogstijd. We hebben natuurlijk ook een aantal grote oorlogen meegemaakt als land, zeker de Tweede Wereldoorlog, maar buiten oorlogstijd is dit een van de heftigste crises waar wij met z'n allen doorheen gaan. En dit is in een volwassen democratie als Nederland, met volwassen trotse mensen, kun je dat alleen met z'n allen doen (*sic*). Wat in Nederland niet werkt is een regering die zegt: je mot dit en je moet zus en et cetera. Dit doe je met z'n allen.'

De Nederlanders worden hier benaderd als zelfstandige, volwassen en verantwoordelijke leden van de maatschappij. Zij begrijpen een intelligente lockdown, zij nemen zelf hun verantwoordelijkheid, dat hoort bij een volwassen democratie. Een dergelijke bejegening kan als teken van respect worden opgevat of zelfs als vleien van het publiek. Toch lijkt dat op de lange termijn niet goed te werken. Veel mensen lijden onder de restricties die de coronamaatregelen met zich meebrengen en maken zich zorgen over de economie. Voor veel mensen roept de communicatie meer vragen op dan er antwoorden worden gegeven. Een verontrustend grote minderheid keert zich zelfs van het gesprek af uit wantrouwen dat vaak door complottheorieën wordt gevoed. Het lijkt erop dat de premier zijn ethos een beetje moet aanpassen: in plaats van in overleg en 'met z'n allen' te spreken, toont hij zijn goede wil beter als hij gezag uitstraalt en duidelijkheid geeft.

Overtuigen op Twitter?

In de voorbeelden hierboven zijn de meeste mensen slechts toeschouwer. Ze volgen een debat of lezen er een verslag over of ze bekijken de persconferenties en andere boodschappen van de overheid. Maar in tijden waarin iedereen via social media een relatief groot bereik kan hebben, mengen steeds meer mensen zich in het publieke debat. Het is dan ook des te belangrijker dat mensen kritisch kunnen lezen en kunnen inschatten waardoor zij overtuigd kunnen worden, en dat zij hun eigen standpunten goed kunnen verwoorden en onderbouwen.

Voor ons derde voorbeeld kijken we naar Twitter. We zien daar regelmatig dat mensen de zaak die ter discussie staat vergeten, waardoor het gesprek ontspoort. Er wordt dan op de persoon gespeeld, het complete verhaal van de ander wordt afgedaan als onzin of fake news, of er wordt juist veel op emotie (vaak angst en woede) ingezet. Op die manier krijgen ethos en pathos te zeer de overhand en komen de partijen niet dichter bij elkaar. Ook voor meelezers die proberen zich een mening te vormen levert dit maar weinig op.

Maar ook als het wel over de inhoud gaat, zijn mensen die zich op Twitter heel sterk uitspreken voor een bepaalde kwestie, vaak lastig te overtuigen. Daar zitten verschillende mechanismen achter: ze hebben waarschijnlijk al lang over hun standpunt nagedacht en daarbij vaak ook al de tegenargumenten gewogen en verworpen. Hoe meer tijd is gestoken in de vorming van een standpunt, hoe zekerder men vaak van zijn zaak is. De kans dat zo iemand in een onlinediscussie met korte berichten, zoals op Twitter, iets nieuws hoort, is relatief klein. Bovendien is het heel vervelend om je mening te moeten bijstellen of erachter te komen dat jouw ideeën waar je zo zeker van was, misschien wel onjuist zijn. Naast het onprettige gevoel dat een dergelijke botsing van ideeën oplevert (cognitieve dissonantie) is het ook erg moeilijk om openbaar van mening te veranderen als je die eerste mening zo stellig hebt verkondigd. Je wilt niet overkomen als iemand die zijn mening niet goed overdacht heeft, of als iemand die naar aanleiding van een kort berichtje van een ander, zomaar van mening verandert.

Dat het lastig is om iemand op Twitter te overtuigen, betekent niet dat er geen pogingen worden gedaan. Wat daarbij wel haalbaar kan zijn, in zeldzame gevallen, is een discussie waarbij duidelijker wordt waar de meningen van de partijen uiteenlopen. Dat leidt ertoe dat de partijen meer begrip voor elkaar krijgen, maar ook dat meelezers beter een mening kunnen vormen. Daarvoor moet logos wel centraal staan. Er moet gediscussieerd worden over de argumenten die met de zaak te maken hebben. Als er in een discussie door beide partijen naar de argumentatie van de ander gekeken wordt, kan een gesprek langer doorlopen en meer opleveren.

De vier *stock issues* in een debat

Zo was er in oktober 2020, toen het aantal coronabesmettingen in Nederland weer snel begon op te lopen, een gesprek tussen twee twitteraars. De ene twitteraar vond dat een strenge algemene lockdown de economie zou 'slopen'. De ander vond dat zonder strenge lockdown de gezondheidszorg 'in puin' zou komen te liggen. Hoewel de een het dus vooral over de economie wilde hebben en de ander over gezondheidszorg, waren ze het erover eens dat er een verband tussen de twee is. Die overeenstemming werd ook geëxpliciteerd in hun gesprek. Degene die vooral over de economische gevolgen dacht en daarom pleitte voor milde maatregelen, stelde dat door 'het ophokken van oudjes' de gezondheidszorg niet 'in puin' zou komen te liggen en dat de economische gevolgen daarvan beperkt waren, terwijl de gevolgen van een strenge lockdown lang zouden doorwerken. De voorstander van strengere maatregelen vroeg of hij zich dan 'onaantastbaar' voelde maar voegde ook toe: 'De economie heeft een goede gezondheidszorg nodig en gezondheidszorg een goede economie.' Dat verband werd bevestigd door de ander ('ware woorden over de relatie gezondheidszorg en economie'), maar hij bleef de voorkeur geven aan een welvarende toekomst, ook voor de volgende generatie, en zei het kleine risico ('<0,5 procent') dat hij daar niet bij is voor lief te nemen.

In dit gesprek wordt duidelijk waar beide partijen het over eens zijn, maar ook waar hun meningen verschillen. In de debatliteratuur worden vier *stock issues* of geschilpunten beschreven die in discussies over beleid aan bod komen: *ill* (is er sprake van een probleem?), *blame* (is dat probleem inherent aan het huidige beleid/de status quo?), *cure* (is het voorgestelde beleid een oplossing voor het probleem?) en *cost* (wegen de nadelen van het voorgestelde beleid niet zwaarder dan de voordelen?).[7] In dit geval is het duidelijk dat de deelnemers aan de hier beschreven discussie over de coronamaatregelen het over een aantal punten eens zijn. Ze zijn het erover eens dat er een probleem is waar een oplossing voor nodig is (ill) en ook over de oorzaak is er geen twijfel (blame). De discussie gaat in dit geval ook niet over de effectiviteit van het voorgestelde beleid (cure, bij de discussie over mondkapjes komt dit nogal eens aan de orde). De discussie gaat hier vooral door op het punt waar ze het meest van mening verschillen: of de voordelen (voor de gezondheidszorg) van het strenge beleid wel opwegen tegen de nadelen ervan (voor de economie) (cost). Degene die pleit voor een minder streng beleid vanwege zwaarwegende nadelen voor de economie verwijst bijvoorbeeld naar een brief van meer dan driehonderd Belgische artsen die stellen dat er geen medische grond is die het beleid nog rechtvaardigt. Vervolgens gaat de discussie verder met de vraag of driehonderd artsen (van de in totaal 54.000 Belgische artsen) een bruikbare bron zijn en of het wel juist is wat die artsen zeggen.

Ook binnen dit deel van de discussie wordt weer geëxpliciteerd waar ze het over eens zijn en waarover niet: 'Werken aan een gezond immuunsysteem is belangrijk, daarmee ben ik het eens, maar dat is een plan voor de lange adem.' Er worden bronnen aangehaald en die worden door de ander gelezen, of (deels) bekeken. Het is duidelijk dat deze twitteraars moeite doen om elkaars standpunt en de onderbouwing ervan te begrijpen en dat leidt niet alleen tot een inhoudelijk gesprek, maar ook tot een aangenamere toon. Zo zegt degene die vooral vanuit economisch perspectief kijkt: 'We hadden een leuk gesprek, we waren het niet eens, maar als je vanavond wat tijd hebt, kijk deze video dan eens', met daarbij een link naar een video over *herd immunity*. Daarop reageert de ander nog een keer met: 'Heb tot 7 minuten gekeken maar ga niet verder kijken. Kan mijn tijd echt wel beter besteden. Ik ben pertinent tegen maatregelen loslaten en het virus vrij spel geven. Dan ligt ook de reguliere zorg op zijn gat #ikbennietomtepraten.'

Als de discussie begonnen was met 'ik ben niet om te praten' zou het snel afgelopen zijn geweest. Nu liep het gesprek door terwijl toch ook vooraf duidelijk was dat beide partijen niet om te praten waren. Het gesprek liep niet alleen door, maar de deelnemers aan het gesprek stellen zich minder hard tegen elkaar op dan vaak te zien is op Twitter. Ze bedankten elkaar uiteindelijk zelfs voor het gesprek: 'Ik waardeer al dat je gekeken hebt. Dan heb je al meer moeite gedaan dan 80 procent van de mensen. Ompraten is hier zelfs niet het eerste doel, doel m.n. om op een punt te komen dat er i.i.g. wederzijds begrip is.' 'Daar ben ik ook voor, met inhoudelijke argumenten reageren op standpunten, ik snap ook hoe jij er tegenaan kijkt. Ik denk dat het niet werkbaar is #agreetodisagree.'

Door te expliciteren waar meningsverschillen zitten en waar de gespreksdeelnemers het over eens zijn, ontstaat een gerichter gesprek, waarbij beide partijen minder hard tegenover elkaar komen te staan en constructiever willen samenwerken aan een oplossing. Wat hier bovendien duidelijk wordt, is dat er een discussie kan ontstaan die ook voor meelezers informatief is. Om dat voor elkaar te krijgen is het wel van belang dat mensen hun argumentatie goed onder woorden kunnen brengen en de argumenten van de ander goed kunnen begrijpen en evalueren. Hoe beter mensen dat kunnen en hoe meer ze daartoe bereid zijn, hoe dichter we bij een gezonde maatschappij komen.

Diederik Gommers en Famke Louise

Dat luisteren naar het standpunt van de ander en doorvragen naar wat er nu precies bedoeld wordt kan leiden tot een productiever gesprek, zagen we ook toen Famke Louise en andere influencers de hashtag #ikdoenietmeermee deelden om zich zo af te zetten tegen de geldende coronamaatregelen. Onder anderen Dennis Schouten van PowNed sprak Famke Louise hard aan op het feit dat ze nu zo fel tégen de maatregelen ageerde, terwijl ze eerder geld had aangenomen om zich er positief over uit te laten. Dat leidde tot een onaangename ontmoeting waarbij Famke Louise de microfoon uit de handen van de reporter sloeg. De sfeer tussen beide partijen werd slechter en het was duidelijk dat op deze manier niemand van gedachten zou veranderen.

De aanpak van Diederik Gommers, voorzitter van de Nederlandse Vereniging voor Intensive Care was heel anders. Toen Famke Louise het mikpunt van spot was nadat ze samen met Diederik Gommers te gast was geweest bij Jinek op RTL4, belde hij haar in de periode na die uitzending dagelijks om te vragen hoe het met haar ging. Daarna heeft hij haar uitgenodigd om haar vragen over het coronavirus te beantwoorden. Dat heeft een bijzondere samenwerking opgeleverd die moet leiden tot een campagne om jongeren te informeren, zodat ze de juiste maatregelen kunnen en willen nemen om verdere verspreiding van het coronavirus tegen te gaan. Natuurlijk speelde Gommers' expertise een grote rol bij zijn overtuigingskracht, maar zonder de juiste aanpak zou hij Famke Louise niet hebben kunnen bereiken. Hij combineerde hier dus de verschillende onderdelen van ethos (gezond verstand, voortreffelijkheid van karakter en goede wil) op een effectieve manier. Hij liet zien dat hij haar serieus nam als gesprekspartner, door met haar te praten over de inhoud en zich niet slechts kritisch over haar uit te laten. Hij weigerde juist zich uit te spreken tegen haar persoonlijk of tegen de schadelijke rol die influencers kunnen hebben. Hij vond dat Famke Louise te hard was aangepakt en zei: 'Daar gaat het mij als dokter helemaal niet om. Het is mijn roeping om mensen te informeren en te zorgen dat we gezond blijven. [...] Ik zei tegen Famke: jij bent media-expert, jij moet maar kijken hoe we de boodschap gaan brengen. Ik ben dokter, geen mediakenner.'[8] Hij legde in zijn pogingen om te overtuigen dus de nadruk op argumenten en liet zien dat de ander een waardevolle gesprekspartner is. Bovendien werd duidelijk dat Gommers ook inziet dat je niet iedereen met argumenten alleen kunt bereiken, maar dat het ook belangrijk is wie de boodschap brengt en hoe die boodschap gebracht wordt en dat een samenwerking daarom de beste optie is.

Niet op trollen reageren

Deze voorbeelden laten zien hoe discussies een prettiger toon krijgen en meer kunnen opleveren, zowel voor de deelnemers als voor de meelezers. Natuurlijk zijn er gevallen waarin zelfs de meest vaardige inzet van retorica niet werkt. Bijvoorbeeld als er onjuiste informatie wordt gedeeld – het kan zelfs schadelijk zijn als die informatie als waar wordt gezien. Die informatie kan gedeeld worden door trollen die voor hun plezier of voor politiek of financieel gewin desinformatie verspreiden. Als een trol een discussie probeert uit te lokken, heeft argumenteren geen zin, omdat het gesprek opzettelijk verstoord wordt door de trol. Die zal allerlei strategieën inzetten om vooral meer eigen (des)informatie te geven, maar ook om de gesprekspartner uit de tent te lokken en op die manier gezichtsverlies te laten lijden. De uitspraak *don't feed the trolls* is zo gek nog niet, want zonder reacties kunnen zij hun strategieën niet toepassen.

Soms wordt fake news verspreid door mensen die ervan overtuigd zijn dat hun informatie juist is, maar dat de ander in de discussie dat niet ziet of bewust ontkent omdat er sprake is van een complot. Zo iemand zul je niet kunnen overtuigen. Er is in dat geval een groot probleem met ethos: iemand die een complot ziet achter allerlei ontwikkelingen en maatregelen zal iemand die dat niet ziet, beschouwen als nog niet wakker of – erger nog – als deel van het complot. Uitgaand van ethos als conditio sine qua non houdt het daar dus al op. Wat dan wel nog kan, is door het gesprek aan te gaan eventuele meelezers of meeluisteraars informeren over de andere kant van het verhaal.[9]

Wie retorisch vaardig is, zal duidelijker kunnen herkennen welke oneigenlijke technieken worden ingezet en of een discussie zin heeft. Dat betekent dat er soms voor gekozen kan worden om het gesprek niet aan te gaan, maar in discussie met een complotdenker betekent het ook dat redeneerfouten en drogredenen die daar vaak aan bod komen, makkelijker herkend en aangewezen kunnen worden. Wie retorisch vaardig is, heeft bovendien niet alleen de deskundigheid maar ook het vertrouwen om het gesprek op inhoud aan te gaan en de ander in zijn waarde te laten. Zo ontstaat een volwassen en respectvolle bejegening van de ander en daarmee komt er ruimte voor vertrouwen en solidariteit.

Literatuur & noten

1. Aristoteles, *Retorica 1356a*, vertaling M. Huys.
2. Zie o.a. Kleef, G.A. van, Berg, H. van den, & Heerdink, M.W. (2015). 'The Persuasive Power of Emotions: Effects of Emotional Expressions on Attitude Formation and Change'. *Journal of Applied Psychology*, 1124-1142.
3. Φρόνησις καὶ ἀρετὴ καὶ εὔνοια (Aristoteles, *Retorica 1378a*, vertaling M. Huys). Deze drie eigenschappen worden ook vaak aangeduid met de drieslag 'deskundig, betrouwbaar, betrokken'.
4. https://www.volkskrant.nl/cultuur-media/eerlijk-en-betrouwbaar-twents-spreken-is-goed-voor-de-omzet~bfca2b5b/; http://arno.uvt.nl/show.cgi?fid=122294

5. https://www.washingtonpost.com/graphics/politics/trump-claims-database/
6. Op de bruiloft van de minister van Justitie werden de afstandsregels niet in acht genomen.
7. Zie o.a. Ziegelmueller, G., & Dause, C.A. (1975). *Argumentation: Inquiry and Advocacy*. Englewood Cliffs, NJ: Prentice-Hall, 1975.
8. https://www.nu.nl/achterklap/6081914/diederik-gommers-brengt-famke-louise-tot-bedaren-met-coronakennis.html
9. https://www.npo3.nl/brandpuntplus/complottheorieen-tips

16 Technologie de baas

In gesprek over de waarde(n) van medische techniek

Gert Jan van der Wilt

Technologie speelt een grote rol in ons dagelijks leven en maakt dingen mogelijk die anders ondenkbaar zijn. Medische technologie kan ziekte vroegtijdig opsporen, lijden verzachten of het dagelijks functioneren ondersteunen. Maar technologie heeft ook een andere kant. Het lijkt een eigen dynamiek te hebben en pogingen om technologieontwikkeling te sturen lijken vruchteloos. Hoe blijft een gezonde samenleving nieuwe technologie de baas?
Op weg naar een deliberatieve samenleving, waar geluisterd wordt en iets te luisteren valt.

De relatie tussen mens en technologie is ambivalent.[1] Aan de ene kant wordt technologie vaak voorgesteld als belangrijke drijvende kracht achter vooruitgang en verbetering van onze leefomstandigheden. Anderzijds wordt technologie gezien als een van de factoren die heeft bijgedragen aan ongekende bedreigingen, zoals klimaatverandering, afnemende biodiversiteit en continue *surveillance* van ons doen en laten.[2] Een gevoel van onbehagen dat hierdoor ontstaat, wordt versterkt door het ongrijpbare karakter van technologie: waar komt het vandaan, hoe werkt het eigenlijk, waar leidt het toe, en kunnen we ons eraan onttrekken als we dat zouden willen, zo niet collectief, dan toch individueel?

Wat betreft het eerste punt: we hebben doorgaans nauwelijks zicht op de herkomst van een technologie, hoe deze is ontstaan, welke motieven eraan ten grondslag lagen of wat men ermee beoogde of van verwachtte. Vaak is geen sprake van een overzichtelijk en doelbewust traject. De wordingsgeschiedenis is eerder diffuus, zowel in ruimte als tijd, en ambigu: 'Waar zijn we precies mee bezig?' Ze wordt gekenmerkt door een samenloop van omstandigheden waarin toeval een aanzienlijke rol speelt.[3]

Als gebruikers van technologie hebben we meestal niet eens een basaal inzicht in de wijze waarop die werkt.[4] Dit geldt bij uitstek voor toepassingen van kunstmatige intelligentie, waar het gebrek aan uitlegbaarheid tot veel discussie heeft geleid.[5] Dat doet een groot beroep op ons vertrouwen, in de technologie of in de mensen die wel begrijpen hoe het werkt. Is dat vertrouwen gerechtvaardigd, en kunnen we het nog opbrengen?

Waar leidt technologie toe? We zijn er niet bijster goed in om te voorspellen wat de gevolgen van bepaalde technologische ontwikkelingen zijn.[6] Of, zoals Nobelprijswinnaar Niels Bohr ironisch opmerkte: 'Prediction is very difficult, especially if it's about the future.'

Het vierde punt, de onontkoombaarheid van technologie, heeft betrekking op de vraag of we ons kunnen onttrekken aan technologie. Kunnen we dat doen zonder een wereldvreemde kluizenaar te worden?

In dit hoofdstuk zal ik mij grotendeels beperken tot dit laatste punt. Kern van mijn betoog is dat als we nee zeggen tegen een technologie, niet nee zeggen tegen de materiële kant van de technologie, maar tegen de waarden die door de technologie worden belichaamd. Dat betekent dat we met elkaar in gesprek moeten over die waarden. Dat gesprek is niet makkelijk. Maar het is de moeite waard om overeenstemming te zoeken over de vraag wat een goede manier is om met een specifieke medische technologie om te gaan, en waarom.

Onweerstaanbare technologie

De voorbeelden van medische technologie die ik kort zal behandelen zijn het cochleaire implantaat (CI) voor dove kinderen, *Applied*

Behavioural Analysis (ABA), een vorm van gedragstherapie voor kinderen met autisme, en *Non-Invasive Prenatal Testing* (NIPT).

Een CI is een geavanceerde technologie waarmee geluid omgezet kan worden in een elektrisch signaal, dat vervolgens wordt doorgegeven aan de gehoorzenuw. De toepassing ervan bij doofgeboren kinderen is wereldwijd op veel verzet gestuit van organisaties voor doven. Het debat hierover is complex.[7] Een centraal element in de discussie is dat doven de noodzaak om een CI te hebben, beschouwen als een gebrek aan erkenning van hun cultuur, met gebarentaal als belangrijk element. Dovenorganisaties hebben veel moeite moeten doen om erkenning te krijgen voor dit gezichtspunt en voor het verbinden van praktische consequenties daaraan. De Wereldfederatie voor Doven heeft recent opnieuw gewezen op het belang van vaardigheid in gebarentaal voor dove kinderen, onafhankelijk van de technologie (zoals CI) die verder ingezet wordt ter ondersteuning van het kind.[8]

Het tweede voorbeeld betreft ABA voor kinderen met autisme. Op basis van wetenschappelijke studies wordt geclaimd dat deze vorm van gedragstherapie kinderen kan helpen hun autisme te overwinnen. Door mensen met autisme is deze conclusie in twijfel getrokken, en bovendien gesuggereerd dat de behandeling schadelijk kan zijn.[9] Daarnaast is vanuit de *neurodiversity*-beweging aangegeven dat autisme niet een aandoening is die om genezing vraagt. Mensen met autisme, zo stellen zij, hebben specifieke eigenschappen, vreemd voor mensen die niet autistisch zijn, maar op een bepaalde manier waardevol en onderdeel van hun identiteit.[10] Er hoeft niets opgelost of genezen te worden. Integendeel, we zouden de diversiteit van onze breinen moeten omarmen.

Het derde en laatste voorbeeld betreft NIPT. Deze technologie maakt gebruik van het feit dat al vroeg tijdens de zwangerschap in het bloed van de zwangere vrouw cellen aangetroffen kunnen worden die afkomstig zijn van de foetus. Het DNA van deze cellen kan worden onderzocht op grote chromosomale afwijkingen, zoals trisomie 21, het syndroom van Down. Zwangere vrouwen en hun partners kunnen ervoor kiezen om gebruik te maken van deze test. Niet iedereen doet dat, en de test heeft, ook in Nederland, de nodige discussie uitgelokt. De Stichting Downsyndroom heeft ervoor gepleit om NIPT niet standaard aan te bieden aan zwangere vrouwen.[11] De beschikbaarheid van de test plaatst zwangere vrouwen en hun partner voor een dilemma. Een Britse vrouw verwoordde dit als volgt:

> So, I am 18 weeks down the line and have missed the moment for the test. I hope very deeply that the child I carry will not have Down's syndrome, although because I'm over 40, there is a reasonably significant chance that it will. I hope if that does happen I will have the capacity to live in accordance with the values I profess – that I will advocate and be compassionate; that I will live in the love that my special child brings to this world. There is no guarantee that that will actually take place. I may mourn the life I would otherwise have lived and feel the same way for my somewhat helpless child.[12]

In Nederland was Anne Gehring een van de eersten die de mogelijkheid van een NIPT aangeboden kreeg.[13] Zij en haar partner Johan Sonnenschein besloten er uiteindelijk van af te zien. Hun kindje, Felix, heeft het syndroom van Down. Anne neigde naar testen, haar partner gaf er de voorkeur aan dat niet te doen. Sonnenschein: 'Daar zat een naïviteit in die ik altijd heb: we gaan het zien, laat maar komen wat er komt.' Achteraf voelt hun besluit om niet te testen alsof ze gekozen hebben voor een kind met Down. Gehring: 'Het was niet meer iets wat ons zomaar overkwam.' Sonnenschein: 'Je kunt niet meer terug naar een soort onschuld.' Anne erkent dat ze nog geen heldenverhaal kan vertellen, en dat ze het daar moeilijk mee heeft:

'Als mensen vertellen over hun baby met Down, gaat het vaak over de rouw die ze hebben gevoeld en komt het later toch weer goed. Ik zit er nog middenin. Ik hou van hem, maar had nog steeds liever een kindje gehad zonder Down. Het voelt heel tricky om dat te zeggen.'

Technologie: belichaamde waarden

Bovenstaande drie voorbeelden laten zien wat een ingewikkelde vragen en tegenstrijdige gevoelens een medische technologie kan oproepen en hoe moeilijk het soms is de keuzes die je maakt, uit te leggen aan jezelf en anderen. Het aanbod van een medische technologie kan zelfs dwingend zijn. Omarming van technologie lijkt de norm; wie kritisch is of aarzelt en vragen stelt, heeft iets uit te leggen. Waarom laat je kinderen met chromosomale afwijkingen geboren worden als dat voorkomen kan worden? Waarom zou je een kind de mogelijkheid om te horen onthouden? En waarom zou je de afwijkende omgang van kinderen met anderen accepteren, als daar iets aan gedaan kan worden?

In die zin zijn de genoemde vormen van medische technologie niet vrijblijvend. In navolging van Verbeek ga ik ervan uit dat met de ontwikkeling en het gebruik van een technologie, waarden op een bepaalde manier tot uitdrukking worden gebracht.[14] Of zoals Friedman en Hendry het zeggen: 'In designing tools we are designing ways of being.'[15] Dat suggereert dat *als* we nee zeggen tegen een technologie, we niet zozeer nee zeggen tegen het artefact (de materiële dimensie van de technologie), maar nee zeggen tegen de manier waarop bepaalde waarden in de technologie tot uitdrukking worden gebracht (de immateriële dimensie van technologie) en die leiden tot een bepaalde manier van bestaan (*way of being*).

Om welke waarden gaat het dan, hoe komen die tot uitdrukking in technologie, en hoe kunnen we daarover met elkaar in gesprek gaan? Hieronder zal ik op deze vragen ingaan. Ik zal me daarbij concentreren op de discussie rond NIPT, en gebruikmaken van ideeën van de Amerikaanse jurist en filosoof Henry Richardson.[16] Die ideeën komen op het volgende neer:

1 Er is altijd een kloof tussen algemene, abstracte waarden en onze beoordeling van specifieke, concrete situaties. Om een voorbeeld te noemen: er is een kloof tussen het algemene begrip van rechtvaardigheid en onze beoordeling van de mensonterende situaties in een vluchtelingenkamp.
2 Het overbruggen van de kloof tussen algemene, abstracte waarden en specifieke, concrete situaties komt neer op een proces van specificatie: we specificeren wat, waar, wanneer, voor wie of waarom het verkeerd is, of juist goed, of gedaan moet worden (of juist vermeden).
3 Er is een groot aantal waarden die voor ons van belang zijn en die ons in staat stellen om betekenis te geven aan situaties die zich aan ons voordoen. Rechtvaardigheid is voor ons van belang, maar vrijheid eveneens, net als eerlijkheid, verbondenheid, enz.

Er kunnen zich situaties voordoen waarbij waarden met elkaar in conflict zijn. Op grond van de ene waarde zouden we A moeten doen, op grond van een andere waarde B. Beide waarden vinden we van belang, maar A en B lijken elkaar uit te sluiten. Dergelijke conflicten zijn niet altijd oplosbaar, maar we kunnen in ieder geval een poging wagen, bijvoorbeeld door het belang van de verschillende waarden te bepalen en tegen elkaar af te wegen: 'Wat weegt hier zwaarder?' Richardson kiest nadrukkelijk niet voor die weg. Zijn voorstel is om in dergelijke situaties op zoek te gaan naar andere specificaties van de waarden die in het spel zijn. Er gelden voor specificatie een paar regels. De belangrijkste is dat geen enkele waarde absoluut is. Anders gezegd: er is geen enkele waarde die altijd en overal andere waarden overtroeft.

Om te laten zien hoe zo'n respecificatie van waarden er uit kan zien, werk ik hieronder een voorbeeld uit dat gebaseerd is op de discussie rond NIPT. Betrokken partijen moeten zich in zo'n geval realiseren dat er waarden in het geding zijn die zo gespecificeerd zijn dat ze tot onverenigbare handelwijzen leiden. Zij moeten de algemene waarden die in het geding zijn identificeren, en op zoek gaan naar specificaties die *niet* met elkaar in conflict zijn.

NIPT: welke waarden zijn er in het geding?

Om te zien hoe dit zou kunnen uitpakken in het geval van NIPT moeten we beginnen met te luisteren naar wat er in de samenleving over deze technologie is gezegd. Ik beperk mij tot het dilemma waar een zwangere vrouw (en haar partner) voor staat als ontdekt wordt dat er sprake is van het syndroom van Down bij de foetus.[17] Enerzijds is er een groot verlangen naar en verwondering over het nieuwe leven, dat we onvoorwaardelijk en zonder voorbehoud willen aanvaarden. Aan de andere kant: wat doen we het kind willens en wetens aan? Kunnen we de verantwoordelijkheid dragen voor het in het leven roepen van een bestaan dat gebukt gaat onder allerlei problemen en beperkingen? Het is, aldus filosoof Marcel Zuijderland, 'niet het soort bestaan dat je voor een kind zou wensen. Veel zaken die we wezenlijk achten voor het "goede leven", zoals zelfstandigheid, een gezin, of kunnen leren, zijn vaak bij voorbaat uitgesloten vanwege hun verstandelijke beperking.'[18] Als de keuze wordt gemaakt om een kind zo'n bestaan te besparen, dan is dat volgens Zuijderland goed te verdedigen: 'Met het voorkomen van de geboorte wordt een foetus uiteindelijk minder onrecht aangedaan, dan het toekomstige kind met een bestaan dat onder beperkingen gebukt zal gaan.' Daarom, zegt Zuijderland, zou het over de gehele linie beter zijn 'als er vanwege de NIPT steeds minder kinderen worden geboren met downsyndroom, of welke andere aandoening ook die mogelijk met ernstige lichamelijke en verstandelijke beperkingen gepaard gaat'.

Deze voorstelling van zaken wordt echter als kwetsend en vernederend gezien voor kinderen en volwassenen met het syndroom van Down en hun ouders.[19, 20] Maar is het wel mogelijk om de waarde van menselijk leven met downsyndroom te erkennen en tegelijkertijd de selectieve abortus van foetussen met dit syndroom toe te staan?

Met de methode van Richardson in ons achterhoofd, moeten we ons realiseren dat al deze oordelen opgevat kunnen worden als specificaties van algemene waarden. De twee algemene waarden die in het geval van NIPT in het spel lijken te zijn, en die breed gedragen worden binnen de Nederlandse samenleving, zijn respect voor autonomie en het niet-schaden beginsel. In de discussie zijn deze twee waarden als volgt gespecificeerd:

1 – Waarde: In z'n algemeenheid moet de autonomie van een individu gerespecteerd worden.
  – Specificatie: Het is verkeerd om iemand te dwingen iets tegen zijn of haar wil te doen, als deze persoon goede redenen kan aanvoeren om dat niet te willen.
  – Verdere specificatie: Het is verkeerd om een vrouw (en haar partner) tegen haar wil te dwingen haar zwangerschap te blijven dragen als ze goede redenen heeft om dat niet te willen.
  – Verdere specificatie: Het is verkeerd om een vrouw (en haar partner) tegen haar wil te dwingen haar zwangerschap te blijven dragen als een betrouwbare test heeft uitgewezen dat er sprake is van een grote chromosomale afwijking bij de foetus, en de vrouw van mening is dat, als gevolg hiervan, het kind geen volwaardig leven zal kunnen leiden.

2 – Waarde: In z'n algemeenheid is het verkeerd om andere mensen schade te berokkenen.

- Specificatie: Het is verkeerd om mensen te kwetsen of te vernederen.
- Verdere specificatie: Het is kwetsend en vernederend (voor de betreffende mensen zelf en hun familie), en daarom verkeerd om te stellen dat mensen met bepaalde beperkingen (zoals syndroom van Down) niet in staat zijn om een waardevol leven te leiden.

Er is hier sprake van een dilemma, in de zin dat de twee algemene waarden zo gespecificeerd zijn dat ze tot tegenstrijdige aanbevelingen leiden. Op grond van de eerste is de afbreking van de zwangerschap in een dergelijk geval toegestaan, maar op grond van de tweede waarde niet. Een manier om dit dilemma op te lossen is een respecificatie van de eerste waarde. In bovenstaande specificatie is de reden waarom een vrouw (en haar partner) besluit om haar zwangerschap te onderbreken gelegen in het soort leven dat het kind naar verwachting zal leiden. Het is echter denkbaar dat er andere overwegingen in het spel zijn. Kijkend naar de redenen die werden genoemd in de citaten van de betrokken ouders, lijkt meer nog een rol te spelen of de zwangere vrouw en haar partner er vertrouwen in hebben dat ze het aankunnen. Dat ze in staat zullen zijn om van het kind te houden zoals ze van het kind zouden willen houden, dat ze voor het kind kunnen zorgen op de manier zoals ze voor het kind zouden willen zorgen en het kind kunnen beschermen op de manier zoals ze het zouden willen beschermen. Dat ze zeker genoeg van hun zaak zijn om hun keuze met voldoende overtuiging te kunnen verdedigen en op voldoende begrip, steun en hulp kunnen rekenen in hun omgeving. Dat ze hun leven grotendeels kunnen blijven leiden zoals ze dat graag zouden willen en dat ze het niet romantiseren, de problemen niet ontkennen, maar wel het vertrouwen, of in ieder geval de hoop hebben het aan te kunnen. Dit suggereert dat een belangrijk verschil tussen degenen die besluiten hun zwangerschap af te breken en degenen die dat niet willen, kan liggen in een vertrouwen in zichzelf, in elkaar en in de mensen in hun omgeving. De specificatie van de algemene waarde van respect voor autonomie zou dan luiden:

> Het is verkeerd om een vrouw (en haar partner) tegen haar wil te dwingen haar zwangerschap te blijven dragen als een betrouwbare test heeft uitgewezen dat er sprake is van een grote chromosomale afwijking bij de foetus, en de vrouw (en haar partner) van mening is dat *zij hier niet mee om zal kunnen gaan op de manier zoals ze zou willen* (in plaats van: *het kind geen waardevol leven zal kunnen leiden*).

De meeste mensen zullen vermoedelijk inschatten dat het grootbrengen van een kind met Down een grotere inspanning vergt dan het grootbrengen van een kind dat geen Down heeft. Sommige mensen zijn mogelijk van mening dat het deze grotere inspanning ruimschoots waard is. Maar mensen kunnen van elkaar verschillen in het vertrouwen dat ze hebben dit aan te kunnen.[21] Ik zou aan dit verschil geen moreel oordeel willen verbinden. Omstandigheden kunnen zo zijn dat een dergelijk vertrouwen grotendeels gerechtvaardigd is, of juist niet. Acceptatie van dit gegeven zou ten grondslag kunnen liggen aan het feit dat in Nederland tamelijk brede steun bestaat voor beide beslissingen, een zwangerschap afbreken in geval van Down, of deze uitdragen.

De voorgestelde respecificatie is een poging om een gedeeld snijvlak te vinden tussen twee breed geaccepteerde waarden, waarmee de ogenschijnlijke onverenigbaarheid van deze waarden wordt opgeheven. Waar het op neerkomt is dat hiermee wordt aangegeven welke argumenten in het publieke debat acceptabel worden gevonden in het kader van prenatale diagnostiek en abortus. Zoals dus het gevoel dat sommige ouders zullen hebben, dat ze de zorg voor een kind met het syndroom van Down niet aankunnen.

Dergelijke argumenten kunnen tevens een basis zijn voor de wijze waarop zwangere vrouwen en hun partners geïnformeerd worden en voor het bieden van adequate voorzieningen voor kinderen en volwassenen met downsyndroom en hun ouders. Ook kunnen ze degenen die wel hebben gekozen voor beëindiging van de zwangerschap, overtuigende argumentatie bieden tegen kritische bejegening.

Een volgende stap zou zijn om na te gaan of er bredere steun gevonden kan worden voor de uitkomsten van zo'n respecificatie. Mocht dat het geval zijn, dan zouden de praktische consequenties ervan benoemd moeten worden, gevolgd door formele besluitvorming en politieke bekrachtiging. Wat we daarmee dan gewonnen zouden hebben? Dat het gebruik van technologie (in dit geval NIPT) niet zonder meer vanzelfsprekend is, maar openlijk en expliciet in verband wordt gebracht met waarden waarvan verwacht mag worden dat ze breed gedragen worden in de samenleving. Dat onderkend wordt dat die waarden met elkaar kunnen conflicteren, en dat we in dergelijke gevallen moeten proberen een soort verzoening na te streven tussen die ogenschijnlijk tegenstrijdige waarden waar we ons aan gehouden weten in ons doen en laten. In het geval van NIPT betekent dat dat we vaststellen dat het verdedigbaar is om gebruik te maken van NIPT, maar ook om daarvan af te zien, en op grond waarvan dat zo is. Je zou kunnen zeggen dat het getuigt van een wil om hier gezamenlijk uit te komen, en een vertrouwen dat dat mogelijk is.

Een gezonde samenleving?

Hoe zou een gezonde samenleving er op dit punt uit kunnen zien? Ofwel: hoe zou zo'n samenleving het publieke debat over het gebruik van nieuwe medische technologie kunnen organiseren? Mijn voorstel is dat zo'n samenleving het karakter heeft van een deliberatieve democratie. Dat is een democratie die op allerlei manieren probeert deliberatie (dialoog, gedachtewisseling, beraadslaging) onder burgers over onderwerpen die hen aangaan te stimuleren en de uitkomsten daarvan te gebruiken als basis voor beleid.

Een deliberatieve democratie vervult in wezen drie taken: luisteren, structureren, en besluiten.[22] Luisteren kan op allerlei manieren. We hebben het in feite in dit hoofdstuk gedaan. We hebben geluisterd naar de ervaringen en opvattingen van mensen. Natuurlijk is dat selectief geweest, maar we hebben geen barrières opgeworpen of opvattingen willen uitsluiten.

Vervolgens moet er iets gedaan worden met dat materiaal, met alle argumentaties. Dat is de structurering. De methode van het specificeren van algemene waarden kan hier op een vruchtbare manier voor gebruikt worden, zoals we in dit hoofdstuk hebben laten zien.

In een deliberatieve democratie is het bestaan van een 'wij' niet vanzelfsprekend, maar iets dat kan ontstaan wanneer burgers een beter en gedeeld begrip ontwikkelen van waarden als drijvende kracht van het eigen handelen én dat van de ander. Het is een samenleving waarin niet alleen geluisterd maar ook gesproken wordt, door mondige burgers die de vrijheid hebben zich te uiten, zodat er daadwerkelijk iets te luisteren valt. Dát is belangrijk voor een gezonde samenleving.

Literatuur & noten

1. Ik zal in dit hoofdstuk het begrip technologische innovatie breed opvatten. Het omvat niet alleen apparatuur en instrumenten, maar ook geneesmiddelen, gedragstherapieën, vaccins, kortom, het hele spectrum van interventies die in het kader van preventie, diagnostiek, behandeling en ondersteuning worden ingezet in de huidige gezondheidszorg. Wat we precies onder technologie moeten verstaan, waarin het zich onderscheidt, is een vraagstuk op zich waar ik hier niet verder op in zal gaan. Zie hiervoor bijvoorbeeld: Lemmens, P. (2008). 'Gedreven door techniek. De menselijke conditie en de biotechnologische revolutie'. Proefschrift, Radboud Universiteit.
2. Bridle, J. (2018). *New Dark Age. Technology and the End of the Future.* Londen: Verso.

3. Zie bijvoorbeeld de minutieuze reconstructie van de wordingsgeschiedenis van een aantal belangrijke diagnostische technieken die in de geneeskunde worden toegepast: Blume, S.S. (1992). *Insight and Industry. On the Dynamics of Technological Change in Medicine.* Cambridge MA: MIT Press.
4. Arbesman, S. (2016). *Overcomplicated. Technology at the Limits of Comprehension.* New York, NY: Portfolio/Penguin.
5. Paez, A. (2019). 'The Pragmatic Turn in Explainable Artificial Intelligence (XAI)'. *Minds & Machines,* 29, 441-459.
6. Kelly, K. (2010). *What Technology Wants.* Penguin Books.
7. Zie bijvoorbeeld Blume, S. (2010). *The Artificial Ear. Cochlear Implants and the Culture of Deafness.* Rutgers University Press en Reuzel, R.P.B (2001). 'Health Technology Assessment and Interactive Evaluation. Different Perspectives'. Proefschrift, Radboud Universiteit.
8. World Federation of the Deaf (2016). 'Position Paper on the Language Rights of Deaf Children'. Version 1.0. www.wfdeaf.org (16-10-2020).
9. Davison, S. (2018). 'Does ABA Harm Autistic People?' www.autisticuk.org (16-10-2020).
10. Padawar, R. (2014, 3 augustus). 'The Kids Who Beat Autism'. *New York Times Magazine.*
11. Stichting Downsyndroom, 'NIPT mag nooit standaard worden aangeboden'. www.downsyndroom.nl (17 oktober 2020)
12. Nolan, R. (2015, 30 september). 'I Didn't Get the Prenatal Tests for Down's Syndrome. Here's Why'. *The Guardian.*
13. Bos, K. (2018, 30 maart). 'Felix is geboren, ondanks de NIP-test'. *NRC Handelsblad.*
14. Verbeek, P.P. (2005). *What Things Do: Philosophical Reflections on Technology.* Penn State University Press.
15. Friedman, B., & Hendry, D.G. (2019). *Value-Sensitive Design. Shaping Technology with Moral Imagination.* MIT Press.
16. Richardson, H.S. (2018). *Articulating the Moral Community. Towards a Constructive Ethical Pragmatism.* Oxford: Oxford University Press.
17. Zie bijvoorbeeld Rusman, F. (2016, 17 februari). 'Een downtest vergoeden of niet? De Kamer dubt, de ouders ook'. *NRC Handelsblad.*
18. Zuijderland, M. (2017, 6 september). 'Beter af zonder Down'. *NRC Handelsblad.*
19. Gillam, L. (1999). 'Prenatal Diagnosis and Discrimination Against the Disabled'. *Journal of Medical Ethics,* 25, 163-171.
20. Zie bijvoorbeeld het rapport van de Nuffield Council on Bioethics 'NIPT: Ethical Issues' (2017, www.nuffieldbioethics.org), en het rapport 'Valuing People with Down's Syndrome' van de Church of England (2018, www.

churchofengland.org), en de reactie van de UK Down's Syndrome Association (www.downs-syndrome.org.uk).

21. Zie bijvoorbeeld het onderzoek van Lundgren en Wahlberg (1999) naar ervaringen van zwangerschap. Een terugkerend thema was de overgang naar het onbekende, met drie stadia: de eigen leefsituatie onder ogen zien, het onvermijdelijke onder ogen zien, en het voorbereiden voor het onbekende. Lundgren, I., & Wahlberg, V. (1999). 'The Experience of Pregnancy: A Hermeneutical/Phenomenological Study'. *The Journal of Perinatal Education*, *8*(3): 12-20.
22. Bächtiger, A., & Parkinson, J., *Mapping and Measuring Deliberation: Towards a New Deliberative Quality*. Oxford: Oxford University Press, 2019.

17 De natuur maakt geen selfies

De gezonde samenleving vanuit socio-ecologisch perspectief

Noelle Aarts

We zijn het vermogen kwijtgeraakt ons te verbinden met de natuur, met andersdenkenden en wellicht ook met onszelf. Die kunst heeft plaatsgemaakt voor een superieure verhouding tot de natuur, die inmiddels zit ingebakken in nagenoeg alle structuren en systemen waarmee wij ons hebben omringd.

Willen we werkelijk een gezonde samenleving realiseren, met respect voor al wat leeft, dan moeten we flink aan het werk. Het goede nieuws: we kunnen aansluiten bij wat al gaande is. Pleidooi voor een hernieuwd contact met de natuur, de ander en onszelf.

In de jaren vijftig van de vorige eeuw verscheen het boek *De gezonde samenleving, psychopathologie van democratie en kapitalisme* van de Duits-Amerikaanse filosoof en psycholoog Erich Fromm.[1] Het betreft een kritische visie op de gevolgen van de consumptiemaatschappij. Op het eerste gezicht biedt de moderne samenleving een ongekende mate van welvaart, maar Fromm betoogt dat daar een hoge prijs voor wordt betaald. In zijn ogen stimuleert het kapitalisme een ziekelijk vluchtgedrag in hedonisme en narcisme. In de complexe, door technologie en consumptiedwang beheerste wereld zoeken mensen een veilig heenkomen in een obsessieve gerichtheid op het zelf, aldus Fromm. Onze passie voor het via social media massaal verspreiden van selfies die onze tevredenheid met onszelf moeten tonen, is een actueel voorbeeld van dit fenomeen.

Niet alleen leidt een dergelijke zelfgerichtheid volgens Fromm tot zelfoverschatting en eigenwaan, maar bovenal tot beschavingserosie en een gebrek aan liefde voor het leven, voor de medemens en voor de wereld om ons heen. Dat is niet alleen ongezond in sociale zin, maar ook in psychische zin. Fromm laat zien hoe onze welvaart in feite woekert op 'een algehele vervreemding van het leven', waarmee hij bedoelt dat mensen zichzelf zijn kwijtgeraakt, omdat ze het idee hebben geen invloed te kunnen uitoefenen op ontwikkelingen in de wereld om hen heen.

Die vervreemding lijkt zich vandaag de dag op tal van manieren te uiten. Veel mensen hebben inderdaad het gevoel dat ze doorlopend worden geconfronteerd met problemen die ergens *out there* worden veroorzaakt terwijl zij met de gevolgen worden opgezadeld, zonder dat ze iets hadden kunnen bijdragen aan het voorkomen ervan. Denk aan klimaatverandering, de afname van biodiversiteit en de uitputting van fossiele brandstoffen. Of aan de eindeloze vluchtelingenstromen en onvoorspelbare pandemieën zoals de coronapandemie. Het zijn problemen waar we intussen dagelijks mee worden geconfronteerd, problemen die niet alleen onze leefomgeving ernstig schaden, maar ook onze gezondheid. Problemen die gepaard gaan met twijfels en onzekerheden over oorzaken en gevolgen.

Wat we intussen wel weten, is dat ze niet eenvoudig zijn op te lossen en dat we ons daar steeds ongemakkelijker bij voelen: hoe ver kunnen we gaan zonder ons daadwerkelijk te bekommeren over klimaatverandering? Welke levensbedreigende pandemieën staan ons in de komende tijd te wachten? Wat kunnen we doen om onze samenleving weer gezond en veerkrachtig te maken?

We bekijken dit vraagstuk vanuit een socio-ecologisch perspectief, vanuit een reflectie op de manier waarop wij ons verhouden tot onze leefomgeving, ofwel de natuur, en daarmee ook tot elkaar. Gaandeweg zijn we het antropoceen binnengetreden, een nieuw tijdperk in de geschiedenis waarin de invloed van mensen op de aarde bepalend is voor de toekomst van de planeet. Het antropoceen vraagt, in de woorden van de Franse filosoof Bruno Latour, om een herbezinning op onze verstoorde verhouding met de planeet.[2] Om het fundament voor een gezonde samenleving te herstellen, gaan we op zoek naar een nieuwe solidariteit tussen al wat leeft op deze planeet.

Heilzame natuur

De biologie leert ons dat elk organisme leeft in een biotoop. Zonder zo'n natuurlijk leefgebied geen organisme. Als de biotoop verandert, zal het organisme mee moeten veranderen. Doet ze dat niet, dan sterft ze op een goed moment uit.[3] Dit geldt ook voor mensen en hun leefomgeving: klimaatverandering vraagt om aanpassing. Omgekeerd is de kwaliteit van onze leefomgeving, van onze biotoop, afhankelijk van de manier waarop wij daar mee omgaan. We maken, kortom, deel uit van de natuur, er is sprake van wederzijdse afhankelijkheid.[4]

De geleidelijke afname van de kwaliteit van de natuur gaat gepaard met een afnemend contact met de natuur. Dat begint al bij onze kinderen. Onderzoek laat zien dat kinderen steeds minder buiten spelen en daardoor steeds minder directe ervaringen hebben met de natuur.[5] Ook de afstand waarop kinderen zonder toezicht naar buiten mogen, is steeds kleiner geworden. Konden onze grootouders als kind tot zo'n 3 kilometer in de omtrek gaan struinen, de vrijheid van de kinderen van de huidige generatie om alleen of met elkaar op pad te gaan, reikt niet verder dan 25 meter.[6] Het resultaat is dat onze houding ten opzichte van de alledaagse natuur inmiddels getuigt van onwetendheid en wellicht ook een zekere onverschilligheid.

De helende krachten van de natuur lijken we daarmee goeddeels vergeten. Dit terwijl onderzoek keer op keer positieve effecten van de natuur laat zien, niet alleen op onze gezondheid en vitaliteit, maar ook op ons welbevinden en geluk en zelfs op ons sociaal gedrag. Regelmatig wandelen in de natuur doet wonderen voor de conditie, het voorkomt hart- en vaatziekten en verhoogt de levensverwachting.[7] Natuurlijke omgevingen vormen de perfecte omstandigheden voor mentale ontspanning, omdat ze de ervaring van zogenoemde *soft fascination* creëren: anders dan stedelijke en technologische omgevingen eisen zij niet al onze aandacht op en laten daarmee het vermogen open om na te denken en ervaringen te verwerken.[8] Wandelen is een van de meest werkzame manieren om stress tegen te gaan en onszelf te relativeren.

De Wageningse hoogleraar Cees van Woerkum onderscheidt verschillende stadia van contact met de natuur.[9] In het hoogste stadium ervaren we dat we verbonden zijn met de natuur, dat we erin opgenomen zijn, dat we één zijn met de natuur. Die ervaring gaat gepaard met een verlies aan 'ego':

> Het doet er niet meer toe wie we zijn, wat anderen van ons denken en ook niet wat we van onszelf denken, het zelfbeeld dat we hebben, wat onze identiteit is. Al onze mooie eigenschappen of bijzondere prestaties zijn van nul en generlei betekenis. Evenmin hebben onze zwakheden of mislukkingen enig gewicht. Ook hoe we eruitzien is op zulke momenten volmaakt oninteressant. Het is allemaal oké. Onze verlangens spelen ineens geen rol meer, de toekomst wordt een abstractie. Het verleden, met zijn hoogte- en dieptepunten, is niet meer aan de orde. Verdrietigheden, beslommeringen, ze zijn verdwenen. En toch is het ervaren leven niet saai, zeker niet. Het is intens en actief, we zijn vol van wat ons omgeeft. In zekere zin is het volmaakt, want niets ontbreekt.

Als we ons één voelen met de natuur, dan voelen we dat we deel uitmaken van één groot geheel, dat we via de natuur ook verbonden zijn met elkaar. We horen erbij en we doen ertoe, ook als we niks bijzonders doen. 'De natuur kent geen oordeel, heeft lak aan ons gedoe,' voegt prinses Irene hier in haar Westhofflezing aan toe.[10] Zelfs onze fundamentele angst voor de dood wordt gerelativeerd. Wanneer we sterven, verworden we immers tot elementen die de basis vormen voor nieuw leven: wat komt, is het resultaat van wat was. Zo draagt het contact met de natuur bij aan de zin van ons bestaan en daarmee aan ons geestelijk welzijn. Deze gedachte wordt onder meer bevestigd door de manier waarop in niet-westerse culturen tegen depressie wordt aangekeken – in Nederland intussen volksziekte nummer één, erg genoeg vooral onder jongeren. De Afrikaanse filosoof Pius Mosima vertelde in zijn lezing voor Radboud Reflects dat het woord depressie in inheemse talen niet voorkomt.[11] Dit betekent niet dat inheemse mensen niet neerslachtig kunnen zijn, hun interesse in de dingen kunnen verliezen en zich daarom afzonderen. Maar de overtuiging is dan niet dat iemand een depressie heeft, maar dat diens relatie met de omgeving is verstoord. De oplossing is om de verbroken verbinding te herstellen en hem of haar weer onderdeel te laten uitmaken van de omgeving.

In het verlengde hiervan ligt het initiatief van de Nederlandse psycholoog Ad Bergsma om een wandeling uit te zetten langs de Waal. 'Het Pad' loopt van Millingen tot Rockanje, zo'n 210 kilometers lang, bedoeld voor mensen met psychische klachten, waaronder een depressie. Dat is heel wat anders dan iemand van een depressie genezen met individuele therapieën en medicijnen. Wat helpt dat als je daarnaast een geïsoleerd leven leidt en niet in contact staat met je omgeving?

Wanneer we streven naar een gezonde samenleving, is er reden genoeg om niet alleen de kwaliteit van de natuur te herstellen, maar ook onze relatie tot de natuur te herzien en te werken aan voorwaarden die helpen om onszelf opnieuw te beschouwen als onderdeel van de natuur. Dit vraagt om een herziening van een aantal ordeningen die de huidige samenleving kenmerken en die ons streven naar een gezonde samenleving in de weg zitten. Om te beginnen een herziening van de manier waarop wij onze positie beschouwen ten opzichte van andere bewoners van deze planeet.

'Dat is van mij'

Het proces dat ertoe heeft geleid dat wij onszelf boven de natuur hebben geplaatst, is zo'n tienduizend jaar geleden aangevangen met het begin van de landbouw en het bijbehorende grondbezit:

> De eerste die een stuk grond omheinde en durfde te zeggen 'dat is van mij', en mensen aantrof die onnozel genoeg waren om hem te geloven, was de ware grondlegger van de burgerlijke maatschappij. Wat een misdaden, oorlogen, moorden, wat een ellende en verschrikkingen was de mensheid niet gespaard gebleven als iemand toen de palen had uitgerukt of de gracht had gedempt en tot zijn medemensen had geroepen: 'Hoed je om naar die bedrieger te luisteren; jullie zijn verloren als jullie vergeten dat de vruchten iedereen toebehoren en dat de aarde van niemand is.'[12]

Bovenstaand citaat uit het essay 'Vertoog over de Ongelijkheid' van Jean-Jacques Rousseau – de eerste druk verscheen in 1755 – komt ons wellicht enigszins pathetisch over. Maar dat is het allerminst. Intussen is er heel wat wetenschappelijk bewijs voor de stelling dat er veel is veranderd vanaf het moment dat mensen neerstreken op een vaste plek.[13] Jagers en verzamelaars, zo leren ons de antropologen, hadden een redelijk ontspannen leven. Ze hoefden lang geen veertig uur te werken om voedsel en onderdak te regelen. Bovendien waren ze gezonder omdat ze meer bewogen en een veel gevarieerder voedselpakket kenden dan de latere landbouwers met hun overvloed aan graan en rijst. Nadat de mensen steeds dichter bij elkaar gingen wonen en ook nog eens in groten getale dieren gingen domesticeren, ontstonden er allerlei nieuwe ziekten. De plagen van mazelen, pokken, tuberculose, syfilis, malaria, cholera en de pest zijn ontstaan toen mensen zich gingen vestigen.[14, 15]

Met de ontwikkeling van nieuwe technologieën om opbrengsten per oppervlakte-eenheid verder te maximaliseren, is de trend om onszelf boven de natuur te plaatsen in een stroomversnelling gekomen. Het vertrouwen in de technologische maakbaarheid van de wereld is groot. Ook in onze pogingen om klimaatverandering te beheersen, is een technologische benadering vooralsnog dominant.

Toch wordt het inzicht dat technologie niet volstaat om de problemen in onze leefomgeving op te lossen, gaandeweg breder gedeeld. De vereiste herordening is fundamenteler van aard. Volgens de innovatietheorie kan die pas slagen wanneer sprake is van een nieuwe combinatie van wat we 'hardware', 'software' en 'orgware' noemen.[16] Hardware verwijst naar de technologische en ecologische ingrepen die nodig zijn om een gezonde leefomgeving te creëren waar planten, dieren en mensen wel bij varen.

Orgware gaat over de formele en informele spelregels die de samenwerking moeten bevorderen die technologische ingrepen mogelijk maakt. Denk aan de verdeling van financiële middelen, maar ook aan wet- en regelgeving vanuit verschillende bestuurlijke niveaus. Zolang Brussel een onbegrensd gebruik van pesticiden toestaat, wordt het lastig om een gezonde leefomgeving te realiseren. En zolang we binnen het huidige kapitalistische systeem de waarde van alles blijven uitdrukken in geld, zal de natuur het moeilijk hebben.

Software gaat over meningen, opvattingen, kennis, associaties en visies van burgers, politici, wetenschappers, ondernemers en andere belanghebbenden: in hoeverre beschouwen zij de huidige situatie als een maatschappelijk probleem? En als ze dat doen, welke maatregelen vinden ze dan effectief? Welke maatregelen zien ze als realistisch, dus inpasbaar in hun dagelijkse praktijken, en welke maatregelen als rechtvaardig vergeleken met wat van anderen wordt gevraagd? Wat zijn de onderliggende aannames, normen, ervaringen en belangen die tot hun standpunten leiden en die uiteindelijk ook de orgware en de hardware bepalen?

Kortom, herordening vraagt om erkenning van een aantal fundamentele afhankelijkheden, niet alleen onze afhankelijkheid van de natuur, maar ook die van andere mensen.

Het intermenselijk gedoe

Vanaf het moment dat we geboren worden, hebben we anderen nodig om in leven te blijven, ons te ontwikkelen en zin te geven aan ons bestaan.[17] Ook om complexe problemen zoals klimaatverandering, de afname van biodiversiteit, de noodgedwongen migratie van miljoenen en de verspreiding van pandemieën het hoofd te bieden zijn we aangewezen op elkaar.[18] Vooralsnog lukt het ons niet om tot overeenstemming komen over wat het juiste beleid is en het juiste gedrag om de nodige herordening te realiseren. Zolang mensen het niet eens zijn over oorzaken en oplossingen van problemen, blijft actie uit, ook als de urgentie groot is.[19]

Veel problemen die gerelateerd zijn aan de kwaliteit van de leefomgeving worden verklaard door wat Hardin de *tragedy of the commons* heeft genoemd.[20] Deze theorie gaat over de manier waarop mensen omgaan met gemeenschappelijke natuurlijke hulpbronnen, namelijk ieder voor zich vanuit een individueel belang, gericht op de korte termijn. Op de lange termijn leidt dat tot definitieve uitputting van de bronnen. Onderzoek laat zien dat dergelijke processen voor een belangrijk deel worden bepaald door hetgeen zich tussen mensen afspeelt: de machtsstrijden tussen belanghebbenden en het intermenselijk gedoe met de bijbehorende dynamiek van insluiten en uitsluiten. We worden dagelijks gehinderd door onze eigen mentale gesteldheid, onze impulsen en gevoelens en ons beperkte vermogen om te relativeren en over onze eigen schaduw heen te stappen. Voortdurend worden we gewaarschuwd voor de zogenoemde algoritmes waarmee bedrijven als Google en Facebook informatie selecteren, al naargelang onze voorkeuren en standpunten. Minder druk maken we ons over de algoritmes in ons eigen hoofd: we selecteren zelf ook informatie en vervormen die tot een verhaal dat bevestigt wat we al weten, wat we al vinden en doen, waarmee we onze bestaande denkpatronen reproduceren. Deze observatie wordt bevestigd in hersenonderzoek.[21] Wanneer mensen informatie ontvangen die hun bestaande meningen en opvattingen bevestigt, gaan in de hersenen de stoplichten op groen: kom maar binnen! Bij informatie die niet strookt met wat we vinden, springen de stoplichten op rood: die informatie wordt tegengehouden, genegeerd of zodanig omgevormd dat bestaande opvattingen alsnog worden bevestigd: het had waar kunnen zijn.[22]

Daarbij komt dat onze voorkeuren en standpunten, meningen en opvattingen niet op zichzelf staan. Ze zijn het resultaat van gesprekken die we vooral voeren met OSM, ons soort mensen. Mensen die op ons lijken, mensen die dezelfde informatie selecteren uit de eindeloze brij die ons dagelijks wordt aangeboden en daarmee onze gedachtenpatronen bevestigen en versterken. Binnen deze netwerken van gelijkgestemden imiteren en kopiëren we dat het een lieve lust is: denkbeelden en gedrag zijn uitermate besmettelijk![23]

Voorkeuren en standpunten die in dergelijke homogene netwerken worden ontwikkeld, zijn niet gemakkelijk te veranderen. Omdat ze binnen de groep niet worden betwist, worden ze gaandeweg beschouwd als onomstreden waarheden. Het risico van groepsdenken[24] neemt dan al gauw de overhand: wanneer iedereen het met elkaar eens is, verdwijnt het kritisch denkvermogen en ziet men niet meer wanneer de overeenstemming de plank misslaat.[25]

Duidelijk is dat samenwerking tussen belanghebbenden die van elkaar afhankelijk zijn, maar deel uitmaken van verschillende sociale omgevingen, vanwege dergelijke dynamieken niet gemakkelijk van de grond komt. Herordening van bestaande structuren en patronen voor het oplossen van problemen die onze samenleving op dit moment ongezond en kwetsbaar maken, is mede hierom een moeizaam proces.

Als we al in gesprek gaan met mensen die niet tot onze sociale groep behoren en er anders over denken, dan laat onderzoek zien dat we daar niet heel goed in zijn. Integendeel, in plaats van interesse tonen ('Ik hoor een nieuw geluid, boeiend, vertel!') proberen we de ander onmiddellijk te overtuigen van ons eigen gelijk. Daartoe trekken we allerlei strategieën uit de kast.[26, 27, 28] We verwijzen naar feiten die ons standpunt kracht bijzetten (*onderzoek wijst uit...*), of we beroepen ons juist op uiterst persoonlijke, en daarom moeilijk te weerleggen ervaringen (*ik sprak vorige week een boer die zei...*). We gebruiken disclaimers *(ik ben geen politicus, maar wat ze daar in Den Haag aan het doen zijn...*), sterke, beeldende taal (*plofkip*) en veel bijvoeglijke naamwoorden (*perfecte landbouwgrond moet verdwijnen voor een onnozel stukje wilde troep*).

Spijtig genoeg maken dergelijke pogingen om mensen te overtuigen alleen maar indruk op de mensen die het er toch al mee eens zijn. Mensen die er anders over denken, voelen zich niet gehoord, in een hoek gezet en soms zelfs beledigd of beschuldigd. En zo dragen gesprekken – veelal onbedoeld – bij aan de toenemende polarisatie die we in de huidige samenleving ondervinden op tal van terreinen, inclusief de manier waarop we een gezonde samenleving zouden moeten bewerkstelligen.[29]

Naar een gezonde samenleving

Gemakkelijk is het dus niet om de samenleving zodanig te herordenen dat we onszelf anders gaan verhouden tot onze fysieke omgeving. Maar het is niet onmogelijk. Het ervaren ongemak met de huidige problemen is steeds vaker onderwerp van de dagelijkse gesprekken die mensen met elkaar voeren. Gesprekken waarin de toekomst wordt voorbereid, omdat nieuwe ideeën en gedachten over te bewandelen routes worden geëxploreerd en bediscussieerd. Drie richtinggevende overwegingen werk ik hier nader uit.

Nieuw ecologisch bewustzijn

Milieufilosofen leren ons dat aan verschillende houdingen van mensen ten opzichte van de natuur verschillende wereldbeelden ten grondslag liggen.[30] Een eerste wereldbeeld beschouwt de natuur vanuit een hiërarchie. Onderaan staan de lagere planten en mineralen, dan komen de hogere planten, gevolgd door de ongewervelde dieren, de gewervelde dieren, de zoogdieren, met uiteindelijk de mensen aan de top. Het doel van alle levende wezens is een hogere vorm te dienen. Vanuit dit wereldbeeld is de mens heerser van de natuur en dient de natuur de mens.

Een tweede wereldbeeld ziet de mens als beschermer en verzorger van de natuur. Dit vinden we onder meer terug in de christelijke traditie. God heeft de natuur geschapen, de mensen mogen er gebruik van maken, maar ze moeten er ook goed voor zorgen. Overigens ontaardt deze christelijke houding ten opzichte van de natuur niet zelden in dominantie, leidend tot regelrechte vernieling van de natuur. Zo zien christelijke groepen in de VS schaliegas als een door God gegeven grondstof. Die bodemschat niet te exploiteren zou een arrogante afwijzing zijn van wat voor de mens is bestemd.[9]

In andere, veelal niet-westerse samenlevingen worden mensen en natuur beschouwd als partners van elkaar. In dit derde wereldbeeld is nog steeds sprake van een duidelijk onderscheid, maar mens en natuur zijn even belangrijk. Ze staan naast elkaar.

Vanuit een vierde wereldbeeld zijn mensen participanten in de natuur. De natuur wordt beschouwd als een samenhangend systeem waarin alles met alles is verbonden en waar mensen onderdeel van uitmaken. Als we respect hebben voor de natuur, hebben we dat dus ook voor onszelf, en omgekeerd. We herkennen hierin het hoogste stadium van contact met de natuur, zoals Cees van Woerkum dat heeft beschreven, evenals de manier waarop Pius Mosima de relatie tussen mensen en hun omgeving beziet.

Waar de mensen zich in de afgelopen tweeduizend jaar redelijk consequent hebben opgesteld als heersers over de natuur - met op zijn best een enkel moment als beschermers –, zien we in de afgelopen decennia een toenemende neiging onszelf te beschouwen als participanten in de natuur. Volgens ecoloog en filosoof Matthijs Schouten vindt op dit moment inderdaad een verschuiving plaats van een antropocentrische benadering naar een ecocentrische benadering van de natuur. De vraag is hoe we dit nieuwe ecologische bewustzijn kunnen omzetten in handelen.

De milieufilosoof Timothy Morton onderscheidt in zijn boek *Duistere ecologie*[31] drie fasen van een proces waarin een nieuw ecologisch bewustzijn wordt ontwikkeld.[32] De eerste fase begint met een depressie als we ons realiseren wat we de aarde en daarmee onszelf hebben aangedaan. Dit gevoel gaat in de tweede fase over in het ongemakkelijke gevoel van de complexiteit van het geheel en hoe ingewikkeld het is om bestaande structuren te doorbreken die ons onduurzame gedrag voor een belangrijk deel sturen. De derde fase uit zich in wat Morton 'duistere zoetheid' noemt: we laten ons inspireren door de kunst, de muziek en alles wat maar enigszins afwijkt van de dagelijkse gang van zaken. Dit hoeft nog niet meteen te resulteren in een nieuw ecologisch bewustzijn en de grote problemen lossen we er ook nog niet mee op, maar het draagt wel bij aan de nodige relativering. Daarnaast leidt het wellicht tot enige terughoudendheid ten aanzien van het ongebreidelde materialisme en consumentisme waar Erich Fromm en zijn collega's van de Frankfurter Schule decennia geleden al voor waarschuwden.

Nieuwe gesprekken, nieuwe taal

Om onze leefomgeving weer gezond te maken moeten we minder vliegen, minder vlees eten, minder energie verbruiken en minder consumeren. Het is belangrijk ons te realiseren dat taal mee richting geeft aan ons handelen, want ook hier ligt een veranderingspotentieel.[33] We dragen bij aan het herstellen van de verbinding met de natuur, simpelweg door ons bewust te worden van wat bepaalde termen teweegbrengen en door anders te praten over natuur. Nieuwe taal, nieuwe woorden, het helpt. Zoals de antropoloog Paul Bate stelt: 'Als je wilt dat mensen anders gaan denken, dan moet je zorgen dat ze anders gaan praten.'[34] Het is frappant hoezeer het onderwerpen van de natuur ingebakken zit in ons taalgebruik. Denk aan woorden als meeuwenoverlast, muizenplaag, rattengif of onkruid. Ze lijken normaal, maar dat zijn ze niet. Dergelijke woorden tonen vooral de normaliteit van onze dominantie over andere bewoners van onze planeet. En telkens wanneer dergelijke woorden onproblematisch worden gebruikt, wordt die normaliteit gereproduceerd.

Meer algemeen kunnen we de gesprekken die we met elkaar voeren, verbeteren. Vooral de gesprekken die we (moeten) voeren met mensen die fundamenteel anders denken, maar waar we wel afhankelijk van zijn om een herordening ten behoeve van een gezonde samenleving tot stand te brengen. 'Het allerbelangrijkste voor de toekomst is om de barrières tussen de mensen af te breken, zodat we in staat gesteld worden om als één intelligent wezen op te treden,' aldus kwantumfysicus en dialoogbeoefenaar David Bohm.[35, 36] De uitdaging is dan om een discussie of een debat om te buigen tot een dialoog waarin het niet gaat om winnen, maar om 'de kunst van het samen nadenken'. De kans dat gesprekken met andersdenkenden constructiever verlopen, wordt aanzienlijk vergroot wanneer we de principes van een ware dialoog in acht nemen:

- luister met aandacht en respect naar de ander;
- stel vragen en vraag net zo lang door tot de ander zich gehoord voelt en jij precies begrijpt wat de ander bedoelt;
- erken meerdere perspectieven: als ik gelijk heb, hoeft de ander nog geen ongelijk te hebben;
- exploreer onderliggende aannames, normen, waarden en angsten, ook die van jezelf;
- eindig het gesprek met het formuleren van een gezamenlijk overeengekomen vervolgstap.[37]

Kortom, als we ons beter bewust zijn van de betekenis van uitingen van anderen, en vooral die van onszelf, en als we ons toeleggen op het leren voeren van een ware dialoog, dan kunnen wederzijdse afhankelijkheden opnieuw worden vormgegeven, zodanig dat herordening van structuren die een gezonde samenleving in de weg zitten, gemakkelijker kan worden gerealiseerd.

Nieuwe inrichting van democratische besluitvorming

Een derde overweging betreft de manier waarop wij onze samenleving hebben ingericht en met name de plaats die niet-mensen daarin wordt toebedeeld. De Franse filosoof Michel Serres stelt een 'ecologisering' van onze democratie voor, waarin de belangen van niet-mensen niet zozeer 'worden meegenomen', maar volwaardig onderdeel zijn van het systeem van besluitvorming.[38, 39] In het verlengde daarvan heeft zijn collega Bruno Latour het Parlement van de Dingen geïntroduceerd, een platform voor gesprekken tussen mensen, dieren, planten en dingen waarin de waarden (niet de waarde!) van dieren, planten en dingen een plek krijgen. Denk aan de belangen van bijvoorbeeld de oceaan, het bos, de rivier en de stenen. Tegelijkertijd moeten we toe naar dialogische onderhandelingen waarin zorg voor de ander centraal staat: problemen zijn pas opgelost wanneer dat geldt voor alle betrokkenen, dus ook voor de niet-mensen.

Vanuit deze gedachte is in 2018 de 'Ambassade van de Noordzee' opgericht, een initiatief waarin wordt onderzocht hoe algen, vissen en andere Noordzeebewoners een stem kunnen hebben om mee te praten over de toekomst van de Noordzee. Faber en Van Leeuwen noemen de Ambassade van de Noordzee 'een democratisch en juridisch experiment op het raakvlak van kunst, filosofie en wetenschap, vanuit het idee dat we radicaal andere denkwijzen nodig zullen hebben'.[40]

In de afgelopen jaren hebben de rivier de Whanganui in Nieuw-Zeeland, het Amazonegebied in Colombia en Lake Erie in de Verenigde Staten rechtspersoonlijkheid toegekend gekregen. In een aantal landen is inmiddels het begrip ecocide opgenomen in wetgeving, met als gevolg dat grootschalige vernietiging van natuur wordt beschouwd als crimineel gedrag en dus wordt veroordeeld. Deze initiatieven passen binnen een opkomende beweging die pleit voor integrale rechten van natuur en zoekt naar nieuwe beginselen ter bescherming van natuur en de plaats van mensen daarbinnen.

Zeker zo belangrijk is het betrekken van toekomstige generaties. Terwijl de acties en besluiten van de huidige generatie van grote invloed zijn op de toekomst van onze kinderen en kleinkinderen, worden hun rechten in de representatieve democratie tot nu toe genegeerd. In zijn nieuwste boek *De goede voorouder* buigt politicoloog Roman Krznaric zich over de vraag hoe we de toekomstige generaties een stem kunnen geven.[41] Hij beschrijft aansprekende experimenten op dit gebied, zoals *Future Design* in Japan, een politieke beweging die pogingen doet de belangen van toekomstige generaties mee te laten wegen in de politieke besluitvorming. Dit gebeurt onder meer in burgerraden waarin de ene groep deelnemers het standpunt van de huidige inwoners inneemt en een andere groep zich inbeeldt dat ze de toekomstige inwoners zijn. Het blijkt dat de laatste groep kwesties als klimaatverandering, maar ook gezondheid op radicalere en progressievere wijze meenemen in hun standpunten. Wales heeft inmiddels een 'Commissaris voor de toekomstige generatie'. Er ligt een wetsvoorstel klaar om zo'n Commissaris voor het hele Verenigd Koninkrijk aan te stellen. Het zijn voorbeelden van initiatieven die helpen ons te verplaatsen in toekomstige generaties die navolging verdienen.

Verbonden met alle anderen

In dit hoofdstuk hebben we het streven naar een gezonde samenleving beschouwd vanuit een socio-ecologisch perspectief. We hebben gezien hoe we in de loop van de geschiedenis het vermogen om ons te verbinden met de natuur, met andersdenkenden en wellicht ook met onszelf voor een belangrijk deel zijn kwijtgeraakt. Zoals de gedragswetenschapper Kahane zegt: 'Onze vernietiging van inheemse gemeenschappen wereldwijd en onze haast om ecosystemen te vernietigen waarvan al onze gemeenschappen afhankelijk zijn, vloeien voort uit het feit dat we niet meer verbonden zijn met elkaar en de aarde.'[42] Intussen zit onze superieure verhouding tot de natuur ingebakken in nagenoeg alle structuren en systemen waarmee wij onszelf hebben omringd.

Willen we werkelijk een gezonde samenleving realiseren die gebaseerd is op respect voor al wat leeft, dan moeten we flink aan het werk. Het goede nieuws is dat we kunnen aansluiten bij wat al gaande is. Vele voorbeelden laten zien dat persoonlijke ontmoetingen met andersdenkenden vooroordelen wegnemen en solidariteit stimuleren. Er zijn talrijke initiatieven van mensen die met liefde en passie aandacht en zorg besteden aan de leefomgeving en daartoe nieuwe relaties ontwikkelen. Kunst, literatuur en muziek, maar ook wetenschap en filosofie bieden reflectie en inspiratie. Het is een prettige gedachte dat we niet groot hoeven te denken om een bijdrage te leveren aan een gezonde samenleving waarvan, in de woorden van Erich Fromm '...de leden waarlijk hun kinderen, hun naasten, alle mensen maar ook zichzelf en de gehele natuur kunnen liefhebben, waarin ze zich met alle anderen verbonden kunnen voelen en desondanks het gevoel van een eigen persoonlijkheid en integriteit kunnen bewaren'. We zijn het aan onszelf, de planeet en de toekomstige generaties verplicht om hier ons uiterste best voor te doen.

Literatuur & noten

1. Fromm, E. (1958). *De gezonde samenleving. Psychopathologie van democratie en kapitalisme.* Utrecht: Erven J. Bijleveld.
2. Latour, B. (2017). *Oog in Oog met Gaia. Acht lezingen over het nieuwe klimaatregime,* vert. Rokus Hofstede en Katrien Vandenberghe. Octavo, 2017.
3. Woerkum, C. van (2003). 'Organisaties in hun biotoop. Over de communicatie van organisaties'. Wageningen: Wageningen University, inaugurele rede.
4. Wulf, A. (2015). *The Invention of Nature: Alexander Humboldt's New World.* New York: Alfred A. Knopf.
5. Charles, C. (2009). 'The Ecology of Hope: Natural Guides to Building a Children and Nature Movement'. *Journal of Science Education and Technology, 18*(6), 467-475.
6. Woolley, H., & Griffin, E. (2015). 'Decreasing Experiences of Home Range, Outdoor Spaces, Activities and Companions: Changes Across Three Generations in Sheffield in North England'. *Children's Geographies, 13*(6), 1-15.
7. Bergh, M. van den (2017). 'Mental Health Benefits of Green Spaces'. Amsterdam, Vrije Universiteit, dissertatie.
8. Pearson, D., & Craig, T. (2014). 'The Great Outdoors? Exploring the Mental Health Benefits of Natural Environments'. *Frontiers in Psychology.* DOI:10.3389/fpsyg.2014.01178
9. Woerkum, C. van (2018). *In contact met de natuur.* Utrecht: Uitgeverij IJzer.
10. Irene prinses der Nederlanden (2020). 'Hoe keren wij het Antropoceen? 21e Victor Westhofflezing', gehouden op 29 mei 2019. Nijmegen, Radboud Universiteit, Institute for Water and Wetland Research.
11. Mosima, P. (2018), 'Depression in Different Cultures, Radboud Reflects', lezing in LUX, 9 april 2018, Nijmegen.
12. Rousseau, J.-J. ([1755], 2002). *Vertoog over de Ongelijkheid.* Amsterdam: Boom.
13. Bregman, R. (2019). *De meeste mensen deugen. Een nieuwe geschiedenis van de mens.* Uitgeverij De Correspondent, 136-142.

14. Diamond, J. (2000). *Zwaarden, paarden en ziektekiemen. De ongelijkheid in de wereld verklaard.* Utrecht: Het Spectrum.
15. Mooij, A. (2001). *Van pest tot aids. Vijf eeuwen besmettelijke ziekten in Amsterdam.* Uitgeverij Thoth.
16. Smits, R. (2002). 'Innovation Studies in the 21st Century: Questions From a User's Perspective'. *Technological Forecasting and Social Change,* 69(9), 861-883.
17. Elias, N. (1982). *Het civilisatieproces. Sociogenetische en psychogenetische onderzoekingen (2).* Utrecht: Het Spectrum.
18. Aarts, N. (2018). 'Dynamiek en dependentie in socio-ecologische interacties'. Nijmegen, Radboud Universiteit: inaugurele rede.
19. Stacey, R. (2007). 'The Challenge of Human Interdependence. Consequences for Thinking About the Day to Day Practice of Management in Organizations'. *European Business Review,* 19(4), 292-302.
20. Hardin, G. (1968). 'The Tragedy of the Commons'. *Science,* 162, 1243-1248.
21. Sharot, T. (2017). *Dingen gedaan krijgen. Hoe je met hersenwetenschap mensen kan beïnvloeden.* Amsterdam: Uitgeverij Atlas Contact.
22. Effron, D. (2018). 'It Could Have Been True: How Counterfactual Thoughts Reduce Condemnation of Falsehoods and Increase Political Polarisation'. *Personality and Social Psychology Bulletin,* 44(5), 729-745.
23. Christakis, N.A., & Fowler, J.H. (2007). 'The Spread of Obesity in a Large Social Network over 32 Years'. *The New England Journal of Medicine,* 357, 370-379; Christakis, N.A., & Fowler, J.H. (2008). 'The Collective Dynamics of Smoking in a Large Social Network'. *The New England Journal of Medicine,* 358, 2249-2258.
24. Janis, I. (1982). *Groupthink, Psychological Studies of Policy Decisions and Fiascos.* Boston: Houghton Miffling Company.
25. Haslam, S.A. (2001). *Psychology in Organizations: The Social Identity Approach.* Londen: Sage Publications.
26. Herzele, A. Van, Aarts, N., & Casaer, J. (2015). 'Wildlife Comeback in Flanders: Tracing the Fault Lines and Dynamics of Public Debate'. *European Journal for Wildlife Research.* DOI:10.1007/s10344-015-0925-5
27. Herzele, A. Van, & Aarts, N. (2019). 'Arguing Along Fault Lines: A Rhetoric of Public Debate over Wildlife Comeback'. *Conservation & Society,* 17(4), 343-354.
28. Aarts, N., Ruyssenaars, B., Steuten, C., & Herzele, A. Van (2015). 'Natuur en Beleid Betwist. Een analyse van de aard en het verloop van online discussies over implementatie van natuurbeleid in Nederland'. Den Haag: Wetenschappelijke Raad voor het Regeringsbeleid (WRR), Working Paper nr. 9.

29. Aarts, N. (2015). 'The Art of Dialogue'. Wageningen, Wageningen University: inaugurele rede.
30. Drenthen, M. (2018). *Natuur in mensenland. Essays over ons nieuwe cultuurlandschap.* KNNV Uitgeverij.
31. Morton, T. (2018). *Duistere ecologie. Voor een logica voor de toekomstige eco-existentie.* Amsterdam: Boom.
32. Boutellier, H. (2019). 'Is het Antropoceen bestuurbaar? Pragmatische aantekeningen bij een nieuw tijdperk'. *Beleid en Maatschappij, 46*(4), 455-463.
33. Molder, H. te, & Potter, J. (reds.) (2005). *Conversation and Cognition.* Cambridge: Cambridge University Press.
34. Bate, P. (2004). 'The Role of Stories and Storytelling in Organizational Change Efforts: The Anthropology of an Intervention Within a UK Hospital'. *Intervention Research*, 1, 27-42.
35. Bohm, D. (1990). *On Dialogue.* New York: Routledge.
36. Senge, P., Scharmer, O., Jaworski, J., & Flowers, B.S. (2006). *Presence. Een ontdekkingsreis naar diepgaande verandering in mensen en organisaties.* Den Haag: Academic Service.
37. Aarts, N., & Molder, H. te (2017). *Spreek, zwijg, lach, hoor, zie, vraag en verwonder... Een inleiding in de dialoog.* Wageningen Universiteit/Radboud Universiteit, Centrum voor Dialoog.
38. Serres, M. (1992). *Het contract met de natuur.* Kampen/Kapellen: Kok Agora/DNB/Pelckmans.
39. Faber, A., & Leeuwen, A. van (2019). 'Nieuwe instituties voor het Antropoceen'. *Beleid en Maatschappij, 46*(4), 463-473.
40. Faber, A., & Leeuwen, A. van (2019). 'Nieuwe instituties voor het Antropoceen'. *Beleid en Maatschappij, 46*(4), 469.
41. Krznaric, R. (2020). *De goede voorouder.* Utrecht: Uitgeverij Ten Have.
42. Kahane, A. (2010). *Power & Love. Een strategie voor blijvende verandering.* Den Haag: Sdu Uitgevers bv.

V Kennis maken en delen

18 De veerkrachtige universiteit

Ingrediënten van een succesformule

Han van Krieken

Universiteiten bestaan al zeker 2500 jaar en in de huidige vorm bijna duizend. Het idee van plekken waar mensen met elkaar kennis opdoen, maken en delen is kennelijk heel krachtig en vitaal. Door de eeuwen heen hebben universiteiten zich aangepast aan de omstandigheden. Sommige universiteiten hebben al een millennium betekenis, andere zijn nog jong. De Radboud Universiteit nadert haar eeuwfeest. Nog altijd verlangen steden en regio's overal ter wereld naar hun eigen universiteit. Hoe weet zo'n eeuwenoude instelling zo veel veranderingen te doorstaan en zo succesvol te blijven?

In haar bijna honderdjarig bestaan sloot de campus van de Radboud Universiteit in 2020 voor de tweede keer. Rector magnificus Hermersdorf weigerde in 1943, als enige rector in Nederland, de loyaliteitsverklaring aan studenten voor te leggen en bevestigde de brief waarmee hij de Nijmeegse Universiteit gesloten verklaarde op de deur van het hoofdgebouw.[1] In 2020 besloot het college van bestuur om de campus te sluiten voor onderwijs en onderzoek, op dringend advies van de overheid, teneinde verspreiding van het coronavirus te voorkomen.

In beide gevallen gingen onderwijs en onderzoek door, zo goed en kwaad als dat kon. Studenten, docenten, onderzoekers en andere medewerkers lieten zien dat een universiteit meer is dan een campus met gebouwen. Het is een levende gemeenschap van mensen die gezamenlijk de academie vormen. Vanwaar die veerkracht, die de universiteit al vele eeuwen gezond doet zijn?

Van school naar universiteit

Kort na de geboorte kan een baby nog niet zo veel en is de boreling totaal afhankelijk. Het is echter verbluffend wat een opgroeiend kind in de eerste weken, maanden en jaren daarna allemaal leert, vooral door te kijken en te luisteren. De tijd dat een kind alles kan leren door slechts te zien en te horen wat er in zijn of haar omgeving gebeurt, is echter al sinds de verre Oudheid voorbij. De mens is geweldig goed in staat niet alleen kennis te vergaren, maar die kennis ook over te dragen en te benutten.

Sinds we hebben leren schrijven en lezen, heeft de mensheid zich enorm ontwikkeld. Zo'n 2500 jaar geleden ontstonden op verschillende plaatsen in de wereld scholen die kennis overbrachten en teksten gebruikten; in China, Zuid-Amerika, India, en voor ons het bekendst, in Griekenland. In die vroege scholen lag het accent op religie en filosofie, omdat de meer praktisch toepasbare kennis in het leven van alledag werd overgebracht – werkplaatsleren in het leger, op de boerderij of in ambachtelijke bedrijven. Aristoteles wordt wel de stichter van de eerste universiteit genoemd.[2] Zelf een leerling van Plato, werd hij als niet-Athener gedwongen uit de filosofische traditie te treden. Buiten Athene richtte hij een eigen school op, een duidelijk staaltje van aanpassingsvermogen en veerkracht. Die school was uniek omdat daar niet alleen over filosofie maar ook over natuurwetenschappen werd nagedacht en er zelfs werd geëxperimenteerd. Er werd dus kennis overgedragen en nieuwe kennis gegenereerd, nog steeds de kern van wat we nu een universiteit noemen. Het wezen van de academie van Aristoteles was verwondering. Verwondering over alles wat zich aan ons voordoet.

Instituten zoals die van Aristoteles ontstonden op verschillende plaatsen in het Romeinse Rijk, maar na de val daarvan verdwenen ze in het westerse deel. Ze bleven wél bestaan in het Byzantijnse, later islamitische deel, met bekende voorbeelden in Bagdad, Constantinopel, Caïro en Córdoba. Een bijzondere vermelding verdient de Universiteit van Al-Qarawiyyin, door Fatima al-Fihri opgericht als madrassa in de moskee van Fez, tegenwoordig opgenomen in het Marokkaanse systeem van universiteiten. Dit is daarmee 's werelds oudste nog functionerende universiteit.

Geschonken door Willem van Oranje

Universiteiten zoals we die nu kennen, hebben hun wortels in de vroege Middeleeuwen. West-Europeanen die in Córdoba waren geweest, richtten universiteiten op in Bologna (1088), Montpellier, Parijs, Oxford en Salamanca en verdere verbreiding volgde in de daaropvolgende eeuwen. Noord-Europa volgde wat later en de oudste universiteit in Nederland is die van Leiden, aan de stad geschonken door Willem van Oranje in 1574.

Vooral de wetenschappelijke revolutie aan het einde van de Middeleeuwen had grote invloed op universiteiten: kennisoverdracht werd weer gekoppeld aan kennisontwikkeling. De verwondering kwam terug, evenals de twijfel en kritiek: kennis die werd overgedragen werd niet meer voetstoots aangenomen. Toepassing van kennis werd niet als kerntaak gezien.

Door de eeuwen heen waren universiteiten er niet voor iedereen. Het waren instellingen voor een select gezelschap van mensen die zich konden veroorloven een tijd lang aan de eigen vorming te werken en geen geld te verdienen. Heel lang was dat niet de enige voorwaarde; voor vrouwen waren universiteiten ook niet toegankelijk. Anna Maria van Schurman was in 1636 de eerste vrouw in Nederland, en wellicht Europa, die onderwijs kon volgen aan de Universiteit van Utrecht. Ze moest in een nis zitten, verborgen achter een gordijn. Het duurde tot 1871 voordat een vrouw ook examens mocht afleggen: Aletta Jacobs in Groningen.[3] Zij belichaamde daarmee de emancipatoire rol die universiteiten (kunnen) hebben. Een universitaire opleiding was en is een toegangspoort tot belangrijke maatschappelijke functies. Het katholieke volksdeel in Nederland voelde zich, net als de vrouwen van de eerste feministische golf, achtergesteld en zag dat een eigen, katholieke universiteit een route vormde naar maatschappelijke betekenis en invloed.

'Vereeniging tot het Bevorderen van de Beoefening der Wetenschap onder Katholieken'

De Radboud Universiteit opende haar deur in 1923 na een lange tijd van voorbereiding. Hoewel met de grondwet van Thorbecke in 1848 een einde was gekomen aan de formele achterstelling van katholieken en andere niet-protestantse religies, was deelname van katholieken aan relevante politieke, maatschappelijke en economische structuren in Nederland beperkt. Een beweging van katholieke intellectuelen richtte in 1904 de 'Vereeniging tot het Bevorderen van de Beoefening der Wetenschap onder Katholieken in Nederland' op. In 1905 volgden de bisschoppen met de oprichting van de Sint Radboudstichting, met als doel een katholieke universiteit te stichten. Na lange discussies over de aard van katholieke wetenschapsbeoefening, de relevantie van een eigen universiteit, en nadat collectes onder katholieken voldoende geld hadden opgeleverd, werd de universiteit in Nijmegen opgericht.

Van meet af aan was er een zeker spanningsveld tussen de bisschoppen die de universiteit bestuurden en de wetenschappers die haar vormgaven. Enerzijds was er het belang om vanuit het katholicisme en het katholiek-sociaal denken te werken, anderzijds lag er het grote belang van academische vrijheid en inclusiviteit. Die spanning is slechts weinig naar het oppervlak gekomen, vanwege het wederzijds respect voor beider posities. En op cruciale momenten werden de rijen gesloten. Hermersdorf deed de universiteit in 1943 op slot, na ruggenspraak met kardinaal De Jong, vanuit de gedeelde katholieke waarden. De universiteit weigerde om de door de bezetter geëiste loyaliteitsverklaring aan studenten uit te reiken. Sluiting van de universiteit was daarmee onvermijdelijk.

Dat wil niet zeggen dat het academische leven stopte. Studenten en docenten bleven elkaar ontmoeten voor onderwijs, maar dat was risicovol. Immers, omdat studenten geen loyaliteitsverklaring konden ondertekenen hadden ze de keuze tussen onderduiken of ingezet worden in Duitsland (Arbeitseinsatz). Verreweg de meesten doken onder, een aantal werd actief in het verzet en een klein deel meldde zich voor het werk in Duitsland. Natuurlijk liepen studenten vertraging op in hun studie, maar na de oorlog toonde zich de veerkracht van de universiteit en haar mensen. Al snel leefde het academische leven weer op en werd er afgestudeerd.

Vanaf het begin was ook duidelijk dat de universiteit zich niet exclusief op katholieken richtte. De eerste promovendus was zowaar een protestant. Door de jaren heen was de populatie van docenten en studenten wel voornamelijk katholiek, zeker ook vanwege de regio van waaruit studenten en docenten werden aangetrokken: vooral Brabant en Limburg. Hoewel de universiteit in Nijmegen tussen de grote rivieren was gelegen, ook om protestanten uit Gelderland en andere delen van het land te trekken, was het niet-katholieke deel aan de universiteit een minderheid. Pas met de ontzuiling en ontkerkelijking vanaf de jaren zestig van de vorige eeuw veranderde dat. De universiteit werd nationaler en internationaler en de emancipatiegedachte verschoof van katholieke emancipatie naar een bredere. De Radboud Universiteit bleef de universiteit met aantrekkingskracht op studenten die niet uit een universitair milieu kwamen – eerstegeneratiestudenten van wie de ouders niet aan een universiteit gestudeerd hadden. Uiteindelijk bleek de band met de katholieke kerk volgens de bisschoppen van de Nederlandse kerkprovincie niet meer te handhaven en ontnamen ze de Stichting Katholieke Universiteit in 2020 het predicaat 'katholiek'.

Terugkijkend naar de bijna honderd jaar oude geschiedenis van de Radboud Universiteit valt op hoe constant het kernidee en de kernwaarden zijn, terwijl de samenleving enorme veranderingen doormaakte. De campus van nu lijkt uiterlijk totaal niet op die in 1923, de manier van kennis verwerven en overdragen evenmin. Het is de kracht van academisch leren die de universiteit haar enorme aanpassingsvermogen en daarmee haar veerkracht geeft.

De ideale universiteit

Universiteiten hebben een belangrijke plaats in de samenleving, als bron van kennisverwerving, kennisdeling en toepassing van kennis. Daarom fungeren ze vaak als motor van ontwikkeling in hun regio en zijn bestuurders zeer geïnteresseerd in het binnenhalen van een universiteit in hun stad. Ze zijn er trots op, het geeft aanzien. Er zijn zelfs steden die vooral bekend zijn vanwege hun universiteit; heel wat steden zouden zonder universiteit zieltogend zijn. Vandaar dat universiteiten *verbindingen maken met hun directe omgeving*, en verbonden zijn met allerlei partijen in de gemeenschap. Als een universiteit voor zovelen zo belangrijk is, valt te begrijpen dat er veel verschillende beelden bestaan van de ideale universiteit.[4] Voor de een is het een plaats waar in vrijheid gedacht en gesproken kan worden, voor de ander een plek waar de grenzen van onze kennis wordt verlegd. Enerzijds de motor van de regionale economie, anderzijds de plaats waar emancipatie door opleiding vorm krijgt. Kortom, de ideale universiteit bestaat niet. Toch zijn er een aantal opvallende kenmerken te noemen.

In de eerste plaats is er de *autonomie* – belangrijk, maar ook lastig. Universiteiten streven naar onafhankelijkheid in hun onderzoek en onderwijs, maar zijn tegelijkertijd afhankelijk van financiers – de overheid, bedrijven, individuele geldschieters, of studenten die betalen voor hun onderwijs. Ondanks waarborgen van bijvoorbeeld de overheid of het bedrijfsleven, blijft altijd de vraag: wie bepaalt de koers? Het bestuur, de hoogleraren, de studenten? En als een koers is vastgesteld, wie bepaalt de speelruimte voor de docent en onderzoeker?

Hoewel in Nederland de overheid op afstand staat van het beleid van universiteiten, is de afhankelijkheid van onderzoeksgeld van diezelfde overheid groot. De overheid bepaalt steeds meer welk onderzoek gedaan kan worden en probeert ook steeds meer te bepalen welke opleidingen er wel of niet mogen zijn. Desondanks mogen Nederlandse universiteiten zich gelukkig prijzen dat de invloed van de overheid op onderwijsprogramma's en onderzoeksinhoud heel beperkt is. De universitaire gemeenschap brengt een steeds bredere beweging op gang om weer autonomie terug te winnen, een voorbeeld van veerkracht.

Een tweede karakteristiek is *de verbinding van onderwijs en onderzoek*. Het vormt de kern van de universiteit en van academisch onderwijs: docenten die actief zijn als onderzoeker en hun onderzoek inbrengen in het onderwijs, studenten die als onderdeel van hun onderwijs betrokken zijn bij onderzoek. Hierdoor wordt duidelijk hoe kennis in een bepaalde discipline tot stand komt en verandert. Studenten leren en ervaren dat niemand de wijsheid in pacht heeft, dat kennis altijd betwijfeld moet worden, maar ook dat er feiten en gegevens zijn, door de jaren heen verzameld, die waarde hebben. Betwijfelen van kennis is niet gratuit, maar vraagt veel studie.

Debat en twijfel, feiten en meningen, waarheden die later toch niet juist blijken: het zijn onderdelen van *de wetenschappelijke methode*, maar dat is niet voor iedereen zo helder. Als wetenschappers het onderling niet eens zijn, hebben ze over het algemeen geen ruzie, maar proberen ze met argumenten verder te komen (ik heb het over de ideale universiteit). Wat vandaag de wetenschappelijke waarheid is, kan na onderzoek toch onjuist blijken. Het altijd betwijfelen van bestaande kennis is een gezonde wetenschappelijke houding. Dat wil niet zeggen dat er geen feiten zijn, geen waarheden die het meest door de feiten worden ondersteund. Het is echter heel belangrijk dat twijfel gebaseerd is op grondige studie van bestaande kennis. Twijfel is heel hard werken.

Discussies over de fundamenten van de natuurkunde gaan diep en tussen wetenschappers gaat het er soms hard aan toe. Toch vinden niet-deskundigen daar niet zo gauw iets van. Dat ligt vaak anders bij sociale wetenschappen, bijvoorbeeld als het om interpretatie van de geschiedenis gaat, of om genderbias. Wonderlijk genoeg vinden velen dat je daar zonder studie niet alleen een stevige mening over mag hebben, maar dat die evenveel waard is als die van een wetenschapper op dat terrein.

Open debat

Er is een grote, maar lastig te dragen verantwoordelijkheid bij universiteiten om zichtbaar te maken wat wetenschap wel en niet is, wat een wetenschappelijk debat is, hoe kennis tot stand komt en verandert. Een universiteit is bij uitstek de plaats waar het *open debat* in alle vrijheid gevoerd moet kunnen worden, waar onwelgevallige meningen gehoord mogen worden, mits daarbij de uitgangspunten van de wetenschap in acht worden genomen: nieuwsgierigheid, transparantie, controleerbaarheid, luisteren naar en open staan voor de andere mening, en vooral studeren en denken voordat er wordt gesproken. Een debat wint enorm aan kwaliteit wanneer er vanuit diverse perspectieven inbreng is. Het is geen toeval dat drie hoofdstukken uit deze bundel zich verenigen onder de noemer 'pleidooi voor dialoog', en dat *diversiteit* een belangrijk thema is aan universiteiten. Overigens niet alleen om debatten en wetenschap te verrijken vanuit verschillende culturele, maatschappelijke, religieuze en etnische achtergronden, maar ook om een verscheidenheid aan individuen de kans te geven zich via academische vorming te ontwikkelen.

Onderzoek is niet waardevrij en de keuze van speerpunten, aandachtsgebieden, thema's, hot spots, topsectoren of hoe de selectie ook genoemd wordt, al helemaal niet. Maar het is ook belangrijk dat de keuze van onderzoek voor een belangrijk deel vanuit de nieuwsgierigheid, en daarmee gedrevenheid van de onderzoeker kan plaatsvinden. Natuurlijk moet de onderzoeker en de faculteit/universiteit verantwoording afleggen over de besteding van publiek geld dat aan de universiteit wordt toevertrouwd. Maar dat wil niet zeggen dat de overheid en/of bedrijfsleven de inhoud van het onderzoek aan de universiteit volledig moeten bepalen. Een overheid of bedrijf kan mede richting geven, programma's ontwerpen waarop onderzoekers van de universiteit kunnen inschrijven. Maar het is cruciaal dat er ruimte is voor wetenschappers om de eigen nieuwsgierigheid te volgen. Alleen dan kunnen grenzen verlegd worden en paradigma's vernieuwd.

Niemand kan voorspellen waaruit relevante nieuwe kennis ontstaat. Een mooi voorbeeld is het coronavaccin dat BioNTech nu met een nieuwe technologie ontwikkeld heeft. Dit was mogelijk door een ERC-*grant for frontier research* in 2018 voor Ugur Sahin. Dankzij de beurs kon hij fundamenteel onderzoek doen naar het inbrengen van in het laboratorium gemaakt RNA in een cel, met als uiteindelijk doel een antikankervaccin te maken. Dat dit werk nu bijdraagt aan een van de belangrijkste oplossingen voor de coronapandemie kon niemand voorzien. Velen zien een verhouding van 50/50 voor nieuwsgierigheid gedreven, ongebonden onderzoek en missiegedreven, probleemgericht onderzoek als nastrevenswaardig, maar op dit moment gaat het richting 30/70, waardoor onderzoek in de knel komt en onderwijs steeds meer als last wordt ervaren.[5]

Academische vrijheid

Zowel bij het ongebonden als het vraaggestuurde onderzoek is *academische vrijheid* cruciaal. Hiermee wordt bedoeld dat de onderzoeker niet gestuurd door een religieuze of politieke overtuiging of uit financiële of andere belangen het onderzoek verricht. De vraagstelling, methode en rapportage moet vanuit academische waarden worden bepaald. In de praktijk is er te vaak een te gesloten vraagstelling en/of een controle op de rapportage door de opdrachtgever. In een situatie dat onderzoekers afhankelijk zijn van externe financiering bestaat een reëel gevaar dat aan de academische vrijheid wordt getornd. Een bekend voorbeeld is de ophef over het beleidsonderzoek van het ministerie van Justitie, uitgezet via het WODC, hetgeen geleid heeft tot uitgebreide onderzoeken naar beïnvloeding van uitkomsten van onderzoek door de opdrachtgever. De conclusie was dat de onderzochte publicaties weliswaar betrouwbaar waren, maar dat de afstand tussen opdrachtgever en onderzoeker binnen het ministerie te klein is, waarop het WODC buiten het ministerie werd geplaatst.

In de geneeskunde zijn er vele voorbeelden van het niet publiceren van onwelgevallige uitkomsten van klinische studies. Dit raakt een kern: de integriteit van de onderzoeker. Een van de belangrijkste voorwaarden voor integer onderzoek is transparantie; het moet mogelijk zijn om vanuit een publicatie het volledig proces van onderzoek en de resultaten die dat oplevert, te volgen. De publicatie van onderzoek zou gewaardeerd moeten worden op basis van de kwaliteit van het onderzoek en niet op de uitkomsten ervan.

Universiteiten nemen mede de verantwoordelijkheid voor de *integriteit* van het onderzoek, zoals ook is vastgelegd in de gedragscode uit 2018.[6] Het verschil met voorgaande codes is dat niet alleen de onderzoeker verantwoordelijk is voor integriteit van onderzoek, maar dat ook de universiteit een belangrijke, voorwaardenscheppende rol heeft. De ideale universiteit creëert daarom een klimaat waarin het risico op niet-integer handelen wordt geminimaliseerd. Door goed onderwijs in wetenschappelijke methoden, door een open cultuur van aanspreken op gedrag en door het wegnemen van prikkels tot onjuist wetenschappelijk handelen. Belangrijke elementen zijn daarbij niet alleen het eerlijk en volledig publiceren van resultaten, maar ook bijvoorbeeld het vermelden van de aard van de betrokkenheid bij het onderzoek van auteurs en zorgvuldigheid bij de communicatie naar een niet-wetenschappelijk publiek. Op de website van het Landelijk Orgaan Wetenschappelijke Integriteit (LOWI) staan voorbeelden van klachten rondom wetenschappelijke integriteit.

Toegankelijkheid

Universiteiten staan toenemend voor de uitdaging om het onderzoek, dat voor een deel verricht wordt met publiek geld, op een goede manier toegankelijk te maken voor het publiek. Er zijn al grote stappen gezet richting open access, het gratis toegankelijk maken van wetenschappelijke publicaties.[7] Werken volgens de FAIR-principes (Findable, Accessible, Interoperable, Reusable) is volop in ontwikkeling. Deze principes zijn niet alleen bedoeld om wetenschap toegankelijk te maken, maar ook kwalitatief beter en meer controleerbaar. Hoewel deze beweging het voor iedereen mogelijk maakt wetenschappelijke artikelen en data te vinden en te lezen, gaat de verantwoordelijkheid van de universiteit verder. De samenleving mag verwachten dat resultaten van onderzoek ook op een publieksvriendelijke manier toegankelijk worden gemaakt en dat de resultaten van onderzoek ten nutte van de samenleving komen. Dat kan op veel verschillende manieren. Bijvoorbeeld door nieuwe inzichten in ziekteprocessen als basis voor geneesmiddelontwikkeling te gebruiken, maar ook door een tentoonstelling te organiseren, zoals de Maria van Gelre tentoonstelling in het Museum Valkhof, op basis van een bijzonder middeleeuws manuscript. Ook deze bundel getuigt van maatschappelijke betrokkenheid en de wens een breed publiek te bedienen. Universiteiten besteden veel aandacht aan deze *impact* en het is dan ook naast onderwijs en onderzoek de derde taak die universiteiten volgens de Nederlandse wetgeving hebben.

Impact, kennisbenutting, valorisatie, maatschappelijke betekenis: een heel scala aan termen om weer te geven dat de samenleving verwacht dat de nieuwe kennis die universiteiten ontwikkelen, ten nutte van de samenleving moet komen. Hoewel misschien wel de belangrijkste impact van een universiteit de goed opgeleide afgestudeerden zijn, hebben wetenschappers toenemend de behoefte de relevantie van hun werk te bewijzen. Het puur verleggen van grenzen, het ontdekken van heel nieuwe inzichten is niet meer voldoende. Niet voor de wetenschapper zelf, noch voor de universiteit, noch voor de samenleving. De wetenschapper wil graag laten zien dat zijn of haar onderzoek ook buiten het eigen vakgebied betekenis heeft en de universiteit wil tonen dat het de moeite waard is in haar te blijven investeren. De overheid wilde tot enkele jaren geleden zien dat nieuwe kennis vermarkt werd, en tegenwoordig dat maatschappelijke problemen worden opgelost. Dat weerspiegelt zich in deze bundel. In het merendeel van de hoofdstukken buigen Radboud-wetenschappers zich over concrete maatschappelijke vraagstukken rond werk, zorg of het dagelijkse leven en dragen oplossingen voor verbetering aan. Valorisatie-eenheden, impactparagrafen en marketingafdelingen zorgen ervoor dat de behoefte van alle partijen om de kennisbenutting te tonen, wordt bevredigd. Maar de pure trots om de ontdekking of het nieuwe inzicht mag wel wat meer gevierd worden.

Inter- en multidisciplinair

Universiteiten zijn opgebouwd uit faculteiten waarin verschillende disciplines zijn ondergebracht. De samenstelling van de disciplines verschilt tussen universiteiten, hetgeen al aangeeft dat grenzen tussen disciplines niet altijd eenduidig zijn. Het inzicht groeit dat disciplines veel aan elkaar kunnen hebben, omdat op grenzen tussen disciplines de meest interessante nieuwe ontwikkelingen plaatsvinden. *Inter- en multidisciplinair werken* maken opgang. Bij een groot aantal universiteiten worden brede opleidingen aangeboden, zodat de student van veel disciplines kennisneemt. Het gevolg daarvan is dat diepgang in een discipline later aan bod moet komen, want er is weinig discussie dat een expert over meer moet beschikken dan oppervlakkige kennis van veel. Daarom hebben sommige universiteiten, waaronder de Radboud Universiteit, ervoor gekozen eerst op te leiden in een discipline en daarna pas te verbreden, door samenwerking met andere disciplines te stimuleren. Zoals in een orkest muzikanten die hun instrument beheersen met andere instrumentalisten kunnen samenspelen voor een mooiklinkend resultaat, zo kunnen wetenschappers die hun eigen discipline beheersen, met wetenschappers uit andere disciplines samenwerken. Hierbij is het heel belangrijk elkaars taal te leren, zonder elkaars disciplines te hoeven beheersen. Het is dan ook logisch dat teamscience steeds meer gewaardeerd wordt, waarbij overigens de kwaliteit van het individu niet uit het oog wordt verloren. Natuurlijk bestaan er ook uitstekende multi-instrumentalisten, maar veel zijn het er niet.

Universiteiten leiden jonge mensen op tot academici, die de kennisontwikkeling in een discipline in hun vingers hebben. Dit is bedoeld om die jonge mensen voor te bereiden om hun leven lang actief te kunnen zijn. Na een academische opleiding is iemand nog niet klaar om een beroep uit te oefenen, universiteiten zijn geen beroepsopleidingen. Academici zijn wel klaar om op de arbeidsmarkt een goede plek te vinden en hebben de kennis en vaardigheden om een relevante positie in te nemen. Dit betekent ook dat academici na hun initiële opleiding niet klaar zijn met leren: ze blijven hun leven lang leren. In toenemende mate spelen universiteiten een rol bij het *leven lang leren.* Een belangrijke reden hiervoor is dat kennis steeds sneller veroudert en verandert en dat academici behoefte houden hun scholing dicht bij de wetenschap te vinden.

Excellentie

In een competitieve wereld, waarin velen proberen nieuwe kennis te genereren, moet iemand die succesvol wetenschap wil bedrijven, uitblinken. Het streven naar *excellentie* ligt soms onder vuur, vooral vanwege een verkeerd begrepen gelijkheidsideaal. Mensen verschillen, talenten verschillen. Dat maakt de een niet minder van waarde dan de ander, maar wel dat niet iedereen een topwetenschapper kan zijn. De combinatie van talent en hard werken bepaalt of iemand een succesvol wetenschapper is. Door de eeuwen heen zijn er bijzonder getalenteerden die in staat bleken grote wetenschappelijke inzichten en doorbraken te creëren. Maar het zijn niet alleen die uitzonderlijke personen die de wetenschap verder brengen. De meeste vooruitgang wordt geboekt door 'gewone' wetenschappers die hun uiterste best doen iets te ontdekken. Dat kan niet zonder het doel om heel goed werk af te leveren, door excellentie na te streven. Overigens onderscheiden wetenschappers zich hierin niet van bakkers, kunstenaars, boeren of sporters. Bijna allemaal proberen ze op hun manier hun vak zo goed mogelijk uit te oefenen, excellent te zijn.

Omdat de meeste uitblinkers dat vooral in één discipline doen en omdat samenwerking tussen disciplines zo belangrijk is, is het cruciaal dat universiteiten verschillende disciplines herbergen en zo nodig beschermen. Op dit moment is er grote belangstelling van overheid, bedrijfsleven en studenten voor de bèta- en technische disciplines, terwijl delen van vooral de alfavakken moeite hebben om voldoende studenten te trekken. Voorts is er binnen de gammawetenschappen een verschuiving aan de gang. Ook hier toont zich de veerkracht van universiteiten. Nog geen twintig jaar geleden waren er nauwelijks studenten voor wiskunde en artificiële intelligentie aan de Radboud Universiteit. Toch koos het bestuur ervoor ook die disciplines te handhaven, sterker nog, er zelfs in te investeren. Voor artificiële intelligentie bestaat alweer enkele jaren een numerus fixus. Gezien de problematiek die zich in de samenleving voordoet, is het voorspelbaar dat juist de menswetenschappen de komende jaren weer toenemende relevantie krijgen. Het is cruciaal dat besturen van universiteiten dat inzien en in die disciplines blijven investeren.

De ideale universiteit bestaat niet, omdat verschillende mensen er verschillende beelden en verlangens bij hebben. Maar niet alleen daarom. De beschreven kenmerken zijn zo breed en deels fundamenteel, dat geen enkele instelling aan alle optimaal kan voldoen. Maar het streven ernaar is misschien wel belangrijker dan het bereiken ervan. Als er voor een universiteit niets meer is om naar te streven, zou een cruciaal element verdwenen zijn: het streven zelf.

Het belangrijkste element is echter nog niet genoemd: *veerkracht*. De universiteit van nu is heel anders dan die van vijftig jaar geleden en over vijftig jaar zal er weer veel veranderd zijn.[8, 9] Disciplines komen en gaan, deels afhankelijk van de interesse van studenten. Overheid en bedrijfsleven hebben een grote invloed of juist weer minder. De studentenpopulatie is klein of groot, nationaal of internationaal. De universiteit is bereikbaar voor velen of weinigen, is democratisch of juist autoritair, sluit zich af van de omgeving of verbindt zich ermee, is een plaats van rust of onrust.

Ondanks alle veranderingen is de universiteit nog steeds de universiteit waarin de zojuist beschreven kenmerken en kernwaarden herkenbaar zijn, met accentverschillen die passen bij de tijdgeest. Universiteiten zijn namelijk veerkrachtig. De universitaire gemeenschap heeft door de eeuwen heen laten zien dat ze meebeweegt met de tijdgeest en deze ook vormgeeft. Dankzij de jaarlijks instroom van jonge mensen met idealen, leergierigheid en dankzij een kritische open houding van de zittende populatie is er mix van ideeën, temperamenten en activiteiten die het mogelijk maken dat een universiteit inspeelt op ontwikkelingen in de wereld, zonder daar een speelbal van te zijn. Deze veerkracht is cruciaal voor het voortbestaan en succes van een universiteit. Het is daarom belangrijk haar te koesteren.

De Radboud Universiteit tijdens een pandemie

Nadat tijdens de opening van het academisch jaar 2019-2020 de strategie 'A significant impact' was gelanceerd,[10] werd voortvarend gewerkt aan het uitwerken van de plannen. Plannen voor een vernieuwde, bruisende campus. Voor meer diversiteit in personeel en studenten, in onderzoek en onderwijs. Plannen voor duurzaamheid als element in bedrijfsvoering, onderwijs en onderzoek. Een programma voor een leven lang leren ontwikkelen. Voorts werd een Teaching and Learning Centrum (TLC) voorbereid waarin de nascholing van docenten en onderzoek naar en vernieuwing van het onderwijs samengebracht zou worden. De bedoeling van het centrum was het onderwijs naar een hoger plan tillen. Nog meer academisch, met aandacht voor persoonlijke ontwikkeling, eigen verantwoordelijkheid van de student en docent, en stevig verankerd in de wetenschap. Het team werd gevormd en februari 2020 werd het TLC feestelijk geopend. Al heel snel werd het gevonden door heel veel docenten, maar niet vanwege de oorspronkelijke doelstelling: docenten zochten massaal ondersteuning bij digitaal aanbieden van onderwijs. De COVID-19-pandemie had ertoe geleid dat de Nederlandse regering het fysiek onderwijs op de universiteiten stillegde. In één adem werd ook het onderzoek op de campus stilgelegd, een wat bijzondere erkenning van de verbinding van onderwijs en onderzoek. Immers, onderzoek buiten universiteiten werd niet stilgelegd.

Direct toonden de universiteit en vooral haar medewerkers enorme veerkracht. Onderwijs en onderzoek werden waar mogelijk omgezet naar digitale methoden. Innovatie in leermethoden en toetsen werd omarmd met stevige ondersteuning vanuit het genoemde TLC. Daarnaast werd in allerijl coronagerelateerd onderzoek opgezet, waarmee vooral het Radboudumc zich onderscheidde. Wel lieten Serge Horbach en Willem Halffman van de Radboud Universiteit zien dat er ook over de kwaliteit van artikelen over COVID-19 twijfel mag zijn.[11] Het aangepaste onderwijs bleek succesvol: eenzelfde percentage studenten kreeg aan het einde van het academisch jaar 2019-2020 een positief bindend studieadvies als het jaar ervoor (70,3 versus 70,0 procent). Weliswaar was het aantal behaalde studiepunten wat lager, maar de cijfers weer wat hoger. Uit enquêtes bleek overigens dat de belasting voor een deel van docenten en studenten erg hoog was en dat de kwaliteit van onderwijs gegeven de omstandigheden werd geprezen, maar toch als minder werd ervaren dan in de normale situatie.

Dat er grenzen aan de veerkracht van mensen is, werd duidelijk bij het langer duren van de afstandssamenleving. Hoewel de Radboud Universiteit vooropliep in het mogelijk maken van fysiek onderwijs, onder andere in concertzaal De Vereeniging en in de Stadsschouwburg, was het slechts één of twee keer per week elkaar echt ontmoeten in het onderwijs voor velen heel erg zwaar. De mentale weerbaarheid werd stevig op de proef gesteld, waardoor ondanks allerlei initiatieven de druk op de studentpsychologen sterk toenam. Het gevolg was wel, dat er geen twijfel meer bestaat over het belang van de ontmoeting en de interactie in het academisch onderwijs. Hoewel er veel plaats is voor digitale hulpmiddelen, is de lerende mens er duidelijk één die dat doet samen met andere lerende mensen, docenten en studenten.

De veerkrachtige universiteit

Terug naar de kernvraag. Hoe kan het dat universiteiten zo veel veranderingen weten te doorstaan? In de eerste plaats is het idee van een universiteit goed. Het samenbrengen van kennisontwikkeling en -deling is briljant in zijn eenvoud. Het trekt nieuwsgierige mensen aan die verder willen gaan dan alleen de gebaande paden van bestaande kennis volgen. Mensen die dat ook graag gezamenlijk doen en die willen delen. Natuurlijk, er zijn ook onderwijsinstellingen die het accent op het doorgeven van kennis leggen. Heel belangrijk en nuttig, maar voor anderen dan mensen die het daarbij niet willen laten. Ook zijn er instituten die zich volledig richten op onderzoek. Eveneens belangrijk, maar daar ontbreekt de wisselwerking met telkens nieuwe jonge mensen en hun eigen inbreng.

Aan universiteiten werken heel verschillende mensen, maar ze willen onderzoeken en doceren en staan open voor vernieuwing vanuit jongere generaties. Het is die vernieuwing, herkenbaar ook in de hoofdstukken van deze bundel waarin onze wetenschappers op zoek gaan naar nieuwe wegen in de zorg, die het succes laat voortduren, die universiteiten zich laat aanpassen aan nieuwe omstandigheden en die ze veerkrachtig maakt.

De coronacrisis kan ons helpen weer scherp te worden op wat een universiteit kan en moet zijn. De plek waar talent zich kan ontplooien, waar kennis een waarde is en niet waarde moet hebben of krijgen. Uiteindelijk is de universiteit zo gezond als de academische gemeenschap die haar vormt en voor haar gaat staan.

In deze bundel staan niet toevallig bespiegelingen over aspecten van een gezonde samenleving; ze sluiten immers aan bij de onderwerpen waar wetenschappers aan de Radboud Universiteit zich mee bezighouden. Het gaat dan om de mens als belangrijkste element in die samenleving, en het begint bij leven en werk vanuit gezondheid te bezien: leven van de gezonde en zieke mens; werken onder moeilijke omstandigheden, binnen organisaties waar kernwaarden van menselijkheid en duurzaamheid soms geweld wordt aangedaan. Maar het gaat ook over mensen die tegenover elkaar staan, die elkaar niet kunnen of willen verstaan, en over verhalen die bruggen kunnen slaan. Over een samenleving waar technologie en natuur conflicteren, maar elkaar ook kunnen versterken.

Wetenschappers bieden inzichten om tot verbeteringen te komen en oplossingen te vinden. Als docenten dragen ze bij aan de vorming van jonge mensen die betekenis aan hun leven willen geven door een rol in en voor de samenleving. Een gezonde samenleving is veerkrachtig en universiteiten dragen daar op een ongekende manier aan bij.

Literatuur & noten

1. Brabers, J. (1998). *Proeven van eigen cultuur. Vijfenzeventig jaar Katholieke Universiteit Nijmegen 1923-1998. Dl. 1: 1923-1960.* Nijmegen: Valkhof Pers.
2. Tongeren, P. van (2011). *Aristoteles – Sprekende denkers. Colleges.* ISVW Uitgevers.
3. Wikipedia, Aletta Jacobs, Anna Maria van Schurman.
4. Collini, S. (2012). *What Are Universities For?* Penguin Books Ltd.
5. Weckhuysen, B., et al. (2019). *Evenwicht in het wetenschapssysteem.* (www.knaw.nl)
6. VSNU (2018). Nederlandse gedragscode wetenschappelijke integriteit.
7. Open Science website: openscience.nl
8. Zwaan, B. van der (2016). *Haalt de universiteit 2040?* Amsterdam University Press.
9. Universiteitsnetwerk The Guild (2020). *Looking to the Future: The Guild's Vision for Europe's Universities.* www.the-guild.eu/publications/looking-to-the-future.pdf
10. A significant impact – Strategie Radboud Universiteit (2019). www.ru.nl
11. Horbach, S.P.J.M. (2020). 'Pandemic Publishing: Medical Journals Strongly Speed Up Their Publication Process for COVID-19'. *Quantitative Science Studies, 1*(3), 1056-1067.

De auteurs

Noelle Aarts. Hoogleraar socio-ecologische interacties aan de Faculteit der Natuurwetenschappen, Wiskunde en Informatica en directeur van het Instituut voor Science in Society. Haar onderwijs en onderzoek richt zich op onderhandeling en dialoog voor duurzame verandering, inclusief de voorwaarden daartoe.

Femke van Abswoude. Postdoc onderzoeker op het thema Active Living van de Faculteit der Sociale Wetenschappen. Met haar onderzoek richt ze zich op de vertaling van wetenschappelijke inzichten naar praktijk, onderwijs en interventies om een duurzame actieve leefstijl te stimuleren.

Agnes Akkerman. Hoogleraar Arbeidsmarktinstituties en Arbeidsrelaties aan de Faculteit der Managementwetenschappen. Zij geeft onderwijs over en onderzoekt hoe de manier waarop wij werk regelen, de relaties tussen werkgevers en werkenden beïnvloedt.

Stéfanie André. Politiek socioloog, universitair docent Bestuurskunde en leider van het Radboud WORK-LIFE consortium. Haar onderzoek focust zich op de (on)bedoelde gevolgen van beleid, waarbij zij voornamelijk onderzoek doet naar de gevolgen van huisvestings- en werkbeleid en vraagstukken rondom het combineren van werk en zorgtaken door mannen.

Saïda Aoulad Baktit. Islamitisch geestelijk verzorger in het Radboudumc. Ze fungeert als begeleider in breedste zin van patiënten met een migratieachtergrond en geeft onderwijs in cultuursensitief communiceren.

Kolar Aparna. Universitair docent sociale geografie. Ze onderzoekt de politiek van kennisproductie over vluchtelingenkwesties.
Ronald Batenburg. Bijzonder hoogleraar Arbeid- en Organisatievraagstukken aan de Faculteit Sociale Wetenschappen en programmaleider bij het Nederlands Instituut voor onderzoek van de Gezondheidszorg (Nivel). Zijn onderzoek richt zich op de arbeidsmarkt van de gezondheidszorg, de aansluiting tussen opleiding en beroepsloopbanen van zorgprofessionals en het personeelsbeleid van zorgorganisaties.
Hidde Bekhuis. Socioloog. Houdt zich als onderzoeker en als docent bezig met de interdisciplinaire vraag: hoe krijgen we en houden we mensen een leven lang (fysiek) in beweging. Hij focust zich hierbij op ongelijkheid tussen groepen en de invloed van sociale netwerken.
Jan Bransen. Hoogleraar Filosofie van de gedragswetenschappen en Academisch leider van het Radboud Teaching and Learning Centre. Zijn onderzoek richt zich op het verhelderen van de relatie tussen kennis, gezond verstand en liefde in onderwijs, zorg en beleid.
Bé Breij. Hoogleraar Latijn aan de Faculteit der Letteren, Dean van Radboud Academy en directeur van Peitho, het Radboud Kenniscentrum voor Retorica. In haar onderwijs en onderzoek richt ze zich onder andere op de antieke retorica en haar doorwerking van nul tot nu.
Marieke van den Brink. Hoogleraar Gender & Diversiteit aan de Faculteit der Sociale Wetenschappen en directeur van het Radboud Gender & Diversity Studies netwerk. Haar onderwijs en onderzoek richt zich op vraagstukken rond de rol van organisaties in het creëren van veilige, gezonde en inclusieve samenlevingen.
Dide van Eck. Promovendus Gender & Diversiteit aan de Faculteit der Sociale Wetenschappen. In haar onderzoek kijkt ze naar de mogelijkheden en beperkingen in het organiseren van een inclusieve werkomgeving, met name binnen laagbetaalde werkcontexten.
Dawit Tesfay Haile. Schreef als masterstudent sociale geografie een thesis

over re/productie van sociale verbeeldingen van integratie van migranten.

Saba Hamzah. Jemenitische dichter, geleerde en docent. Haar onderzoek richt zich op de politiek van dood en rouw.

Olivier Hekster. Hoogleraar Oude Geschiedenis aan de Faculteit der Letteren van de Radboud Universiteit. Hij onderzoekt onder meer de verhouding tussen maatschappelijke en politieke veranderingen, en de acceptatie van veranderingen in historische samenlevingen.

Bart Jacobs. Hoogleraar Security, Privacy & Identity, werkzaam bij iHub, Radboud University's interdisciplinary Hub for Security, Privacy and Data Governance, dat zich richt op wetenschappelijke en maatschappelijke vragen rond digitalisering.

Anouk Kerkhof. Projectleider Active Living aan de Faculteit der Sociale Wetenschappen. Zij ontwikkelt en coördineert interdisciplinaire (postacademische) onderwijsprojecten voor reguliere studenten en professionals op het gebied van een actieve leefstijl.

Gerbert Kraaykamp. Hoogleraar Empirische Sociologie aan de Faculteit der Sociale Wetenschappen en directeur van het onderzoeksinstituut Radboud Social Cultural Research (RSCR). In het onderzoek richt Kraaykamp zich op oorzaken en gevolgen van sociale ongelijkheid.

Han van Krieken. Rector magnificus aan de Radboud Universiteit en hoogleraar Pathologie aan het Radboudumc. Zijn focus als rector ligt op het welzijn van studenten en medewerkers en het bevorderen van interdisciplinaire samenwerkingen over grenzen van faculteiten heen. Als hoogleraar hield hij zich vooral bezig met het verbeteren en overdragen van kennis over kanker en het toepassen van de nieuwste inzichten in dagelijkse diagnostiek van mensen met kanker.

Kobie van Krieken. Postdoctoraal onderzoeker aan het Centre for Language Studies van de Radboud Universiteit. Haar onderzoek richt zich op de relatie tussen de kenmerken en effecten van verhalen.

Paul van Laere. Wetenschapsjournalist, filmmaker en docent Science Popularisation en Film & Wetenschap aan de Faculteit der Medische Wetenschappen. Hij houdt zich bezig met het toegankelijk maken van wetenschap en van werelden die anders onzichtbaar blijven.

Yvette Linders. Coördinator van het Radboud Kenniscentrum voor retorica Peitho. Daarnaast werkt ze als docent aan de Universiteit Utrecht. In beide functies houdt ze zich bezig met het overtuigingsproces en factoren die invloed hebben op de overtuigingskracht.

Katerina Manevska. Universitair docent Politieke Sociologie aan de Faculteit der Managementwetenschappen van de Radboud Universiteit. In haar onderzoek bestudeert ze arbeidsrelaties, interetnische relaties en politieke en culturele verandering.

Cesar Merlín Escorza. Promovendus Sociale Geografie en momenteel bezig met het project: 'Grenzen, onderdak, navigatie: performativiteit langs twee paden van irreguliere migratie'.

Roza Meuleman. Universitair docent Sociologie aan de Radboud Universiteit. Haar onderwijs en onderzoek richt zich onder andere op de sociale ongelijkheid in culturele en (on)gezonde leefstijlen en de gevolgen daarvan op de arbeidsmarkt.

Wim van Meurs. Hoogleraar Europese politieke geschiedenis aan de Radboud Universiteit Nijmegen. Hij richt zich in onderwijs en onderzoek op Europese integratie, civil society en democratie, natuur- en milieugeschiedenis en de geschiedenis van de Tweede Wereldoorlog.

Alicia Montoya. Hoogleraar Franse letterkunde en cultuur aan de Letterenfaculteit. Ze is Principal Investigator van het door de European Research Council gefinancierd MEDIATE project, dat zich richt op boekbezit en de circulatie van ideeën in Europa ten tijde van de Verlichting.

Maria van den Muijsenbergh. Bijzonder hoogleraar aan de Faculteit der Medische Wetenschappen met als leeropdracht 'Gezondheidsverschillen en persoonsgerichte integrale eerstelijnszorg'. Haar onderzoek en onderwijs richt zich op de vraag hoe persoonsgerichte integrale eerstelijnszorg kan bijdragen aan het verkleinen van de gezondheidsachterstanden van kwetsbare groepen, zoals vluchtelingen en andere migranten, laaggeletterden en daklozen.

Merel Ritskes-Hoitinga. Hoogleraar Evidence-Based Laboratory (Animal) Science aan de Faculteit der Medische Wetenschappen. Haar onderwijs en onderzoek richt zich op de kwaliteit en vertaalbaarheid van dierproeven en alternatieven, om gelijktijdig het welzijn van dier én mens te verbeteren. Zij streeft daarbij naar een – zo veel mogelijke – proefdiervrije toekomst.

José Sanders. Hoogleraar Narratieve Communicatie aan de Faculteit der Letteren. Haar onderzoek en onderwijs is gericht op communicatie in organisaties, met een focus op strategische storytelling: de functionele inzet van narratieve communicatie op het terrein van onder andere gezondheid, overheid en journalistiek.

Tamar Sharon. Universitair hoofddocent techniekfilosofie aan de Faculteit der Filosofie, Theologie en Religiewetenschappen en codirecteur van de interdisciplinary Hub for Security, Privacy and Data Governance (iHub). Haar onderzoek richt zich op de ethische en maatschappelijke gevolgen van nieuwe technologieën.

Roderick Sluiter. Postdoctoraal onderzoeker en docent aan de Faculteit der Managementwetenschappen. Zijn onderzoek richt zich op mondigheid op het werk en de gevolgen daarvan op en buiten het werk.

Anneke Smelik. Hoogleraar Visuele Cultuur op de Katrien van Munster leerstoel bij Algemene Cultuurwetenschappen. Zij houdt zich bezig met populaire cultuur, zoals mode, film, videoclips en reclame. Haar huidige onderzoek gaat over mode, identiteit en duurzaamheid.

Gwennyth Spruijtenburg. Promovenda binnen het onderzoek TRansition Into Active Living (TRIAL) aan de Faculteit der Sociale Wetenschappen. Haar onderzoek richt zich op de invloed van individuele en omgevingsfactoren op veranderingen in het beweeggedrag van kinderen na de transitie naar de middelbare school.

Wouter Staal. Hoogleraar Klinische Kinder- en Jeugdpsychiatrie aan de Radboudumc en Karakter Universitair Centrum en bijzonder hoogleraar Autisme aan de Faculteit Sociale Wetenschappen in Leiden. Zijn onderzoek is gericht op de verbinding tussen fundamenteel wetenschappelijk onderzoek en de klinische praktijk en heeft een focus op neurobiologische ontwikkelingsstoornissen, in het bijzonder autisme.

Bert Steenbergen. Hoogleraar Motorische en perceptuele beperkingen aan de Faculteit der Sociale Wetenschappen, en hoofd van het onderzoeksprogramma 'Learning and Plasticity' bij het Behavioural Science Institute. In zijn onderzoek en onderwijs houdt hij zich bezig met een interdisciplinaire benadering van een actieve leefstijl.

Doortje Swaters. Master in Historical, Literary and Cultural Studies, met een specialisatie in cultuurgeschiedenis en koloniale geschiedenis. Daarin richtte zij zich op de culturele constructie van categorieën bij mens en dier.

Naomi Wijnen. Alumna Sociale Geografie met als specialisatie 'Conflicts, Territorities and Identities'.

Gert Jan van der Wilt. Hoogleraar Health Technology Assessment aan het Radboudumc. Zijn onderwijs en onderzoek richt zich op de waarde van medisch-technologische innovaties in relatie tot duurzame gezondheidszorg.

Ellen van Wolde. Hoogleraar Exegese Oude Testament en Bronteksten Jodendom aan de Faculteit der Filosofie, Theologie en Religiewetenschappen. In haar onderwijs en onderzoek bestudeert zij bijbelverhalen als literair-historische, taalkundige en culturele teksten die gevormd zijn door de wereld en de wijze van denken van het Oude Nabije Oosten en het Oude Israël.

Woord van dank

Het maken van een bundel is een gezamenlijk proces. Dat geldt nog sterker voor een bundel waarin niet alleen op een gezamenlijk onderwerp, maar ook op elkaars ideeën gereflecteerd wordt. Wij zijn als redacteurs dan ook in de eerste plaats onze auteurs enorm dankbaar, voor hun prachtige en inzichtelijke bijdragen, en voor de manier waarop zij met ons en met elkaar over deze bijdragen hebben meegedacht. Eerst (toen dat nog makkelijk kon) in een aantal fysieke bijeenkomsten, later digitaal en op schrift. Het bij elkaar brengen van zo veel verschillende wetenschappers is minder makkelijk dan het zou moeten zijn, zelfs binnen een overzichtelijke campus. Dat dit toch gelukt is, en dat we ook met ons in eerste instantie onbekende collegae bij elkaar zijn gekomen, is mede te danken aan de ondersteuning door het College van Bestuur van de Radboud Universiteit. Het College heeft interfacultaire samenwerking een krachtige impuls gegeven door initiatieven zoals 'Healthy Society' in woord en daad te steunen. Deze bundel is een van de resultaten hiervan. Bij het tot stand komen van de bundel zelf zijn wij drie mensen veel dank verschuldigd. Job Lisman, van Uitgeverij Prometheus, heeft het boek enthousiast en vol zorg uitgegeven. Marjolijn Klomp-Kooi heeft het hele proces nauwkeurig en steeds met een goed humeur in goede banen geleid, van het maken van afspraken tot het aansporen van auteurs – en redacteurs. Maar de meeste dank gaat uit naar Paul van Laere, die alle teksten in goed overleg met de auteurs heeft gecorrigeerd en verhelderd, en voor ons steeds een belangrijk klankbord is geweest. Ook voor het maken van een bundel zijn verschillende perspectieven onontbeerlijk.

Olivier Hekster, Marieke van den Brink en Gert Jan van der Wilt